DESIGN
MANAGEMENT

DAVID HANDS

デザインマネジメントシリーズ

デザイン マネジメント 原論

デザイン経営のための
実践ハンドブック

デイビッド・ハンズ 著
篠原稔和 監訳
ソシオメディア株式会社 訳

This translation of Design Management is published by arrangement with Kogan Page.
Copyright © David Hands, 2018.
Translation Copyright © Tokyo Denki University Press, 2019.
All rights reserved.

Japanese translation rights arranged with Kogan Page
through Japan UNI Agency, Inc., Tokyo.

日本の読者の皆さんへ

　日本の読者の皆さんに本書の初版をお読みいただけることになり，非常に光栄です。そして，本書の翻訳に尽力くださった人間中心設計推進機構（HCD-Net）の理事長であり，ソシオメディア株式会社の代表の篠原稔和さんとそのスタッフの皆さんに心からお礼を申しあげます。

　デザインマネジメントについての私の考えや洞察をこうして海外の読者の皆さんと新たに共有できることは，大きな喜びです。日本という国は，深い尊敬の念と好奇心を抱かせる国です。いくつもの様々なレベルで称賛に値し，興味をそそられずにはいられません。クリエイティビティとイノベーションにかけて，日本は長く深い歴史を有しています。過去何世代にもわたって，西洋の「クリエイティブ」たちに豊かなインスピレーションを与えてきました。ここであえて「クリエイティブ」という言葉を使いましたが，これは伝統的な美術・工芸の領域に限定したくなかったからです。日本の音楽，文学，建築は，私たちが世界をどのようにとらえ，世界とどのようにかかわるかを変化させてきた，また今も変化させ続けている，あまたある他の関連領域のほんのわずかな例にすぎません。

　私は，大学でデザインを専攻していた若かりし頃に，安藤忠雄氏の見事な建築に出合いました。日本文化の複雑さを，幅広い多様な作品を通じてエレガントに表現していました。精神性に深く根を下ろしたデザイナーである同氏は，住宅を変えることは，都市を変え，社会を変革することだと情熱的に訴えています。これは，私のなかにも強くある思いです。デザインとは（あらゆる形式のものを含め），善へとつながる抜本的な変化の触媒だと思うのです。たった1個の製品であれ，大型の統合的なシステムであれ，人々や製品や場所，そのインタラクションを結び付け，さらには超越する力となり得ます。近年の現象として，とりわけ日本の仲間たちのすばらしい活動にそれが見られるのですが，（多数の専門領域に存在していた）デザインがその専門領域の垣根を急速に乗り越えて，他の領域と新しいパートナーシップやコラボレーションの関係を築き，グローバルな課題に対応しようとしている様子が見受けられます。イノベーションとクリエイティビティは，専門領域の境界線をまたいで発生するものです。科学と技術，それに社会，人文，芸術が融合する場所においてこそ，問題を解決する有意義な答えが見つかると，私は考えています。

　ひとつのコミュニティとして前進していくなかで，私たちデザイナーは，知識と実践方法を進歩させ，ソリューションを開発し，そして共通の善に寄与しつつあります。これは，デザインをいかに理解するか，教えるか，応用するか，そのあり方の多様性を祝

福する行動でもあります。この活発なコミュニティは，より良くより公正な社会を実現するという目的でつながれたコミュニティです。そうした私の考えを，本書で皆さんとぜひ共有したいと思いました。アイデアを共有することにより，私たちが互いに高め合い，デザインを通じて健全で豊かでサステナブルな製品，場所，サービスに貢献していくことが，私の希望です。

　英国より願いを込めて。

2019 年 2 月

David Hands

日本の読者の皆さんへ

　日本の読者の皆さんに本書の初版をお読みいただけることになり，非常に光栄です。そして，本書の翻訳に尽力くださった人間中心設計推進機構（HCD-Net）の理事長であり，ソシオメディア株式会社の代表の篠原稔和さんとそのスタッフの皆さんに心からお礼を申しあげます。

　デザインマネジメントについての私の考えや洞察をこうして海外の読者の皆さんと新たに共有できることは，大きな喜びです。日本という国は，深い尊敬の念と好奇心を抱かせる国です。いくつもの様々なレベルで称賛に値し，興味をそそられずにはいられません。クリエイティビティとイノベーションにかけて，日本は長く深い歴史を有しています。過去何世代にもわたって，西洋の「クリエイティブ」たちに豊かなインスピレーションを与えてきました。ここであえて「クリエイティブ」という言葉を使いましたが，これは伝統的な美術・工芸の領域に限定したくなかったからです。日本の音楽，文学，建築は，私たちが世界をどのようにとらえ，世界とどのようにかかわるかを変化させてきた，また今も変化させ続けている，あまたある他の関連領域のほんのわずかな例にすぎません。

　私は，大学でデザインを専攻していた若かりし頃に，安藤忠雄氏の見事な建築に出合いました。日本文化の複雑さを，幅広い多様な作品を通じてエレガントに表現していました。精神性に深く根を下ろしたデザイナーである同氏は，住宅を変えることは，都市を変え，社会を変革することだと情熱的に訴えています。これは，私のなかにも強くある思いです。デザインとは（あらゆる形式のものを含め），善へとつながる抜本的な変化の触媒だと思うのです。たった1個の製品であれ，大型の統合的なシステムであれ，人々や製品や場所，そのインタラクションを結び付け，さらには超越する力となり得ます。近年の現象として，とりわけ日本の仲間たちのすばらしい活動にそれが見られるのですが，（多数の専門領域に存在していた）デザインがその専門領域の垣根を急速に乗り越えて，他の領域と新しいパートナーシップやコラボレーションの関係を築き，グローバルな課題に対応しようとしている様子が見受けられます。イノベーションとクリエイティビティは，専門領域の境界線をまたいで発生するものです。科学と技術，それに社会，人文，芸術が融合する場所においてこそ，問題を解決する有意義な答えが見つかると，私は考えています。

　ひとつのコミュニティとして前進していくなかで，私たちデザイナーは，知識と実践方法を進歩させ，ソリューションを開発し，そして共通の善に寄与しつつあります。これは，デザインをいかに理解するか，教えるか，応用するか，そのあり方の多様性を祝

福する行動でもあります。この活発なコミュニティは，より良くより公正な社会を実現するという目的でつながれたコミュニティです。そうした私の考えを，本書で皆さんとぜひ共有したいと思いました。アイデアを共有することにより，私たちが互いに高め合い，デザインを通じて健全で豊かでサステナブルな製品，場所，サービスに貢献していくことが，私の希望です。

英国より願いを込めて。

2019年2月

David Hands

まえがき

　1965年，Michael Farr が重大な質問を提起した。「デザインマネジメントがなぜ今必要なのか」。これはおそらく，デザインマネジメントをビジネスに不可欠な要件として正式に位置付けた初の定義だった（Farr, 1965）。以来，デザインマネジメントは，間断なく発展し洗練を遂げながら，デザインの理論と実践という，互いに関係する2つの専門領域の狭間を着実に前進し続けてきた。デザインマネジメントは，意識的な活動領域としてはなおも黎明期にあり，ゆえに Farr が50年以上前に投げかけた問いを今また切迫感を持って問い直すことが，時宜を得ており重要でもある。

　以来，世の中は大きく変化したが，その大きな要因となってきたのがグローバル化と技術進歩だ。このため，ますます国際化する世界という背景に照らしてデザインの役割と本質およびデザインマネジメントを再訪し熟考することは，まったくもって適切なアプローチといえるだろう。デザインマネジメントという領域は拡大していて，主に製造分野のデザインプロジェクトを有効に管理するという初期の焦点から離れつつある。今やデザインは，世界的な課題への対応を目指し，生産や商業という伝統的な境界線をはるかに超えて価値を発揮するものになろうとしている。

　本書では，21世紀の目的にかなった専門領域および探究理論領域としてデザインマネジメントを再考し，現在の位置付けを精査する。デザインマネジメントは本来的に複雑なものであり，その影響範囲も柔軟に変化することから，以下の各章では，グローバル化する世界に即して慎重に選別した幅広い豊かな観点から，このトピックを探究していく。

本書の構成

　第1章「デザインの価値：デザインと組織」では，デザインが組織にどのような価値とメリットをもたらすかを紹介する。ここでいう「組織」には，営利組織ではないものも含むことができ，実際に含まれることに注意を促しておきたい。例えば，非営利セクターでは，大小様々な規模の多数の慈善団体が，経費削減時代の限られた資金や現物寄付をめぐって競争している。これを受けて，デザインは，独自性のある事業提案を非常にエレガントに，かつさりげなく実現するうえで，ますます重要な役割を果たし続けている。マクロレベルでは，デザインのメリットが，直接と間接の両方の価値創造に寄与する。イギリス・デザインカウンシルが実施した調査（Design Council, 2015）では，イギリス経済に対するデザインの寄与額が17億ポンド（粗付加価値）に達しており，デザインが商業利益を追求する際の有力なツールになるとされた。第1章の締めくくりとして，デザイン分野の強力なリーダーシップとデザインへのコミットメントがいかに

組織の変容（トランスフォーメーション）を導くかについて論じる。

　第2章「デザインマネジメントの実践：ケーススタディ」では，デザインが組織の変化に有意義なかたちで寄与した一連の事例を紹介し，変化を触発する様々な形態があり得ることを示す。紹介する事例の多くは，デザインがもたらす多数のメリットを，回転率の向上や製造コストの削減などに数量化しており，また国際市場で競争するための企業文化の醸成力などで示している。Filisia のケーススタディでは，ビジネスや商業の世界から離れ，筋骨格系の疾患や障害を抱えたユーザーのためのタッチセンサー式の製品をどのように共同開発したかを紹介する。これらの製品は，今では作業療法や特殊教育のトレーニングの一環として使われるようになっている。

　第3章「デザインの活動領域：成功のための柔軟な戦略」では，企業の事業戦略開発においてデザイナーがいかに「陰の立役者」になっているかを論じる。デザイナーは，アイデアや可能性を探究し理解する能力にそもそも秀でているため，市場開拓や長期にわたって持続可能な未来へと通じる新しい方法をもたらすことができる。さらに，この章では，取締役会のレベルでデザインの視点を代弁する人物が，組織の漸進的または急進的なイノベーションにつながる意思決定に関与していくニーズについても説明する。

　第4章「デザイン戦略の実践：ケーススタディ」では，デザインの実践に光を当て，企業に大きな成果をもたらした5つのタイプのデザイン介入の事例を紹介する。ミニケーススタディのひとつとして取り上げている See.Sense は，ごく小規模な会社で，技術的に優れた自転車用ライトの製品群を有しているが，デザインの力を活かしてエンドユーザーを開拓した。製品を支えている技術力には絶対の自信があったものの，デザインを利用してユーザーにアピールする製品を作る方法にかけては知識も経験もなかったため，ベルファストにあるデザイン会社，Part Two の力を借りて，ユニークなビジュアル言語で製品を開発し，ブランディング活動を展開した。

　第5章「デザインのビジョン：国の資産」では，デザインの活動を大局的にとらえ，特に国レベルの活動を考察する。まずは，国がデザインにどれだけ投資しているかを詳細に見て，競争力を維持する手段としてのデザインの重要性を企業に訴えているデザイン業界団体の役割を模索する。デザイン業界団体の主な活動領域は，時間をかけて変化してきた。今ではインダストリアルデザインのみに特化するのではなく，組織の競争力や革新力を高めるツールとしてのデザインを説くようになっている。デザインの振興にかかわっている国レベルの機関や業界団体に加え，国が資金援助するデザイン支援制度も増えている。日常的な業務活動の一環としてデザインに投資するよう企業に奨励するような制度である。デザイン政策やデザイン支援制度のほかに，この章では，「創造都市 ― デザイン」についても紹介する。これは，「ユネスコ創造都市ネットワーク」という制度のもとで創造を推進する都市として国際的に認識された都市である。2004年に創設されたこのネットワークには，現時点で世界各地の116都市が参加していて，クリエイティブな活動や文化活動を振興している。そして，この章は，サービスデザインについて情熱的に解説した Mike Press 教授からの寄稿で締めくくる。サービスデザイ

ンがイギリス（スコットランド）の小都市ダンディーで幅広いコミュニティの活動にどれだけ寄与しているかを紹介している．

第6章「成長とイノベーションのための道具としてのデザイン：メキシコのケーススタディ」では，マクロ，組織，個人のプロジェクトという3つの活動レベルでデザインを見ていく．これは，Beatriz Itzel Cruz Megchun博士からの寄稿で，デザインを広範かつ詳細に説明するとともに，集中的な産業レベルにおいてデザインがイノベーションの活動にどれだけ密接に関係しているかを説き明かす．メキシコは，他の新興経済国と同様に，固有のデザイン研究が国レベルでも産業レベルでも十分に行われていない．この記事では，この問題を厳密に調査して，確立した探究領域としての進歩を妨げている理由を科学的に説明する．メキシコシティは2018年の世界デザイン首都に選ばれたが，それを目指した間，国際的に認められるためにメキシコが展開したデザインプロジェクトの小さな事例も紹介する．

第7章「デザインの未来：変化のイネーブラーとしてのデザイン」では，デザインを広い角度からとらえ，刻々と変化する社会と技術という文脈においてデザインが変化をどう率い，また変化にどう反応しているかを考察する．マクロなテーマを3つ掘り下げるが，これらは互いに関係していて，ひとつのテーマが残りの2つのテーマに影響を及ぼし，情報をもたらしている．まず最初のテーマは，「デザインと技術の変化」だ．ここでは，関係する多数のサブテーマを探究するが，これらも互いに切り離せない関係を持っていて，一緒になることで緊張関係を生み出し，新市場開拓の機会や課題をもたらしている．この章では，技術進歩とは異なる2つの新しい人口統計学的な現象として，「ミレニアル」および「グレーパウンド」についても取り上げる．こうした人口構成の変化も，やはり組織に課題と機会の両方をもたらす．そして，第7章の締めくくりには，ブリストルのデザインストラテジスト，Lynne Elvinsへのインタビューを入れた．デザインの本質がいかに変化しているか，デザインが組織と個人にどのように有意義な価値をもたらし得るかについて，彼女なりの見方を共有してもらう．

第8章「今後の展望とデザインマネジメントの未来についての議論」では，専門領域としてのデザインとデザインマネジメントが常に前進して向かっていく未来に焦点を当てる．私たちの知るデザインとは，「今この場所」と「将来どこへ行き着けるか」という2つの世界の間に存在する専門領域である．このため，起業家精神に富んだ人にとっては，無限の可能性をもたらす．ただし，この章では，未来予測を試みるわけではない．むしろ，私たちの生活を高める手段としてデザインが今どこにあるかをあらためて振り返るとともに，社会的・技術的な変化を踏まえて次なる進化のステップとして何が考えられるかを考察する．デザインのなかでも大きな動きが見られる領域のひとつが，医療分野で果たす役割である．サービス提供場所でのエンドユーザー体験を向上する代替手段として活用されるようになっている．この議論を支える材料として，小さなケーススタディも紹介する．ロンドンのウィッティントン病院が，デザイン思考をどのように活用して，薬剤部から処方箋薬を受け取る際の患者体験（PX：Patient eXperience）を向

上させたかを示す事例である。また，医療分野のデザイン思考に関してやや異なる視点を有するPaul Rodgers教授が，自ら関与した最近の研究プロジェクトについて解説し，認知症患者の生活を向上させる方法を論じる。このプロジェクトでは，何らかの認知症の診断を受けた人が，その後も社会に対して大きく貢献できる事実を示すことで，認知症に対する認識を変えることを目指した。公費負担医療という分野におけるデザインを解説し探究したうえで，この章では，都市の未来にも目を向ける。市民を意思決定プロセスの中心に据えたスマートシティの出現，そして市民の具体的なニーズに合った新しいデジタルサービスの創造において市民が組織と協力する方法を考察する。さらに，都市生活から払拭しきれない一側面として，犯罪の問題とそれが市民生活に及ぼす影響がある。この点を考慮に入れて，建造環境や都市環境における犯罪関連の活動を減らす代替手段としてのデザインという考え方を導入する。最後に，この章では，考察材料としてYujia Huangからの寄稿を収録する。中国でデザインとデザインマネジメントがどのように発展し，経済改革においてどのように重要な役割を果たしているかを解説している。これは，デザイン大国として国際的に認められるようになるという，国の戦略的野心を反映した状況だ。

最後のまとめでは，本書を通じて探究してきたテーマを集約し，デザインマネジメントの進化のサイクルにおける次なる段階の新しい可能性を示唆する。そして最後に，デザインマネジメントを担う次世代の理論家や実践者に対して，シンプルな問いかけをしてみたい。「デザインを通じた変化を率いているのは誰で，変化から恩恵を受けているのは誰か」。

本書の使い方

本書は，デザインマネジメントという専門領域に直接的また間接的に結び付けられた重要なテーマを中心に構成されている。この専門領域には，学問領域と実践領域の両方が含まれ，これらは互いに影響し合っている。読者の希望次第で，各章をバラバラに読むこともできれば，全編を通じて読むこともできる。各章の内容は本質的にかなり多様性に富んでいるが，デザインマネジメントというしなやかさを特徴とするテーマが全体の底流に流れていて，それぞれの議論に含まれる個別のサブテーマに織り込まれている。各章には以下の要素を盛り込んで，その章で論じた内容の理解を深めるための材料として提示している。各章の学習要素は，以下のように構成されている。

- 分かりやすく明確に構成した文章。これには「この章の狙い」と「まとめ」が含まれる。
- 主なポイント：読者の参考となる一連の論点を示している。
- チェックリスト：その章で取り上げた主なポイントを簡潔な個条書きにまとめている。
- 復習の問い：その章の考察内容について振り返り，どのようなことを観察し，どのような洞察を得たかを考えるよう促す。ここで問われる質問を通じて，その章のポ

イントやテーマをおさらいし，簡潔かつ全体的な理解を確立していく。
- プロジェクト用の課題：多くは復習の問いに密接に関連していて，論点やテーマを教室でのプロジェクトに発展させるよう促す内容となっている。プロジェクト用の課題は，デザインマネジメントやデザインとイノベーションといった講座やコースで学生（特に大学院生）が取り組む典型的な研究プロジェクトといえる。論点を議論したりデザインマネジメントの理論と実践を深く研究したりするよう奨励する課題で，学生や実践者が個人または少人数のグループで取り組むセミナー活動の基礎として使うこともできる。
- 参考文献・推薦文献：その章の主なテーマに言及している，あるいはそれを議論している補足的な著作物や学術論文などを提示する。
- ウェブリソース：その章のトピックを補完する情報とリソース。現時点でオンラインで広く無料公開されているリソースを慎重に選んでいる。
- 用語解説：本書の末尾で各章のキーワードを説明する。

本書の想定読者

　本書は，主な読者層として大学院生を想定しており，基本的なデザイン戦略，デザインリーダーシップ，デザインマネジメントのモジュール［基本単位］[†1]としてほぼあらゆる目的に使用することを意図している。ただし，国のデザイン政策，医療分野のデザイン，犯罪予防のデザインなど，いくつかのトピックを掘り下げているため，それらの章はより専門家向けのモジュールとして有益だろう。本書を実用できる主なコースとしては，以下が考えられる。

- デザインマネジメント，デザインとイノベーション，クリエイティブなビジネスマネジメント，クリエイティブ業界のビジネスマネジメントの修士号課程，およびMBAのマネジメント（デザインマネジメントとデザイン思考に関する多数のモジュール）。
- デザイン研究，デザインイノベーションなどの学士号課程。背景情報を全般的にもたらし，応用の戦略レベルに文脈をもたらす書籍として，本書を活用することができるだろう。この場合もやはり，一定の分野に関しては専門的な情報を得ることができる。学士号課程の2年生または3年生でデザイン（デザインマネジメント，戦略，イノベーション，サービス，ビジネス全般などのコース），ビジネス研究，マネジメント研究，行政学を学んでいる学生にとって，本書は特に有益だろう。

参考文献

Design Council (2015) *The Design Economy: The value of design to the UK economy*, Design Council Publications, London

Farr, M (1965) Design management: why is it needed now? *Design Journal*, 200, pp 38-39

---

†1　本文中の用語などの監訳者注は［　］で記載する。

目　次

日本の読者の皆さんへ i
まえがき iii

第 1 章　デザインの価値 1
　　　　　─デザインと組織─
1.1　はじめに 1
1.2　デザインの価値：目に見えないリソース 2
1.3　デザインのメリットの数量化 5
1.4　組織内のデザインの評価 8
1.5　DMI デザインバリュー・スコアカード 10
1.6　イギリス・デザインカウンシルのデザインプロセスのモデル「ダブルダイヤモンド」... 12
1.7　インスピレーションとイノベーションのためのデザインツール 15
1.8　まとめ 21
　　　この章のおさらい 22
　　　参考文献 24
　　　推薦文献 25
　　　ウェブリソース 25

第 2 章　デザインマネジメントの実践 27
　　　　　─ケーススタディ─
2.1　はじめに 27
2.2　ケーススタディ 28
2.3　ディスカッション 41
2.4　競争力を確保し顧客との関係を再構築する 42
2.5　まとめ 42
　　　この章のおさらい 43
　　　推薦文献 45
　　　ウェブリソース 45

第3章　デザインの活動領域 47
　　　　　―成功のための柔軟な戦略―

- 3.1　はじめに 47
- 3.2　ストラテジストとしてのデザイナー ― 英雄か悪者か 51
- 3.3　デザインとビジネス ― 戦略的な整合性 52
- 3.4　デザインとビジネス ― 上と下の結び付け 54
- 3.5　デザインとビジネス ― 内と外の結び付け 55
- 3.6　様々な次元のデザイン戦略 57
- 3.7　デザインとマーケティング ― 境界線を越える関係 59
- 3.8　デザインとマーケティング ― 社内の文脈 60
- 3.9　デザインとマーケティング ― 社外の文脈 61
- 3.10　デザインと新製品開発 63
- 3.11　まとめ 70
- この章のおさらい 71
- 参考文献 72
- 推薦文献 73
- ウェブリソース 74

第4章　デザイン戦略の実践 75
　　　　　―ケーススタディ―

- 4.1　はじめに 75
- 4.2　ケーススタディ 76
- 4.3　ディスカッション 88
- この章のおさらい 89
- 推薦文献 91
- ウェブリソース 91

第5章　デザインのビジョン 93
　　　　　―国の資産―

- 5.1　はじめに 93
- 5.2　各国のデザイン投資の概況 94
- 5.3　国によるデザインの支援 96
- 5.4　創造都市 ― デザイン 99
- 5.5　経済力につながる国の資産作り 101
- 5.6　クリエイティビティ，デザイン，イノベーション 102
- 5.7　デザインとブランディング：可視化された価値 103
- 5.8　ブランディング：空間から場所まで 107

この章のおさらい 113
   参考文献 115
   推薦文献 116
   ウェブリソース 117

第 6 章　成長とイノベーションのための道具としてのデザイン 118
   　　　　　―メキシコのケーススタディ―
   6.1　はじめに 118
   6.2　メキシコの背景状況 119
   6.3　競争力 120
   6.4　イノベーション 122
   6.5　デザイン：教育と産業 124
   6.6　産業におけるデザイン 132
   6.7　4 つの段階に基づくケーススタディ 134
   6.8　まとめ 136
   この章のおさらい 137
   参考文献 138
   推薦文献 139
   ウェブリソース 140

第 7 章　デザインの未来 141
   　　　　　―変化のイネーブラーとしてのデザイン―
   7.1　はじめに 141
   7.2　デザインと技術の変化 141
   7.3　人口構成の変化：「ミレニアル」と「グレーパウンド」 143
   7.4　消費者の変化：倫理意識の高まり 145
   この章のおさらい 154
   参考文献 156
   推薦文献 156
   ウェブリソース 157

第 8 章　今後の展望とデザインマネジメントの未来についての議論 158
   8.1　はじめに 158
   8.2　柔軟性と順応性：未来に備えるための変化 159
   8.3　デザインと医療 161
   8.4　都市の未来 ― デザインのアジェンダ 173
   この章のおさらい 184

参考文献 186
ウェブリソース 188

まとめ 190
用語解説 193
監訳者あとがき 198

索　引 210

デザインの価値
デザインと組織

CHAPTER 1 第1章

この章の狙い
- デザインが組織にもたらす価値とメリットを紹介する。
- 組織の戦略的資産としてのデザインの領域と役割を詳述する。
- デザインと事業計画活動の間のつながりを解説する。
- イノベーションを刺激する戦略的要因としてのデザインの様々な実践およびメソッドを探究する。

1.1　はじめに

　この章では，デザイン（とデザインマネジメント）が組織にもたらす価値と重要性についての様々な点を紹介する。まずは，新しい製品やサービスの開発という文脈においてデザインがどのように（有形・無形の）価値をもたらすか，およびクリエイティビティとサステナブルなイノベーションの間をデザインがどのように橋渡しするかについて，包括的な議論を行う。その後，ある小さな企業のケーススタディを導入して，画期的な製品群の開発と競争の激しい市場での戦略的成長をデザインがどのように可能にしたかを見ていく。さらに，デザインに対する理解度とデザインの活用度によって組織を区分するデンマークの「デザインラダー」について解説する（デザインのことはほぼまったく理解していない組織から，デザインを組織のDNAに組み込んでいる最高レベルの組織までに分類される）。この議論に続き，デザインの成熟度を指数化する「DMIデザインバリュー・スコアカード」について紹介する。これは，洗練されたデザインで知られる米国の複数の組織とデザインマネジメント・インスティテュート（DMI）が協力したリサーチの結果として作られたシステムだ。さらに，この章では，イギリスのデザインカウンシルが提唱しているデザインプロセスのモデル「ダブルダイヤモンド」も紹介する。新製品や新サービスをデザインする過程でデザイナーが従事する活動の各段階を説明するモデルである。

1.2 デザインの価値：目に見えないリソース

　一般に「デザイン」という言葉は，製品や物体がどのように見えるかを指すのに使われている。これは非常に表面的なレベルの理解であり，悲しい現実だ。この限定的な定義があるため，デザインは組織に真の価値をもたらさない瑣末な活動と見られている。しかし，規模の大小を問わず賢明な組織は，戦術的なレベルの活動だけでなく，インスピレーションと機会の両方をもたらす重要な条件かつ原動力としてのデザインの「価値」を真に理解している。慎重に管理し組織内で調和を図るかぎり，デザインは，消費者やエンドユーザーに歓迎される幅広い価値提案を実現する力を本来的に持っている。グローバル化が進み，企業間の競争が熾烈化しているのを受けて，今やデザインは，長期的な存続と持続可能な成功を手に入れるための絶え間ない葛藤における不可欠な要件になりつつある。商業市場の競争激化に加え，新しい技術の登場によって，確立した事業モデルが毎日のように破壊され，また形成もされている。デザインは，技術を消費者のニーズに結び付ける役割を果たす。組織（供給）と市場（需要）の間の強力なリンクであり，顧客の欲求を上回る革新的な体験を創造することができる（Dorst, 2010）。顧客のニーズを満たすクリエイティブな提案を見せることだけがデザインの実践だと考えているようでは，今の時代に競争力を維持するには十分ではない。組織は，この基本的な応用をはるかに超えるレベルでデザインを活用しなければならない。同じものをただひたすら提案するだけでは，短期的戦略の繰り返しにすぎず，いずれ市場で挫折し，商業的な衰退を避けられなくなるだろう。デザインは，伝統的な「製品」を超えて，新しい重要な商業活動の領域に入り込みつつある。5年，10年前であれば，デザインを有意義な活動の源と見なすことなど，まず考えられなかったところだ（Jassawalla and Sashittal, 2002）。

　デザインは，しばしば多岐にわたるさりげない方法で事業提案を実現するうえで，ますます重要な役割を果たすようになっている。まず第一に，提案には，消費者にとってきわめて有形な要素が含まれていて，それらは物理的な形式と無形の形式の両方で表現される。物理的な形式には，建造環境や物理環境，デジタルアプリケーション，グラフィック，そのほか様々な販促物，物理的デバイス，付属のパッケージング要素などが含まれるかもしれない。無形の形式は，同等に強力だが，そもそもが「さりげない」ものであるゆえに，開発と提示の両方ではるかに入念な配慮が必要になる。例えば，印象に残るサービスを提供すること，明確に定義されたポリシーとプロセスを持つことによって実現される可能性があり，それに際してデザインが重要な情報をもたらす。全体として，デザインをホリスティック（全体的・包括的）に活用すれば，製品であれサービスであれ，物理的であれバーチャルであれ，またその両方であれ，すべての特性に対応できる。しかし，ここで重要なのは，戦略レベルでも実践レベルでも，この活動をきわめて賢明に，慎重に，調和を図りながら進めることだ。つまり，デザインとデザインマネジメントは，戦略的な意図の表れであり，目に見えない組織の価値を社内外の幅広いオーディ

エンスにとって見えるようにするものということができる。

　ここで注意を喚起しておきたいのが，デザインは，高いブランド知名度と顧客忠誠度を有する大手多国籍企業の専売特許ではないという点だ。デザインは，会社の規模，構造，目指す市場にかかわらず，有効に活用することができる。ニッチ市場や専門市場で事業展開する零細のスタートアップ企業から，中小の企業，さらには動きの速いダイナミックな市場で競争している老舗の企業まで，どんな組織にも恩恵をもたらす強力なツールである。

　過去10年にわたり，イギリスでは，中小企業や初期段階にあるスタートアップ企業が着実に成長してきた。これは経済の繁栄にとって欠かせないが，この成長だけでは十分でないことも事実だ。健全でバランスの取れた経済が必要としているのは，中小企業が増えることではなく，利益の上がる大きな組織に成長したいと考える小規模な企業が増えることである。中小企業の多くは規模を拡大する能力を持ち合わせておらず，その欲求もないのが現実だ。そこで重要なのが，経営手腕と高成長の潜在性を持った企業を後押しサポートして，長期的な成功のためのメカニズムとしてデザインを使うよう促すことである。そのうえで大きな課題となるのが，デザインが財務の安定性を損ねずに事業に価値をもたらせることを実際に示すことだ。ロイヤル・ソサエティ・オブ・アーツの元代表，Penny Egan は，事業におけるデザインとクリエイティビティの役割を擁護して，次のように語っている。「革新しなければ滅びる。市場は大きく変わりつつあり，ブランドが絶えず構築されつつある。クリエイティビティとデザインの力を利用する企業は最先端に躍り出ることが，調査の結果で示されている。これを確信する人がもっと増えなければならない」(Cox, 2005)。Trueman は，デザイン活動を4つの領域に区分し，それぞれに異なるメリットがあるとした。それが，価値の追加，イメージの醸成，プロセスの改善，生産の改善である（Trueman, 1998）。

価値の追加

　激化する競争環境にあって，企業が究極的に目指すのは，消費者が買いたいと思う製品やサービス，競合他社よりも価値があると感じてもらえる製品やサービスを提供することだ。このため，デザインを効果的に活用することで，製品の知覚価値を高め，競争力を維持することができる。今や成功する組織とは，最低価格を重視する組織ではなく，特徴的・魅力的で付加価値が感じられる製品やサービスを目指す組織であることが，衆目の一致する見方となっている。昨今の顧客は，かつてに比べてはるかに要求水準が高い。購買力の高まりと選択肢の拡大がその理由である。このため，企業は顧客の期待を予期し，期待に応え，さらには期待を上回らなければならない。環境に順応して競争することのできない会社は，競合に追い抜かれるだろう。

　デザインを賢明に使用して製品に付加価値をもたらしていることで知られる企業には，次のようなものがある。

- Boeing（産業製品）
- Samsung, Apple（テクノロジー）
- Nikon, Bosch（消費者製品）
- L'Oréal, Estée Lauder（化粧品）
- Hawes & Curtis, Juicy Couture（アパレル）
- Emirates, Lufthansa（航空）
- Missguided, Boohoo（オンライン小売）
- Waitrose, Booths（小売）

これらの企業はいずれも，競合他社より魅力的な製品やサービスを作ることで，根本的には同じ製品に対して高い価格を付けることができている。

イメージの醸成

　デザインは，効果的に活用すれば，組織が顧客の目にどう映るか，顧客とどうコミュニケーションするかをコントロールしコーディネートするためのすばらしい手段になる。組織というのは，社内と社外の両方に対して明確なメッセージを伝えるデザイン素材を常に作成しているため，価値提案の表明をすべての場所で一貫して使用することがきわめて重要だ。これらのメッセージを有効にコーディネートできなければ，会社のイメージが低下し，市場での認知に限界が生じる可能性がある（Lockwood, 2010）。デザインを正しく理解している組織は，会社のイメージを厳密に管理して，人材採用から売上拡大まで多数の側面でポジティブなイメージの恩恵を手に入れている。また，デザインは，民間セクターだけでなく公共セクターでも活用できる。行政のサービスを効果的に開発し提供するうえで，大きな役割を果たせる。例えば，有意義な体験を創造して医療サービスを向上する，ユーザーを中心に置いた学習環境と技術を駆使したシステムを使って質の高い教育を実現する，廃棄物の効果的かつ効率的なリサイクル制度を確立する，公共交通機関のイメージや有効性を高めるといった実益が考えられる。

プロセスの改善

　新製品開発のためのプログラムを入念に策定し効果的に実践することは，ダイナミックなグローバル市場で競争を優位に進めるうえで必須の条件だ。将来のすべての製品コストの85％は，デザインプロジェクトがコンセプト段階に到達するまでの時間によって決定されるという説が，これまでしばしば論じられてきた（Design Council, 1998）。このため，新製品開発プロセスの初期段階でデザインに投資することは，好ましい結果を達成するうえで欠かせない。製品の生産コストのほとんどは，デザイン段階が終わるまでに決まってくる。そのコストのうち実際にデザインに費やされる部分がごくわずかだとしても，このことは変わらない。しかし，これを達成するには，プロジェクトがアイデア段階から商業化に至るまでにどのような段階を経るかを確実に理解する必要がある。

デザインカウンシルの依頼を受けてロンドン・ビジネス・スクールが実施した大規模な調査（Sentence and Clarke, 1997）では，製造セクターがデザインと製品開発に費やす費用は年間 100 億ポンドだと見積もられた。製造出来高の 2.6%，製造セクター人件費の 4.5% 前後に相当する。さらに，デザインと財務業績の関係を精査したフォローアップの調査（Sentence and Walters, 1997）では，製造セクターは主に輸出市場への影響を通して事業を推進しており，デザイン集約度の高い企業ほど海外市場での販売を伸ばし，短期に成長していくと結論された。

生産の改善

デザインは，生産コストを下げることで組織の競争力を維持するという点においても，重要な役割を果たす。プロダクトデザインを最初の原則に引き戻すことで，生産効率を大幅に高めることができる。デザインの活動により，製品を構成する部品の複雑さを軽減し，新しい技術を導入し，生産にかかる時間を短縮することが可能だ。デザイン・フォー・マニュファクチュア（DFM），すなわち製造のためのデザインは，製品のデザインと製造工程の間にあるギャップを埋めるためのアプローチである。製品のコンセプト開発，デザイン，生産，商業化を，生産の全プロセスにわたって慎重に管理し調和させたメカニズムで包含していく。

1.3　デザインのメリットの数量化

ここまでは，デザインが組織にどのような価値をもたらすか，どのような重要性を持つのか，直接と間接の様々な価値創造をどのように導き得るかを考察してきた。ここで，デザインがイギリス経済にどれだけ寄与しているかを，大局的なレベルで見てみよう。デザインの経済価値は，多岐にわたる業界・業種で創出されているデザイン関連の雇用の金額価値で表すことができる。これには，ウェブデザイン，アニメーション，VFX（視覚効果）のようにきわめてデザイン色の強い職種から，航空機や自動車などの業界でデザインの側面に携わる職種まで，実に幅広いものが含まれる。

さらに，デザインは，建造環境や人間環境のセクターの業務においても欠かせない一部となっている。都市研究，都市計画，建築などだ。これらはいずれも，様々な方法でデザインの実践にかかわる何らかの要素を含んでいる。これらをすべて総合すると，デザインは，国全体のレベルにおいても各地方のレベルにおいても，経済活動に多大な影響を及ぼしている。

イギリスのデザインカウンシルが行った研究（Design Council, 2015）では，デザインのイギリス経済に対する寄与を，粗付加価値，生産性，回転率，雇用創出，物品とサービスの輸出高といった主要統計を使って評価した。さらに，デザインが企業の財務業績にどのように寄与するかを概説し，デザインの経済効果が大きい地方やデザイン関連の労働力の人口統計なども示した。

その報告書にまとめられた主な点は，以下のとおりである。

- デザインがイギリス経済にもたらしている粗付加価値は717億ポンド［約1兆円］で，イギリスの粗付加価値総額の7.2％を占めている。
- デザインが重要な要因となった輸出品の総額は2013年に340億ポンドだった。
- 2009年から2013年のデザイン経済の粗付加価値の成長率は，イギリス全体の粗付加価値の成長率を上回った。
- イギリスの一部の業界では，デザインの力がきわめて重視されるようになっている。例えば，情報通信セクターでは，デザイナーの雇用件数が総雇用件数の21.7％を占め，報酬額では23.6％を占めた。
- デザイン経済はロンドンに集中しており，イングランド東南部も集中度が高い。デザイナーの5人に1人，またデザイン集約度の高い企業（従業員の30％以上がデザイン関連の職種に就いている）の4社に1社が，ロンドンに所在している。
- この研究では，デザイン戦略に投資し実践している組織（従業員に占めるデザイナーの割合が高い組織とは必ずしも一致しない）が，従業員1人当たりの平均生産高で他の組織を上回っていることも報告された。
- デザインが事業にもたらす価値は明らかである。デザインへの投資額1ポンドにつき，売上高の拡大額は20ポンド，営業利益の拡大額は4ポンド，輸出高の拡大額は5ポンドだった。

　これらの数値にもかかわらず，イギリス企業の68％は，デザインをまったくあるいはほとんど使用していないか，非常に表面的な最後の仕上げにのみ使用している。デザインが組織の文化に浸透しているほどデザインの影響力は劇的に拡大することから，組織内でのデザイン活用を効果的にサポートすることで，業績改善の大きな機会がもたらされるだろう。乳幼児の鼻水吸引器「Nosiboo」は，デザインを高度なレベルで活用して新市場に参入し，長期的な事業成長を追求している好例である。

ケーススタディ　Nosiboo：鼻水吸引器の製品ラインの開発と販売

国	ハンガリー
投資期間	24か月
デザインのサポート	Co&Co Design Communication Ltd.

背景

　Attract Ltd.は，1998年以来，インテリアデザインと製品エンジニアリングを手がけてきた。2011年までの事業内容は，デザイン，建設，家具製造，その関連サービスに限定されていた。

　しかし，2011年に新たな挑戦に乗り出し，製品開発の可能性を意識的に模索し始めた。

革新的な製品で，コンテンポラリーデザイン［時代の特色を活かしたデザイン］の要素があり，輸出の潜在性が大きい製品に携わるのが目標だった。

デザインの効果

Nosiboo の開発に際しては，革新性があり，子供にやさしく，ポジティブなメッセージを発信するベビー用品を作ることを目指した。中期的な事業目標は，ハンガリーで開発・製造した製品の国際的なブランドを構築することだった。

発明品を市場性のある製品へと変え，業界での定評を確立するには，2年にわたる製品開発とデザインコミュニケーションを要した。この間，デザインと製品エンジニアリングの作業，法的な要件への対応，そして補助的なコミュニケーション素材の統合などに取り組んだ。

この製品の特長は，他の国際ブランドが販売している吸引器とはまったく異なる通気方式，および特許デザインの「Colibri」ノズルにある（図1.1）。これらの主な特長を優れたデザインで支え，またプロダクトデザインのほかに Co&Co Designcommunication Ltd. との協力を通じてデザインコミュニケーションにも注意を払った。

図1.1 Nosiboo 鼻水吸引器

結果

2014年，この製品ラインは，プレステージの高い国際デザイン賞である「レッド・ドット・デザイン賞」の医療機器部門を受賞した。この受賞はタイミングも良く，製品発売後の早期段階に明らかな推進力をもたらした。

Nosiboo の製品は，2013年秋に発売された（図1.2）。ハンガリーでは，すべての高級

ベビー用品店とドラッグストアで販売されていて，ほぼ完全な流通販売網を確立した。販売国は現時点でヨーロッパの 8 か国に広がっている。また，新製品開発，製品拡大，生産開発も進めている。

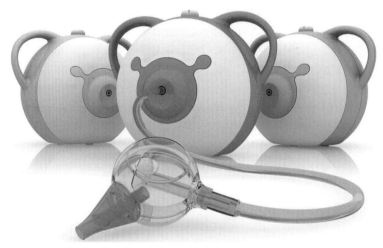

図 1.2　2014 年の「レッド・ドット・デザイン賞」を受賞

製造：Attract Ltd.（ハンガリー・ペーチ）
インハウスデザイン：Walter Streitmann，Zsolt Mátrabérci
デザイン：Co&Co Designcommunication Ltd.
ウェブサイト：www.nosiboo.com

1.4　組織内のデザインの評価

　デザインは，組織に様々なメリットをもたらす。しかし，その潜在性をフルに実現するには，自社の現時点でのデザインの活用状況を深いレベルで理解する必要がある。それを達成するすばらしい方法のひとつが，デンマーク・デザインカウンシル（DDC）が提唱しているアプローチ「デザインラダー」だ（Danish Design Centre, 2015）。社内でのデザインの活用度を，ステージ 1 の「デザインの活用なし」からステージ 4 の「戦略としてのデザイン」までに分けて示している（図 1.3）。
　戦略的リソースとしてのデザインから得られる価値とデザインの組織への浸透度の間には関係性がある。デザインが早い段階から慎重に管理され使用されているほど，そして重要な点として戦略的に用いられているほど，デザインのメリットは大きくなる。

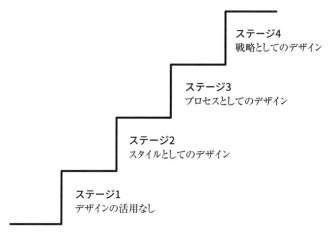

出典：DDC Staircase and National Agency for Enterprise(2003)および
National Agency for Enterprise(2007)から一部変更して使用

図1.3　デンマークのデザインラダー

デザインラダー　4段階のデザイン成熟度

ステージ1：デザインの活用なし

　デザインが，製品やサービスの開発においてごくわずかな役割を担っている（または，ほとんど担っていない）。例えば，製品開発やサービス開発が，デザインを専門としない担当者によって進められている（しばしば「サイレントデザイン」と呼ばれ，これについては後述する）。このレベルのデザイン活動では，エンドユーザーのニーズが十分に，または有意義なかたちで考慮されていない。

ステージ2：スタイルとしてのデザイン

　デザインは多くの場合，遅い段階のスタイリングの活動として使用されていて，重要性は低い。つまり，主に反応的な活動であるため，その影響力や価値は限られている。専門のデザイナーが関与していることもあるが，スタイリングは主に社内的に，または他のセクターの専門家によって行われている。

ステージ3：プロセスとしてのデザイン

　デザインやイノベーションのプロセスの早期の段階から，組織内でデザインが日常的に活用されている。非常に効果的でアジャイル［俊敏な：短い開発単位を採用する開発手法］なデザインプロセスが確立していて，イノベーションプロセス全体にわたるリスクを最小限に抑えている。この結果，デザインへの投資から大きなリターンを得ている可能性が高い。通常は，デザインのソリューションが社外から提案されていて，学際的なアプローチや方法論を使ってエンドユーザーの具体的な要件に合わせて調整されている。

ステージ4：戦略としてのデザイン

　これは最高レベルの成熟度である。デザインが組織の欠かせない構成要素となって，あら

> ゆる業務分野のイノベーション戦略に情報をもたらし，その活動を後押ししている。このような組織では，エグゼクティブレベルでデザイン担当者の意見が代弁されていて（多くは最高デザイン責任者の責任として），デザインが事業活動を率いるコアバリューになっている。さらに，デザインが主な事業目標に整合していて，開発のあらゆる領域，あらゆる段階で重要な役割を果たしている。

　デザインがどこまで活用され考慮されているかは，特にクリエイティビティとイノベーションを目指す活動においての戦略的な事業力を左右する。このため，DDC は，2003 年に広範なリサーチに乗り出し，1,000 社以上をデザイン成熟度の 4 つのステージに区分した。デザインラダーの高いレベルに位置した企業ほど，デザインに戦略的重要性を置いていた。そして，デザインのメリットに対する認識を高めるため，DDC は，様々な規模の企業に高いステージに到達するよう奨励した。この活動の一環として行われたのが，一連のワークショップと短いコースだった。製品ブランディング，デザインブリーフ（「デザイン仕様」と呼ばれることもあり，どちらも同じものを指す）の作成，デザインプロセスの形成，ユーザー主導イノベーションなどをテーマにしていた。

　DDC は，2007 年にも再度このプロジェクトを実施して，4 年間に何社がデザインラダーのレベルを上げたかを評価した。興味深いことに，2003 年から 2007 年の間に，ステージ 3 のデンマーク企業の割合は 35% から 45% に増え，ステージ 4 の企業の割合は 15% から 20% に増えた。

　デザインラダーは，デザインが単なる製品のスタイリングに留まらないものであることを組織に説明する際のモデルとしても有効である。デザインを文化として日々の活動に組み込んでいくためのそれぞれの方法を，組織に考えさせることができる。

1.5　DMI デザインバリュー・スコアカード

　企業が使用することのできるもうひとつの自己評価（アプローチ）が，「DMI デザインバリュー・スコアカード」だ。これは，デザインマネジメント・インスティテュート（DMI）によって開発された。そのきっかけとなったのは，2012 年に DMI と Microsoft が立ち上げた合弁事業だった。デザインに関して何が測定されているか，またデザインを測定する際にどんなプロセスを使用しているかを調査し，分析し，共有することを目的としていた。この「デザインバリュー」プロジェクトの初期の段階で行ったのが，多数の企業を対象とした広範な調査だった。企業の活動を調べただけでなく，Booz & Co がまとめた革新力のある企業のリストに掲載されていた有力なデザインマネジャーを対象に詳細な聞き取り調査も実施した（Jaruzelski, et al, 2012）。その結果を基に，DMI は一連の目標を定義し，その後のディスカッションやワークショップのテーマとした。次のような目標である。

- これら企業で行われているデザイン活動の役割，規模，性質を見極めたうえで，デザインとイノベーションをめぐる活動を効率化するためにデザインマネジャーが導入できる実践的なプロセスと方法論を開発しテストする。
- デザイン意識の高い企業のベストプラクティスを特定したうえで，実証済みのツールおよびテクニックとしてDMIのメンバー組織に提供するためにどのようにパッケージ化できるかを考える。
- デザインにかかわる意思決定者がデザインの価値に関するメトリクスを独自に開発しようとする際に使うことのできる語彙や用語，商業的な定義を確立し共有する。

つまり，DMIは，包括的なデザインの測定法と投資の枠組みを策定し，デザインイノベーションの活動を目的とした戦略的計画策定のプロセスで使えるようにすることを目指したのだ。デザインバリュー・スコアカードは，次のような構成になっている。

- パート1：組織内のデザイン価値の評価と測定

  このプロセスでは，新製品の導入を検討する際に一般に決定事項となるブランド開発や活動モニタリングなどを，主な意思決定者が確立できるようにする。この初期の戦略検討段階では，組織内の現在のデザインの価値を理解するために次のような質問が問われる。全般的な質問としては，「戦略的資産としてデザインをどれだけ重視しているか」，「全社的にデザインにどれだけの優先順位が置かれているか」など，またデザイン意識が高くデザインを重視している企業の場合は，その活用度を見極めるための詳細な質問も問われる。

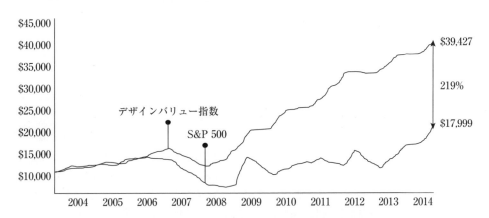

出典：Rae（2014）から一部変更して使用

図1.4　DMIのデザインバリュー指数

- **パート2：デザインの役割とデザインバリュー・スコアカード**
  組織内のどこでどのように意味ある価値を創造するかという観点から，デザインの重要性を強調する。この要素は，事業計画活動の主な機能分野すべてにわたってデザイン成熟度のレベルを確立するという目的を満たす。さらに，現時点でデザインがどこに価値をもたらしているかを評価するための枠組みをもたらす一方で，将来のデザイン目標を策定し導入するための基本情報としても機能する。
- **パート3：デザイン投資と将来の成長**
  ここでは，ハードな測定（メトリクスで数量化できるデータ）とソフトな測定（無形の定性的な情報）を幅広く使用して，より大きな組織構造の枠組みにデザイン活動を戦略的に組み込んでいく。この段階では，組織独自の変数を考慮に入れることが重要だ。企業文化に全体としてデザインを統合することに価値を置き，結果としてこれらの価値を個別に取り出しては測定しない企業もある。

1.6　イギリス・デザインカウンシルのデザインプロセスのモデル「ダブルダイヤモンド」

　組織内でデザインがどのように活用されているかを評価・測定する方法として，デンマーク・デザインカウンシルの「デザインラダー」とデザインマネジメント・インスティテュートの「DMIデザインバリュー・スコアカード」という2種類を紹介した。そこで，様々な複雑さの組織がイノベーション活動を実践する際に使うことのできる定評あるメカニズムについても紹介しておきたい。イギリスのデザインカウンシルが2005年に開発したデザインプロセスのモデルで，「ダブルダイヤモンド」と呼ばれている。デザインカウンシルは2007年，デザイン力で知られる企業が使用している既存のデザインプロセスを調査し理解するための研究を開始した。この研究では，これらのプロセスにどのような要素が含まれているか，当初のアイデアをどのようにして実装や販売まで進めているかを理解することも目標とされた。

　デザインカウンシルは，汎用性の高いデザインプロセスのモデルを確立するため，デザイン力で知られる国際企業11社と協力した。Alessi（キッチン用品やテーブルウェアのメーカー），British Telecom（通信サービス会社），LEGO（世界6位の玩具メーカー），Sony（ゲームとエンターテインメントの大手）などが含まれた。デザインカウンシルが当初目指したのは，効果的でアジャイルなデザインプロセスのシステムとはいったい何かについての深い洞察を得ることだった。

- デザイン力で知られる企業はどのようなデザインプロセスを使用しているか。
- そのプロセスはどのように管理されているか。
- その結果としてどのようなメリットがもたらされているか。
- これら企業の共通点と相違点は何か。

- ベストプラクティスといえるような共通のメソッドはあるか。

　この調査の結果，デザインカウンシルでは，11 社すべてに共通する点がいくつもあることを特定した。これら企業がまったく異なる多様な業界で事業展開していることを考えると，これは非常に興味深い結果だった。デザインプロセスの管理方法は様々に異なっていて，使用している用語もダブルダイヤモンドの用語とは異なっていたが，デザインプロセスに含まれている主なステージのいくつかは，11 社すべてに共通していた。ダブルダイヤモンドの主なステージを示したのが図 1.5 である。

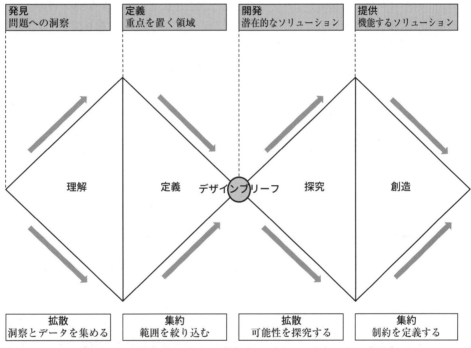

図 1.5　デザインカウンシルの「ダブルダイヤモンド」モデル（2005）

　この 4 つのステージは，プロセスモデル全体にわたる活動をとらえて説明している。アイデアやデザイン活動のきっかけから始まり，当初のアイデアをステージ 4 で製品やサービスとして市場に投入するまでの流れである。

ステージ 1：発見

　企業はしばしば，新製品を開発したい，または現行の製品やサービスを改良したいと思って，このプロセスに着手する。市場での活動から入手した情報，例えば会社に新規事業の機会をもたらし得る新しいトレンドについてのデータなどがきっかけになるかもしれない。ただし，発見の要素は，デザインプロセスの全ステージで起きると理解すべ

きだ。ユーザーの具体的なニーズや競争上の課題が分かるなど，プロジェクトに影響する情報は常に入ってくるためである。プロジェクトのきっかけは，社員とその友人など，内部的な情報源から得られることもある。一方，外部的なきっかけやインスピレーションの源には，顧客からのフィードバックや社会と環境のトレンドなどがある。発見のステージは，競争力を高める手段としてのデザインによって対応できる機会を見つけるのに役立つ。

ステージ2：定義

　これは，当初のアイデアや潜在的な機会を探究し，商業性という観点からより詳細に定義するステージだ。この反復作業の中心となるのが，文脈を幅広く理解することから，有効な提案および戦略的開発の機会を確立することへと，企業を動かしていくクリエイティブなプロセスである。ここではデザイナーが，問題や機会を探究して絞り込むスキル，クリエイティブな思考のスキルといった専門性を発揮して，この移行を後押しできることが望ましい。つまりステージ1とステージ2は，デザインというレンズを通して戦略的スコープを固めていくための重要なステージである。同時に，その後のすべてのデザイン活動にとって欠かせない計画策定の枠組みとしても機能する。このステージが終わる頃には，当初のアイデアが洗練されてデザインブリーフやプロジェクト仕様に落とし込まれ，それが会社の事業目標やミッションに沿った戦略的方向性をもたらしていくようになるだろう。

ステージ3：開発

　当初のアイデアを認識し開発する段階（ステージ3），および商業化に向けて最終デザインを完成させる段階（ステージ4）においてデザインが果たす役割については，多くの企業が十分な認識を持っている。開発のステージでは，アイデアや活動が精査されたうえで正式に承認されて，さらなる開発と実行に送られる。この際重視される活動は，主にチームで従事する学際的な性質の活動だ。組織内の様々な部署が関与して，ステージ1とステージ2の間に特定された問題点に対応しようとする。このステージの終盤には，プロジェクトチーム内でデザイン活動が開始され，製品やサービスが最終化に適した段階にまで高められていく。

ステージ4：提供

　最後のステージでは，当初のコンセプトを成功裏に実現させることに集中する。テスティングと改良を繰り返し，正式な承認を経たうえで，市場投入となる。製品やサービスの種類にもよるが，この段階では，時間をかけて調査したり，製造サイドの懸念に対応したりすることも必要になるかもしれない。品質基準と法令順守の確認，さらには破損テストや互換性テストなどが含まれる。製品やサービスを市場に投入する前に，社内の担当部署がマーケティングやプロモーションの素材も開発するだろう。ブランディン

グや広告活動を反映し，製品やサービスの発売を幅広い関係者に知ってもらうための素材である。発売後は多くの企業が当初の反応と長期的な見通しについてのフィードバックを集めようとするが，これは様々なメソッドで達成することができる。例えば，顧客インサイト，市場調査，マーケティングなどの部署を使って顧客満足度調査を実施し，満足度の変化と新製品・新サービスの投入の関係を見ることができる。

1.7 インスピレーションとイノベーションのためのデザインツール

ダブルダイヤモンドの4つのフェーズについて説明したが，ここからは，このプロセスモデルの各フェーズで使うことのできるデザインのツールとテクニックを見ていこう。ここで紹介するツールは，それほど慣れていない人でも簡単に使いこなせる。そのようなツールは多数存在するが，なかでも初心者向けのツールとして最適なものを取り上げる。以下のツールは，そもそも幅広く柔軟に使えるため，物理的な製品と既存のサービスのデザイン改良，あるいはまったく新しいサービス提案のためのアイデアやコンセプト開発に使うことができる。

ステージ1のツール：発見フェーズ

眼前にある文脈を全体的に定義し，それを念頭に置いたうえで，問題を正確に理解して定義しようとすること，そしてクリエイティブな結果と問題に対するソリューションの枠組みを作ることが，このステージの活動である。ここでの主な目標は，問題の領域にどっぷり浸り，広範なリサーチ（市場調査やユーザーリサーチなど）を実施して，洞察とインスピレーションにつながる「全体像」を理解することだ。

ツール1：ストーリーボード

エンドユーザーがたどる道のり，通過するタッチポイント，特定のサービスに関して体験するインタラクションを，高度に視覚化した物語風のカスタマージャーニーにまとめる。個々のシナリオでユーザーの視点から体験やタッチポイントを視覚的に表現することで，さらに発展させるべき興味深い洞察が新たに得られるだろう。使い手のビジュアルスキルと創意工夫にもよるが，ごく基本的なレベルでも，単純な形や姿を描いてフキダシで心情を語るといった方法は簡単に使用できる。これを出発点として，エンドユーザーの体験ジャーニーをストーリー仕立てで見せる。これにより会社や組織は，自らにとって重要な点とユーザーにとって重要な点という，異なりながらも相互に関係する2つの視点を見据えられるようになる。ストーリーボードの興味深いメリットのひとつが，リソースを投じるべき重要な領域を浮き彫りにし，またエンドユーザーにとってそれほど価値がなく，ゆえにコストを最小限に抑えるべき領域も示す点だ。つまり，会

社のリソースを効果的かつ効率的に投下できるようになる。ストーリーボードは，ホテルや電話会社，さらに最近では公共セクターなどが幅広い文脈のサービスを改善しようとする際に，定番のツールとして使用されるようになっている。

ツール2：シャドウイング

シャドウイング［ユーザーによる利用状況を影（シャドウ）のように共に行動しながら観察すること］は，文脈に富んだ内容の濃い情報をもたらし，エンドユーザーの日々の使い方について豊かな洞察をもたらす優れた手段だ。このメソッドは，ユーザー日記やアンケート調査などの伝統的なテクニックに比べて確実なうえ信頼性も高い。使えるリソース（時間と費用）にもよるが，ユーザーが製品や環境やサービスとどのようなインタラクションを取るかについて，文脈を伴った一連の洞察をリアルタイムでもたらすことができる。また，シャドウイングは，短期と長期の両方の調査に使うことができ，多数のレイヤーにわたるデータをもたらしてくれる。こうした情報は，製品のマーケティングや製品または体験のデザインプロジェクトに役立つだろう。

ツール3：ムードボード

空間（店舗の内装や病院の待合室など）のほか，全体的な雰囲気を一言や一文ではいい表せない場所に関して，ユーザーがどのように感じるかという「体験」をリッチかつエレガントに視覚表現するのがムードボードだ。時間とリソース，またデザインチームが描写しようとしている環境の複雑さにもよるが，ムードボードは，特にデザインの世界や専門用語に不慣れな顧客の案件に携わる場合に使えるシンプルで効果的なツールである。ムードボードは，雑誌や書籍はもちろん，Pinterestのような写真共有サイトで簡単に見つけられるイメージを使って作ることができる。

ツール4：ユーザー日記

これは非常に有意義なユーザーインサイトを生む可能性がある。写真や他の視覚的なイメージを使って，製品やサービスとユーザーのインタラクションを記録することができる。日記を使った調査は，豊かな定性的情報をもたらし，長期的な行動を理解しようとする際に有用である（ただし，短期的な調査でもある程度は有効だ）。たいていのケースでは，1か月間に製品やウェブサイトを使用した頻度など，インタラクションに関する情報をユーザーが提供し，携帯電話や安価な使い捨てカメラで撮った写真を添えて，全般的なユーザー行動についてのデータを構築する。または，繁華街での1日もしくは1週間の買い物習慣といった，具体的な行動に的を絞ることもある。ユーザー日記［日記調査］は，定性的に豊かなデータを収集する安価で効果的な方法だが，注意すべき点があるのも事実だ。それは，ユーザーが自分の行動を事細かに記録しなければならないため，調査参加者の慎重な選定がきわめて重要という点である。

ツール5：未来ワークショップ

　これは，一定数の参加者に依頼してグループで行う活動で，製品やサービスの「理想的な未来」を定義することを目指す。最初に製品やサービスに対する現時点のネガティブな感想や体験を書いてもらい，次に望ましい未来の状態を考えてもらう。これに際しては，できるだけ制約を付けないようにする。こうして出されたアイデアは，そのまま開発に持ち込むこともできるが，おそらくは何らかの改良を加えて開発を進めることになるだろう。標準的なフォーカスグループのフォーマットに似ているが，未来ワークショップは，現在の製品やサービスをテーマにするのではなく，望ましい未来の姿をテーマにする。

ステージ2のツール：定義フェーズ

　ダブルダイヤモンドのステージ2は，前のステージで特定した情報を整理して筋道を立て，プロジェクトの戦略的目標も念頭に置いたうえで，できるだけ幅広く機会を探究することを奨励する。このフェーズの終わりまでには，アイデアや洞察を具体的なデザインブリーフにまとめ，主な目標とその後のデザインと制作におけるマイルストーンを固めるべきだ。

ツール1：ユーザーペルソナ

　これは基本的に，ある製品やサービスに関連付けられた特定のユーザーグループを特定し，定義するツールだ。すでに行った初期のリサーチに基づいてエンドユーザーの特徴やパーソナリティのタイプを作成して，ニーズ，習慣，動機などの洞察を得る。例えば，ある列車のサービスの利用客を調べるのであれば，定期的な長距離通勤者から，その列車をごくまれに利用する高齢者など，実に幅広いユーザーペルソナができるだろう。一連のユーザーペルソナを作成することで，デザインチームは，当初のアイデアやコンセプトを発展させ，個々のユーザーのニーズに照らしてテストできるようになる。

ツール2：ブレーンストーミング

　これは間違いなく，最もよく知られていて，特にチームでのコンセプト開発に最もよく使われているテクニックのひとつだ。有意義な結果を生むには，ブレーンストーミングをする前とその最中に注意すべき重要な要素がいくつかある。第一に，ブレーンストーミングには進行役が必要であり，このプロセスを管理して特定の結果や帰着点へと導いていくことのできる経験豊富な人が務めなければならない。そして，日常業務の邪魔が入らない中立的な環境で行うのが理想である。第二に，ブレーンストーミングで出るアイデアはすべて対等に扱い，アイデアを出した人の役職や等級は考慮しないことだ。話題が逸れてしまった場合は，進行役が軌道修正し，本題に話を戻すべきである。

ツール 3：6 つの帽子

Edward De Bono が 1985 年に著書『Six Thinking Hats』で提案したツールで，ディスカッションの参加者に 6 色の帽子のいずれかをかぶってもらう（帽子を象徴する何かを使うこともできる）。この 6 色は，異なる思考スタイルを表している。

- 白 ― 眼前のデータや情報に集中する。情報が欠けている部分，プロジェクトを前に進めるために埋めなければならない部分があるかどうかを考える。
- 赤 ― 個人的・主観的な視点から問題を眺める。直感を重んじる。
- 黒 ― 洞察の欠点や限界を非常に批判的にとらえる。
- 黄 ― 黒と正反対で，問題に対してそのアイデアがどれだけ有意義な解決法となるかについて，ポジティブで楽観的な見方を奨励する。
- 緑 ― 雲ひとつない青空を見上げるかのように，ほとんど何にも制約されず，拡散思考をする。
- 青 ― 主に進行役がかぶる帽子で，正しい方向に向かって議論が進められていることを確認する。

ツール 4：ベン図

これは，複雑な情報を比較的シンプルに整理し理解するための視覚化のアプローチである。基本的には一群の対象物の間の関係性を示すことで，類似点と相違点を見つけようとする。ボード上に描いた円やチャートに対象物をグループ化して，テーマ別のマッピングの基本とする。例えば，酵母菌が使われているものをグループ化した円とアルコール飲料をグループ化した円を作ったならば，2 つの円の重なる部分にビールとワインが置かれるだろう。

ツール 5：共感マッピング

比較的単刀直入なツールで，誰のためにデザインするのかを考えさせ，その対象である個人やグループに共感することをデザイナーに促す。このツールは，ユーザーペルソナと併用するか，ユーザーペルソナを作った後に使用することで，より詳細かつ微妙なニュアンスを含んだパーソナライズされた情報をもたらす。ペルソナは通常，ライフスタイルの特性を端的にとらえて要約するが，ある状況におけるユーザーの「体験」についての有意義な洞察はもたらさない。

ステージ 3 のツール：開発フェーズ

このステージでは，当初のアイデアを戦略的な実行可能性や信頼性という観点から精査しテストする。デザインプロセスのこの段階での主な活動は，アイデアを最終的（かつ高価）な本番制作や生産のフェーズへと進める前にプロトタイプを作って試すことである。

ツール1：ビジネスモデルキャンバス

　Alexander Osterwalder が考案したビジネスモデルキャンバスは，提案された事業モデルの主な要素を入念に，しかも体系的に分析し，必要に応じてその完全性を高めていく。このモデルには，全般的な事業モデルの基礎を形成し，様々な事業の文脈に合わせて調整できる9つの要素が含まれている。

　その要素とは以下のとおりである。

- キーパートナー（KP）— 関与する主なパートナーは誰か。それらのパートナーはこの事業からどのような恩恵を得るか。
- キーアクティビティ（KA）— 潜在顧客への提供価値を実現するために欠くことのできない要素は何か。
- 提供価値（VP）— 顧客の目から見てこの事業の特徴を際立たせる中心的な提供価値は何か。
- 顧客との関係（CR）— 事業と顧客の間にどのような関係が作られるか。この関係のどこに価値があるのか。
- 顧客セグメント（CS）— 主な顧客は誰か。このユニークな製品やサービスから顧客はどのような恩恵を得るか。
- キーリソース（KR）— その顧客セグメントに対して最高の製品やサービスを提供するために欠かせないリソースは何か。
- チャネル（CH）— 提供価値をどのように訴求し，販売し，実現するか。
- コスト構造（CS）— 提供価値を成功させるために必要となる主なコストは何か。
- 収益の流れ（RS）— 提供価値からどのように売上高を計上するか。

ツール2：プロトタイピング（プロトタイプのテスティング計画）

　当初のコンセプトの有効性を確認し，目的に合っていることを確かめる。このツールは，比較的安価に実践できる批判的考察の体系的な手段である。完成度の高い製品やサービス，もしくはオンラインのワイヤーフレームではなく，当初のアイデアをテストするのがここでの狙いだ。プロトタイプは通常，アイデアに対してコメントを提供してくれる潜在ユーザーに向けて作られる。そのコメントをさらなる製品やサービスの改良に反映させていく。Adobe は，ソフトウェアをより良くするため常に製品をテストして改良している組織として知られている。

ツール3：エクスペリエンスマッピング

　主な狙いは，顧客やエンドユーザーの製品体験やサービス体験を理解し把握することである。この活動により，製品やサービスとのあらゆるインタラクションに関して詳細な洞察を得ることができる。また，顧客の満足度，忠誠度，組織の業績に良くも悪くも影響し得る組織の従業員とのインタラクションについても，洞察を得る。

ツール4：ナビゲーションマップ

　これは主に，ウェブサイトやアプリなどのバーチャル空間環境でユーザーがどのようにナビゲーションするかを示すのに使われる。通常，このツールは，初期の洞察が特定された時点で導入され，その洞察をさらに精査するための試験や改良に使われる。ナビゲーションプロセスの構造的なマップは，単純なソフトウェアで作成するか，グループの活動で行う場合は，単純なフリップチャートとマーカーや各色の付箋で作成することができる。

ツール5：スルー・アザー・アイズ（他人の目で見る）

　これは，いくつものデザインコンセプトを評価して，さらなる検討に進めるものを絞り込もうとする際に使える，非常に手軽で簡単なツールである。ユーザーを理解することを主な目的としていて，これまでに開発されたデザインコンセプトについて（ワークショップの参加者として選ばれた）ユーザーや顧客に尋ねる一連の簡単な質問で構成される。すでに制作されつつあり，ただし改良や取捨選択が必要なコンセプトについて，ユーザーからのフィードバックを得るのがこの活動の目的である。

ステージ4のツール：提供フェーズ

　デザインプロセスの最終フェーズでは，これまでに実践したすべての活動を取りまとめて具現化する。提案されたアイデアを，最終承認とテスティングにまで進める。ここで重要なのは，望ましい結果に対する反応を得て評価するための一連のメカニズムを開発することだ。具体的には，顧客やエンドユーザーから詳細なフィードバックを集める，製品やサービスの特徴を市場で訴求するためのマーケティング戦略を策定し確認する，必要に応じてマーケティング戦略を調整するなどの活動が含まれる。

ツール1：デザインシナリオ

　既存のデザインを発展させて新市場に参入したり新しいオーディエンスにアピールしたりすることができる，架空の状況設定をいくつも用意する。つまり，このツールは，デザインの「未来」を予期・予測するのに使うことができる。デザインシナリオは柔軟に作成できることから，ダブルダイヤモンドのいくつものフェーズで活用できるだろう（ここで紹介した他の多くのツールにも同じことが当てはまる）。例えば，発見フェーズで意味のある貴重なインスピレーションを模索するために，デザインシナリオを使うことができる。また，やはり時間とリソースによるが，様々なレベルのデザインシナリオが考えられる。基本的なレベルであれば，手描き漫画風のイラストで製品が使われている場面を表現できる。本格的に実践するのであれば，実写映像を撮影して，デザインが使用されている場面をリッチに鮮やかに示せるだろう。このほか，デザインシナリオは，フィードバックやマーケットインテリジェンスを分析する手段としても非常に有効だ。その洞察を基に新しい製品やサービスの機会を模索することができる。

ツール2：スケーリング計画

　これは，製品がフルに商業化された段階でそのリーチ［広告の到達度］やアピールを拡大するための効果的なツールである。スケーリングは，地理的に異なる市場に同じ製品を導入したり，商業的ビジョンを共有するほかの組織と合弁事業を設立したりするなど，いくつもの方法で達成することができる。そのプロセスを開始するには，内部監査を実施して，組織内にその能力やキャパシティが存在するかどうかを確認したうえで，それらをどのように利用して戦略的成長を実現するかを検討する必要があるだろう。そして，その監査結果に基づいて，強化すべき領域にエネルギーとリソースを投入し，さらに努力が必要な側面を検討する。スケーリング計画では，以下の5点を重点的に考察すべきだ。

1　現行の事業モデルと戦略的成長を可能にする新しい事業モデル。
2　今後の成長を追求するために使うことのできる物理的なリソース。
3　生産やほかの関連事業をスケーリングするための人材と経営管理体制。
4　ノウハウとキャパシティの構築（スケーリングに際して新市場や未知の市場に向けた製品またはサービスを開発するために新たな分野の専門知識が必要になる場合）。
5　新たな層にアピールし顧客を獲得するための評判。現実に即した計画を立てて厳密に実行すれば，野心的な成長を引き出せる可能性があり，間違った事業戦略を追求して多大な時間と労力を無駄にすることがなくなるだろう。

ツール3：ゲーミフィケーション

　ゲーミフィケーションは，基本的なツールというよりは代替的なアプローチで，潜在的な顧客を取り込むために使うことができる。端的にいうと，これはゲーム要素を応用して，既存製品の新しい機会を模索することを意味する。イノベーションマネジメントの活動にインスピレーションをもたらす要因として，このアプローチを使う組織が増えている。

1.8　まとめ

　この章では，事業や経済の成長を持続するための活動においてデザインがいかに重要な役割を果たすか，そして実際に果たしてきたかを解説した。残念ながら，デザインの役割，応用の可能性，価値は，多くの企業で誤解され無視されている。しかし，デザインがイノベーション活動において経済的・組織的な価値をもたらし，それが組織にとって様々なメリットをもたらすことを実証する事例は，公に十分に存在している。イギリスのデザインカウンシルが実施した調査では，組織的な戦略計画とデザインの活動で参考にできる情報が多数もたらされた。デザインを重視し積極的に活用している企業，

すなわちデザイン成熟度の高い企業は，市場で成功を収めている。当初のアイデアからスタートして商業化に至るまでのあらゆる段階で事業成長を牽引する要因としてのデザインの潜在性をフルに実現させている。デザインは，組織の文化に深く浸透しているほど，ポジティブな影響力を持つ。デザイン意識を育むとは，新しい可能性を積極的に模索し，デザイン思考という新しい方法を取り込んでいくことを意味する。組織の文化と行動の両面に変化を起こそうとする場合，特に大きな組織においては，何が変わらなければならないかを認識し，長期にわたって努力を続け，博識なリーダーがインスピレーションをもたらしていく必要がある。デザインのリーダーシップがこのようなトランスフォーメーションを導く優れた手段であることを，この章では明確に示した。次の章では，インスピレーションをもたらすデザインのリーダーシップとは何か，それがどのような変化をもたらすのか，商業的な成功を持続していくうえでの課題と機会の両方を取り上げていく。

この章のおさらい

主なポイント

1. デザインは，企業のなかでも測定が難しい複雑な領域である。
2. 賢明に活用すれば，デザインは事業運営に大きな価値をもたらす。
3. イギリスはデザイン経済から多大な恩恵を受けていて，特にロンドンにその活動が集中している。
4. デンマーク・デザインカウンシルが実施したリサーチでは，様々な組織におけるデザインのメリットが数量化された。
5. イギリスのデザインカウンシルは，公共セクターと民間セクターの両方の組織がデザインを活用することを提唱している。デザインとは，単なる商業資産ではない。

チェックリスト

- デザインの価値を理解する。
- デザインがもたらす多くのメリットを数量化する。
- デンマークのデザインラダーを理解する。
- デザイン成熟度を理解する。
- ダブルダイヤモンドのプロセスモデルの価値を理解する。

復習の問い

Q1 デザインは組織に様々な価値をもたらす。デザインを通じてどこで価値が創造されるかを，正確に述べることができるか。

Q2 組織，とりわけ中小企業にとって，デザインを導入するうえでの主な障害は何か。

Q3 デザインに対して賢明なアプローチを取っている著名な組織の例を示せるか。

この章のおさらい

- **Q4** それらの組織は，どこでどのようにデザインを高度なレベルで活用しているか。民間セクターと異なり，利益を主な優先課題としない公共セクターの組織では，デザインがどのように価値をもたらせるか。公共セクターの組織には，医療機関，交通機関，教育機関などが含まれる。
- **Q5** Nosibooの事例において，デザインがどのように国際市場での地位の強化に役立ったか。
- **Q6** デンマークのデザインラダーは，組織にデザインを統合していく際の4つのステージを示している。組織がこのデザインラダーを上がっていこうとする際に，短期的および中期的に直面する課題には主にどのようなものがあるか。
- **Q7** デザインマネジメント・インスティテュートのDMIデザインバリュー指数は，デザインの成熟度を示す枠組みである。事業計画を策定する活動において，どこでどのようにこの指数を使うことができるか。
- **Q8** イギリスのデザインカウンシルは，デザインプロセスのモデルとしてダブルダイヤモンドを開発した。その4つのステージは何か。
- **Q9** ダブルダイヤモンドのモデルは，公共セクターがエンドユーザーに提供するサービス体験を向上する目的でどのように使用できるか。
- **Q10** ダブルダイヤモンドのような他のデザインプロセスのモデルには，どのようなものがあるか。それらはどこがどのように異なるか。

プロジェクト用の課題

- **Q1** デザインは，組織に多数の有意義な価値をもたらすことができる。デザインがどこで付加価値をもたらすか，組織のイメージを高めるか，既存のプロセスを向上させるか，製品の機能や性能を高めるかを示す分類図を作る。
- **Q2** 組織がデザインを導入する際に直面する一般的な障害を特定したうえで，それらの障害を克服するための戦略的行動計画を策定する。
- **Q3** デザイン意識の高い組織がどのように高度なレベルでデザインを活用しているかを示す枠組みを作成し，デザイン活用度を高めたいと考えている他の組織に対してその枠組みをどのように導入できるかを考察する。
- **Q4** 公共セクターの組織をひとつ選び，エンドユーザーにとって有意義な体験を実現するためにデザインを活用できる主な領域を特定する。例えば，あるサービスを提供している組織がユーザーとのコミュニケーションプロセスを向上するためにデザインを活用できるかもしれない。
- **Q5** Nosibooのケーススタディに基づいて，現行のデザイン力を強化して長期的に持続可能な成長を実現するための戦略的行動計画を策定する。
- **Q6** デンマークのデザインラダーを使ってデザイン成熟度の4つのステージそれぞれに該当すると思われる4社を特定し，各社をそのステージに位置付ける主な特徴は何かを考える。

- Q7 　DMIデザインバリュー指数を使ってある組織のデザイン監査を行い，その結果を基にデザインの理解度と活用度を向上させるための勧告を策定する。
- Q8 　デザインカウンシルのダブルダイヤモンドのプロセスモデルの主な長所と短所を特定し，より多岐にわたる組織の事業計画活動をサポートするためにどのように改善できるかを提案する。
- Q9 　サービスデザインのコンサルティング会社が，現行のサービスを改善したいと考える顧客の案件を引き受けた場合に使えるよう，ダブルダイヤモンドのプロセスモデルを調整する。
- Q10　この章全体を振り返って，デザインが組織にどのように価値をもたらすかを列挙した簡潔なリストを作成する。デザインに対して懐疑的な相手にデザインの価値を理解してもらう方法を考えてみる。

参考文献

Cox, Sir George, for HM Treasury (2005) Cox review of creativity in business［オンライン］http:/www.hm-treasury.gov.uk/d/Cox_review-foreword-definition-terms-exec-summary.pdf

Danish Design Centre (2015) The Danish Design Ladder: Four steps of design use［オンライン］http://danskdesigncenter.dk/en/design-ladder-four-steps-design-use

Design Council (1998) Designed to compete: How design can make companies more competitive, Design Council Red Paper 1, Design Council Publications, London

Design Council (2015) *The Design Economy: The value of design to the UK economy*, Design Council Publications, London［参考］https://www.designcouncil.org.uk/what-we-do/research/design-economy

Dorst, K (2010) Interpreting design thinking, Design Thinking Research Symposium Proceedings (DTRS8), pp 131-39［参考］http://bbcdcomdes.weebly.com/uploads/1/1/8/6/11866691/dtrs8_proceedings.pdf

Jaruzelski, B, Loehr, J and Holman, R (2012) The Global Innovation 1000: Making ideas work, *Booz & Co*［オンライン］https://www.strategy-business.com/article/00140?gko=f41fe

Jassawalla, A R and Sashittal, H C (2002) Cultures that support product-innovation processes, *Academy of Management Executive*, 16 (3), pp 42-54

Lockwood, T (2010) *Design Thinking: Integrating innovation, customer experience, and brand value*, Skyhorse Publishing, New York

National Agency for Enterprise (2003) The economic effects of design［オンライン］https://erhvervsstyrelsen.dk/sites/default/files/the_economic_effects_of_ designn.pdf

National Agency for Enterprise (2007) Design creates value, National Agency for Enterprise

Rae, J (2014) Good design drives shareholder value, *Design Management Institute*［オンライン］http://www.dmi.org/?page=designdrivesvalue

Sentence, A and Clarke, J (1997) The contribution of design to the UK economy, Design Council Working Paper, London

Sentence, A and Walters, C (1997) Design, competitiveness and UK manufacturing performance, Design Council Working Paper, London

Trueman, M (1998) Competing through design, *Long Range Planning*, 31 (4), p 594

推薦文献

De Bono, E (1985) Six Thinking Hats: An essential approach to business management, Little Brown, London［邦訳］『6つの帽子思考法 − 視点を変えると会議も変わる』，バンローリング，2015

Design Council (2012) *Design delivers for business: A summary of evidence from the Design Council's design leadership programme*, Design Council Publications, London, p 2

Design Council (2015) The design process: What is the Double Diamond?［オンライン］www.designcouncil.org.uk/news-opinion/design-process-what-double-diamond

Gemser, G and Wijnberg, N (2003) The economic significance of industrial design awards: A conceptual framework, *Design Management Journal − Academic Review*, 2 (1), pp 61-71

Turner, R (2013) *Design Leadership: Securing the strategic value of design*, Gower, Farnham

Warwick Business School and Design Council (2014) Leading business by design: Why and how business leaders invest in design［オンライン］https://www.designcouncil.org.uk/sites/default/files/asset/document/dc_lbbd_report_08.11.13_FA_LORES.pdf

ウェブリソース

The design economy: The value of design to the UK (2015)
　デザインがイギリス経済にどのように寄与しているかをマクロ経済の視点からとらえた優れた分析である。これまでに行われたこの種の研究として最も包括性が高い。
　http://www.designcouncil.org.uk/designeconomy

Design in innovation strategy 2015-2019
　イノベーションプロセスにおけるデザインの役割を包括的・批判的に考察した報告書 (Innovate UK, 2015)。有益な情報を分かりやすく提供して，イノベーション，クリエイティビティ，デザインについて明確に解説・議論している。
　http://www.innovateuk.gov.uk

Case studies in design policy and programmes
　このケーススタディは，SEEプロジェクトの一環として行われた。SEEは，ヨーロッパの11のパートナーからなるネットワークで，ヨーロッパ全域，国，地方のレベルでイノベーション政策にどのようにデザインを統合するかについて，経験を共有して議論を活性化している。
　http://www.designforeurope.eu/case-study/sharing-experience-europe-see

Design for Europe
　これは，デザイン主導のイノベーションをヨーロッパ全域でサポートする3年計画のプログラムである。EUの「デザイン主導イノベーションのための行動計画」の一環であり，EUが一部資金援助している。このプラットフォームは，公共セクターと民間セクターの両方を対象にデザイン主導イノベーションに関する情報とリソースを提供する総合的なポータルとなっている。
　http://www.designforeurope.eu

Design Management Institute

デザインマネジメント・インスティテュート（DMI）は1975年に設立された国際的な業界団体で，ビジネス，文化，顧客，社会の変化といった観点からデザインをとらえている。教育者，研究者，デザイナーなどが加盟していて，世界各国のあらゆる業界，あらゆるデザイン分野のリーダーが集まる場となっている。組織の変化やデザイン主導イノベーションを促進している。

http://www.dmi.org

デザインマネジメントの実践

ケーススタディ

CHAPTER 2 第2章

この章の狙い
- 様々なビジネスの文脈におけるデザインの性質と役割についての理解を提供する。
- デザインとビジネスの間の相互関係についての認識をもたらす。
- 組織の目標を達成するうえでデザインが果たす役割について紹介し，理解を形成する。

2.1　はじめに

　ビジネスの文脈を理解することは，デザインマネジメントの主な要件のひとつである。ダイナミックなビジネスの世界においては，多数の専門領域にまたがる的確なコミュニケーションと柔軟性が求められる。様々な視点を持った様々なステークホルダーに対応することは，デザイナーやデザインマネジャーにとって非常に難しい場合がある。この章では，デザインとビジネスの間の関係の様々な側面を取り上げる。製品やサービスにデザインがどのように価値をもたらすか，当初のアイデアや発明をイノベーションへと変えていくうえでデザインがどのような役割を果たすのかといった点を，事業戦略，製品ライフサイクル，デザイン思考，ユーザー中心デザインといった要因を踏まえて考察していく。

　最初のケーススタディでは，ポルトガルの大手ITコンサルティング会社，Novabaseについて取り上げる。同社は，特に2007～2008年のグローバル金融危機後，ITサービス事業の国際的な拡大に苦心し，組織としての行動や考え方を変革するために外部のデザイン機関の助けを借りることにした。デザイン思考の文化を醸成して，顧客とのかかわり方を向上させるのが目的だった。このデザインへの投資で大きなリターンを得た経験に基づいて，今ではデザインを企業文化の中心に据え，継続的な取り組みを行っている。

　2つ目のケーススタディでは，エンドユーザーを中心にしたデザイン開発プロセスを構築している会社，Filisiaの情熱的な事例を紹介する。同社の製品のエンドユーザーの多くは，認知的・身体的な障害を抱えている。そのエンドユーザーと深い対話を続けるなかから，彼らの生活にこれまでにない効果をもたらせるインタラクティブなゲームや教育的な体験の新たな開発方法が生まれた。エンドユーザーとの継続的な関係構築が認

められ，Filisia の新製品とその販売方法は「医療アクセスのイノベーション賞」を受賞した。

3つ目のケーススタディでは，Donatantonio を取り上げる。長年の歴史を有する中規模の食品輸入販売会社で，製品ラインの特徴を打ち出すためのコンシューマーブランディングに新しいアプローチを取り入れた。新しい製品群を開発するに当たり，印象的な独自のブランドアイデンティティを導入して，競争が激しいながらも大きな利益の見込める市場で確固たる立場を確立した。

4つ目のケーススタディでは，ノルウェーの家電製品メーカー，Wilfa を取り上げ，デザイン，品質，イノベーション，安全性を重視することで既存の製品ラインに新たな息吹を吹き込んだ経緯を見ていく。すべての製品に革新的な機能を組み込むことを旗印として新しい市場に果敢に参入し，デザインへの投資から3年以内に急速かつ継続性のある成長を遂げた。

5つ目のケーススタディでは，大手企業に目を向け，Brussels Airlines の事例を紹介する。顧客体験を高めるために実施したオンライン予約システムのデザイン変更のプロジェクトだ。このプロジェクトでは，大手デザインコンサルティング会社と連携して大きな変更を多数導入し，ほぼ即座に目覚ましい結果を出した。これでデザイン力に自信を得た同社は，今では長期的な成長を支える活動の一環としてデザインを活用して，事業開発に役立てている。

この章の最後のケーススタディでは，既存の製品ラインをデザイン主導で再創生した Cimbria Herning が，いかに事業活動を変化させ，短期間に低成長から利益計上への変容を遂げたかを説明する。デザインが及ぼした広範な影響により，会社にとって困難な時期であったにもかかわらず，企業文化が大きく変わり，従業員の士気が向上した。

2.2　ケーススタディ

ケーススタディ　Novabase

Novabase のビジネスデザイン責任者，Pedro Janeiro は，デザイン思考の活動が文化，サービス，ビジネスプロセス，戦略を変革し，長期的な商業的成功を可能にしたと証言している。

国	ポルトガル
業種	IT コンサルティング
投資額	200 万ユーロ
期間	5 年（継続中）
デザインのサポート	スタンフォード大学デザインスクール

背景

　リスボンのNovabaseは，ポルトガル最大のITコンサルティング会社で，年間売上高は2,200万ユーロ，世界各地に2,400人の従業員を有している。

　2000年代の終わり，同社は，ITサービス事業を国際的に拡大するのに苦心していた。2007～2008年のグローバル金融危機の影響で国内市場も縮小しつつあった。全体としてはなおも成長を続けていたが，国際事業は成長が鈍く，アンゴラ，モザンビーク，ケニアなどの不安定なアフリカ市場に集中していた。ヨーロッパでは，ドイツの拠点が売却され，スペインの拠点は飽和気味の激しい競争市場に置かれていた。社内で戦略会議を重ねた結果，主な問題が特定された。サービスの競争力はあるものの，よく整理されておらず，顧客に魅力的な製品として提示されていなかった。そしてこれが，国外での事業成長を阻む大きな壁になっていた。このまま事業を継続すれば，ゼロ成長か場合によっては売上高縮小の可能性も高いと思われた。

　新CEOのLuís Salvadoは，会社の進路を修正するため，まずはコーポレートビジョンの改革に取り組んだ。「シンプルでハッピーな生活を人と企業にもたらす」。単純ながらも野心的な宣言だった。ここには，昨今のITプロジェクトがしばしばシンプルとは程遠い状況にあり，これが競争力を手に入れるための機会をもたらすという認識があった。その狙いは，ITプロジェクトをもっと人間味のある分かりやすいものに変え，ユーザーのニーズを上手に満たしていくことだった。人間中心のアプローチという目標は，デザインを使って違いをもたらす機会が明らかにあることを示唆した。

デザインの効果

　Novabaseは，デザイン思考を4つのビジネスの文脈で実践した。第一に，企業文化を変え，イノベーション，リスクテイキング，プロトタイピング，フィールドリサーチをサポートすることだ。これらの変化を起こすには，多数の小さなイニシアティブを実践して，従業員の間にデザイン原則についての共通の理解を構築する必要があった。そのための活動には，トレーニング（従業員の半数弱に当たる1,200人以上が2日間の集中研修に参加した），デザイントーク，イノベーションイニシアティブなどがあった。第二に，サービスを変えることだった。Novabaseが目指したのは「製品化されたサービス」，すなわち顧客との契約で多数のことを取り決める複雑なスタイルではなく，既製のサービスをポートフォリオにして提供することだ。このほうが，国外市場への輸出もはるかに容易だった。このような製品化されたサービスを開発するには，国外での販売の際のリスク，時間，コストを削減することを目的とした大型のサービスデザインのプロジェクトが必要だった。サービスをこのようにとらえ直したことで，市場での差別化も明確にすることができた。第三に，Novabaseは，デザイン思考をセールスのプロセスに適用した。顧客リサーチで得た洞察を利用して，セールスのプロセスを抜本的に変化させたのだ。新しいプロセスには，顧客との共創，迅速なプロトタイピング，新しいコミュニケーションツールが盛り込まれた。

そして最後に，ITプロジェクトの実践のプロセスにも変更を加えた。ユーザーエクスペリエンス（UI）デザインを多用して，セールスプロセスと同じようにプロジェクトの方法論を変え，顧客の状況とニーズを詳細に調べるフィールドリサーチを組み込むようにした。Novabaseは，サービスデザインを用いることで，伝統的なITビジネスプロセスの多くを再考察することができた。例えば，今では非常に早期の段階で顧客にプロトタイプを提供し，潜在的なソリューションを試せるようにしている。これらの変更の結果，Novabaseではオフィスも刷新する必要が生じた。会議室や共用スペースは，共創のミーティングやワークショップがしやすいように改装された。会社にこれだけの変化をもたらした過程が必ずしも容易でなかったことは，Novabaseもオープンに認めている。多くの意味で痛みを伴うトランスフォーメーションだったが，真剣に変化を追求するプロセスというのはたいていがそうであり，その結果として新しい会社が誕生した。

Pedro Janeiroは次のように語っている。「通常，改革イニシアティブのほとんどは社内のリソースで推進し，いくつかの限られた場合のみデザイン会社の介入を仰いでいます」。

結果

企業文化の改革を通じてリスクテイキングとプロトタイピングがしやすくなり，それが究極的に既製のサービスポートフォリオを可能にした。この製品化されたサービスは，特に顧客との共創と相まって，国際市場での大きな成長を達成した。セールスのプロセスが，新しいデザインベースのメソッドによるプロジェクトの実践へとつながり，顧客の体験を高めた。こうしたポジティブな顧客体験（CX：Customer eXperience）を積み重ねることで，リピートの受注も増え，事業全体に付加的なサポートをもたらした。2012年，Novabaseがこの新しいデザインメソッドを試験的に実践していた時に，ある最大顧客の一社からいわれたことがある。「これからは必ず新しいメソッドでプロジェクトを進めてもらい，以前のやり方には絶対後戻りしないと約束してくれたら，新規案件を発注しますよ」。このような反応は，Novabaseが正しい方向に向かって進んでいるという証左だった。デザインへの継続的な投資は，今では会社の文化の一部となっている。2011年当時には考えられなかったことだ。今日，Novabaseにとってデザインは重要な競争力である。

主な結果		
3倍	1,200人	20種以上
過去4年間の国際市場の成長	デザイン思考のトレーニングを受けた人数（全従業員の50％）	新たにデザインされたビジネスサービスの数

ケーススタディ　Filisia

FilisiaのCEO，Georgios Papadakisは，障害者向けの製品をコラボレーションを通じてデザインすることにより，感情移入度の高いオーディエンスに真のメリットをもたらす製品が開発されるようになったと語っている。

国	ギリシャ
業種	製品開発のスタートアップ
資金源	シード投資（様々な投資家）
投資額	10万ユーロ
期間	2年

背景

Filisiaは，障害者向けに遊び心のあるインタラクティブ体験を開発している。音楽，ゲーム，センサーを使って，リハビリテーションを助ける体験だ。芸術とリサーチのプロジェクトとして始まった活動だったが，それがやがてシード投資を集める有望なスタートアップに進化した。2013年，同社は，一連の芸術ワークショップを開催し，脳性麻痺や自閉症などの特殊ニーズのある人たちが，音楽とインタラクティブなメディアに実際にどのように反応するかを観察した。リハビリテーションを取り上げた多数の神経学の研究で，音楽に能動的にかかわることが療法に大きなメリットをもたらし得るとされていた。しかし一方で，筋骨格系の問題や認知的な問題を抱えた人たちは，しばしば音楽で自己表現することに困難を感じるという課題があった。たいていの楽器は手に持ちにくく，習得するのが難しいためだ。

> このため私たちは，アクセシブルな音楽とゲームのソリューションを開発したいと考えました。障害者のクリエイティビティを引き出しながら，運動と動機付けと感覚統合にサポートをもたらすようなソリューションです。(Georgios Papadakis)

デザインの効果

Filisiaは，数年計画のデザインプロジェクトを2013年半ばに開始した。複数のリハビリセンター，療法士，および筋骨格系の問題や認知的な問題を抱えた人たちとコラボレーションするプロジェクトだった。プロジェクトチームは，インタラクションデザインとテクノロジーを使うことで，特殊教育ニーズのある人たちの潜在能力を引き出すことができるはずだと確信していた。音楽とインタラクションのデザイナーであるGeorgios Papadakisは，療法士と患者を対象とする定性的なリサーチに乗り出し，聞き取り調査，フォーカスグループ，ユーザー観察などを実施した。

> 私たちのビジョンは，不利な立場に立たされた人たちに力をもたらし，クリエイティブで生産的な生活を送れるようにすることでした。製品を開発するなかで，ユーザーのために開発するのではなく，ユーザーが開発する，あるいはユーザーと

一緒に開発するほうが，はるかに意味があると感じるようになりました。（Georgios Papadakis）

Filisiaのチームは，リハビリセンターや介護センターの訪問から始めて，ユーザーのニーズ，日々の活動，開発中の製品を使うであろう状況などを理解することに努めた。その後，ソリューションのコンセプトをいくつも開発して，ユーザー，療法士，介護士に提案した。そのフィードバックを受けて，提案の主な要素を絞り込んだ。アジャイルでインタラクティブな開発手法を取り，ユーザーのニーズを最も効果的に満たす側面を見極めていった。「ユーザーがデザイナー」というアプローチを取ったことで，人間工学的に優れたシンプルかつフレキシブルな製品，非常に異なるニーズの人たちにとって使いやすい製品が出来上がった。様々な能力を考慮してデザインした結果，ハードウェアの商業的な利用度や価値が高まった。また，市場内の他社とは一線を画す差別化のポイントにもなった。

結果

2014年，Filisiaは，Athens Impact Hubから「ソーシャルインパクト賞」，社会起業家の団体であるAshokaから「医療アクセスのイノベーション賞」を受賞した。2015年3月には，製品第1号「Monoma」の予約注文受付を開始した。Monomaはタッチセンサー式の装置で，音楽作業療法および特殊教育ニーズのトレーニングを目的としている。

私たちが目指しているのは，様々な身体的・認知的能力を持った人たちにとって安価でアクセシブルなシステムを作ることです。ユーザーを夢中にし，ユーザーのニーズに合わせて順応し，能力の進歩に関する正確な情報を提供するシステムです。（Georgios Papadakis）

この装置は，使って楽しいだけでなく，ユーザーの動きのスピードや滑らかさについてのデータを収集して療法士や保護者にレポートを提供し，能力開発の進捗状況を知らせることができる。製品は2016年初めに市場投入された。

Monomaは現在，欧米の介護センターと保護者の間で試験運用されている。また，Filisiaは，アテネの国立リハビリセンター，イギリスの支援団体Mencap，バーミンガム大学，ロンドン大学ゴールドスミス・カレッジなど，主要な慈善団体および研究機関との提携活動も行っている。

主な結果		
2回	60人	50人以上
ソーシャルイノベーションの受賞回数	製品リサーチに協力した療法士の数	プロダクトデザインに協力したユーザーの数

ケーススタディ　Donatantonio

　　デザインカウンシルのデザインアソシエイト，Kate Blandford は，競争の激しい市場で事業展開している中規模のイタリア食材商社が独自の価値提案を打ち出すに当たって，コンシューマーブランディングの新しいアプローチがいかに奏功したかを語っている。

国	イギリス
業種	食品の卸売・流通
期間	2 年
デザインのサポート	デザインカウンシル

背景

　Donatantonio は，地中海地方から輸入した製品をイギリス国内で販売しており，100 年以上の歴史がある。販売先は食品メーカー，非小売チェーンストア，卸売販社，レストランなどで，製品ポートフォリオが急速に拡大して 500 種を超えるまでになった。本社はボーハムウッドで，従業員数は 30 人，2014 年の売上高は 2,000 万ポンドだった。創業者の Luigi Donatantonio は，1890 年代にイタリア南部のミノーリからイギリスに移住した後，ロンドンのクラーケンウェルでデリカテッセンを開業し，イタリアの食材を同胞の移民のコミュニティで販売した。この事業は長年にわたり家族経営で守られてきた。2001 年には王室御用達となり，2007 年には投資家が事業を買収して経営母体が交替した。Donatantonio は何年も前からスーパーのプライベートレーベルとして独自の製品を供給し，その後，自社ブランドである「Lupa」（イタリア語でメスのオオカミの意味）を開発していた。しかし，同社の野心は常に，「Lupetta」（小さなオオカミ）という名前の小売ブランドを開発することだった。

　「デザインとブランドを強く打ち出した事業にしたいと考えていました」と，Donatantonio の CEO で日用消費財分野での経験が長い Simon Bell は語っている。そこで 2012 年にデザインカウンシルにサポートを求め，Lupetta ブランドを開発することにした。「デザインカウンシルが専門的なノウハウを提供してくれ，目標達成の触媒役を果たしてくれることを期待しました。実際，その両方をかなえてくれました」。

デザインの効果

　　　　Donatantonio には，未活用の潜在力が多分にありました。(Kate Blandford)

　デザインカウンシルのデザインアソエイシト，Kate Blandford がこのプロジェクトを担当することになった。最初に着手したのは，経営陣およびスタッフと一緒になって Donatantonio の事業と市場を詳細に分析することだった。そして，デザイン主導のアプローチによってどのような事業価値が得られるかを全員で話し合った。Blandford は次のように説明している。

　　　　Donatantonioには，未活用の潜在力が多分にありました。イタリアの取引先とも強力な関係を構築していました。しかし，B2Cの強力なブランドがないかぎり，一般の消費者が同社の提供する幅広い製品ラインに直接アクセスすることは期待できませんでした。

　Donatantonioは，家庭料理への関心が高まっていて，イタリア料理に対する理解も広まっているというトレンドを利用することにした。主な課題は，他のイタリア食材とどうやって差別化するかだった。必要とされたのは，幅広い製品ラインに統一感のあるデザインを導入しながら，一方で製品それぞれのユニークなストーリーを語れるよう十分な柔軟性を持たせることだった。Blandfordは，Bellと協力して，Bellが着手していた新しいブランドの提案を細かく調整していった。また，詳細なデザインブリーフも作成して，専門ノウハウを持った多数のデザイン会社に紹介した。2013年初めにロンドンのBrandhouseが選ばれ，デザインチームがLupettaの開発をスタートさせた。Brandhouseの社長，Mark Raeは次のように振り返っている。

　　　そもそも「イタリア料理」などというものは存在せず，イタリアの各地方の料理があるだけであって，その最高の味を作るには最高の食材が必要だという考え方を伝えるブランドを作る必要がありました。

Bellは次のように付け加えている。

　　　各国料理の高級食材というのは，小売店や消費者にとってはいろいろありすぎるように見える可能性があります。売り場で埋もれてしまいがちです。そこで当社のパッケージングには，手に取ってみたくなるような，ちょっとした目立つ表現が必要でした。

Raeは次のように説明している。

　　　魅力あるブランドの歴史を感情的な表現とブランドで引き立てた後，それを中心にして，バラエティ，個性，品質，そして豊かな地方色を打ち出しました。高級食材店やスーパーで売り場を獲得するには，品質と本場らしさが欠かせません。

　ブランドデザインの重要な視覚要素のひとつが，すべての製品パッケージに共通する「L」を2つ使った四角形のフレームだ。カメラのビューファインダーをイメージしていて，その製品が代表している地方を覗き込む様子を表現している。このデザインにより，スタイリッシュでシンプルな高級感が達成された。他の多くのイタリア食材の老舗ブランドが使っているオールドファッションなイタリアのファミリーを意識させるデザインとは，明らかに一線を画していた。

結果

　2014年夏，DonatantonioはLupettaを新発売した。当初はイタリアの5つの地方を

代表する製品ラインで，ビール瓶のようなボトルに入ったシチリア風チェリートマトのソースやカラブリア風ンドゥイア（ポーク）の瓶詰めペーストなどがあった。さらに積極的な市場開拓は，2015年初め，高級専門食材の卸売会社である Cotswold Fayre との協力を通じて開始された。

　Donatantonio は，Lupetta の発売から6か月以内にさらに12製品を追加し，今ではイギリス各地の独立系のデリカテッセン，農産品小売店，非小売チェーン店などに販路を拡大した。2014年の売上高2,000万ポンドから，2015年末までには2,400万ポンドへの成長が見込まれている。Bell は次のように語っている。

> 当社の戦略は，ブランドと市場での価値提案を，時間をかけて1店ずつ構築していくことでした。今では独自の E コマースのウェブサイトもあり，Amazon でも販売しています。小売チェーン店にも販路を拡大するかもしれませんが，まだ2年以上先になるでしょう。これまでのところ，このブランドは大変な好評を得ています。製品がすばらしいうえに，デザインもパッケージングも好評です。デザインカウンシルから受けたサポートは，本当に貴重でした。

主な結果		
12種	400万ポンド	5種
新製品ラインの発売数	12か月間の売上高成長	地方色のあるスペシャルティ製品の発売数

ケーススタディ　Wilfa

　ノルウェー・デザイン＆建築センターのコンサルティング責任者，Monica Fossnes Petersson は，家電メーカーの Wilfa が市場リーダーになるうえで画期的な新製品のラインがいかに重要な役割を果たしたかを紹介している。

国	ノルウェー
業種	製品 — 中小企業
投資額	32万ユーロ
期間	4年（継続中）
デザインのサポート	ノルウェー・デザイン＆建築センター

背景

　ノルウェーの Wilfa は1948年に設立され，家庭用の小型家電，特に北欧諸国の家庭で日常的に使われるキッチン用品を専門としている。コーヒーメーカー「Moccamaster」の大ヒットにより北欧地域の有名ブランドになったが，その後時間とともにオリジナル製品のユニークさを見失うようになっていた。信頼できるブランドという定評を消費者と小売店の間で確立していたが，やや新味に欠けるという印象もあった。そして数年の

間に，今や旧式となった製品ラインは，ほぼ市場から消え失せるほどになっていた。

　　スタッフを解雇して単なる小売店になるか，独自の製品ラインを創造するかの決断を迫られる状況でした。幸いにも，私たちは独自の製品をデザインすることを選びました。（Wilfa の CEO，Anders Liland）

今や Wilfa は見事に復活し，短期に北欧諸国で最も知られる家電ブランドのひとつになりつつある。デザイン，品質，イノベーション，そして安全性を重視する姿勢を打ち出している。

デザインの効果
　製品ラインを刷新するには外部のサポートが必要だと考えた Wilfa は，ノルウェー・デザインカウンシル（現：ノルウェー・デザイン＆建築センター）に連絡し，家電製品のデザイン経験がある腕の良いデザイナーを紹介してほしいと依頼した。これに対するノルウェー・デザインカウンシルの回答は明確だった。「スタート地点を間違えていますよ」。まず最初にブランドを定義し，それから製品の目標を定義する必要があるとアドバイスしたのだ。これは，基本的な問いを投げかけることを意味した。「Wilfa とはどのような会社か」，「どのような会社になろうとしているのか」，「どのような価値観を持つ会社なのか」。

　　このアドバイスを聞いて良かったと思います。ノルウェー・デザインカウンシルとのプロセスを通じて，私たちは北欧地域のリーダーになるという目標を設定しました。北欧らしいユニークなアイデンティティの会社として，この市場で知られるようになるという欲求を明確にしたのです。（Anders Liland）

　このプロセスにより確固たる戦略的基盤ができたため，デザイン会社にデザインブリーフを伝える段階では，Wilfa の製品がどのように見られるべきかという目標を明確に説明することができた。新製品開発に当たっては，国際的に知られるデザイン会社の Designit と協力した。Designit は，潜在顧客がどのようなニーズを持っているか，コーヒーメーカーに何を期待しているかを詳細に検討することから始めた。
　この結果，非常に貴重な洞察が得られた。北欧諸国は 1 人当たりのコーヒー消費量が最も高いほうで，ただし独特のコーヒー文化を有していた。様々なフレーバーのラテやエスプレッソがトレンドになっているにもかかわらず，北欧ではフィルターで淹れた高品質なコーヒーが最も人気だった。フィルターでコーヒーを淹れる際には，特に湯の温度の違いがコーヒーの味や質感に大きな違いをもたらす。そこで Designit は，まずユーザーの要件を明確にしたうえで，2 つの新しいフィルター式コーヒーメーカーを Wilfa に提案した。「Svart Presisjon」と「Svart Manuell」だった。

結果

　Wilfa はわずか数年以内に，ブランド知名度の落ちつつある旧式なメーカーから，業界の賞を受賞する市場のリーダーへと生まれ変わった。今ではフルスピードで新市場を開拓しつつある。デンマークでは，それまでのゼロから 3 年以内に非常に大きな売上高が計上できるようになった。また，アイスランドにも初参入し，スウェーデンの売上高は 30%拡大した。

　　Wilfa はデザインを使ってまったく異なる会社になりました。今ではまったく新しい評判を有し，小売店にとっても重要なパートナーになっています。求人に対しても優秀な人材が多数応募してきます。とはいえ，この成功に安住するわけにはいきません。利鞘の小さい厳しい市場です。戦略的にデザインを活用することが，これからも事業を存続し利益を計上していくうえで欠かせません。(Anders Liland)

　キッチン用品のほかに Wilfa は現在，パーソナルケアや屋内環境のコントロールといった分野でも画期的な新製品を投入している。時間をかけてデザインの使用をさらに拡大し，複数のデザイン会社の多岐にわたるデザイナーとも協力するようになった。デザインへの投資を始めて以来，「レッド・ドット・デザイン賞」を 2 度，「iF 賞」を 1 度，ノルウェー・デザイン＆建築センターの賞を 1 度受賞している。

主な結果		
2 倍	30%	4 回
製品の売上高成長	スウェーデンでの売上高成長率	著名な製品賞の受賞回数

ケーススタディ　Brussels Airlines

　Designit のエグゼクティブディレクター，Frank Jepsen は，顧客の Brussels Airlines が手がけたプロジェクトにユニークな視点から洞察をもたらしている。オンライン予約システムのデザインを改良して顧客体験（CX）を高めることが目的だった。

国	ベルギー
業種	航空
期間	6 か月
デザインのサポート	Designit

背景

　2002 年に設立された Brussels Airlines は，ベルギー最大の航空会社だ。Richard Branson の設立した Virgin Express と 2005 年に合併した後，今では 46 機の機体を有して世界 75 以上の都市をつないでいる。近年の航空業界は，非常に競争の激しい業界

である。各社がコスト削減とチケット値下げ，そしてカスタマーサービスの向上で凌ぎを削っている。この競争における重要な差別化ポイントのひとつが，業界が「予約エンジン」と称するものである。これは利用客が航空券を購入し，座席を指定するウェブサイトを意味する。よくデザインされた予約エンジンは，売上増につながるだけでなく，利用客が航空会社に対して持つ印象に大きく影響する。Brussels Airlines は，自社の予約エンジンのデザイン改良が必要であることを認識していたが，比較的小さな会社であるため，このようなプロジェクトを社内で推進するノウハウは持ち合わせていなかった。このことが，戦略性で高い定評を持つデザイン会社，Designit との長期的なパートナーシップの成功へとつながった。

デザインの効果

　Brussels Airlines は，Designit へのデザインブリーフとして，シンプルで使い勝手の良い予約体験にしたいという要望を説明した。プロジェクト要件が短期であったため，Designit は，優れた顧客体験を提供する既製の製品を調整する方法を見つけなければならなかった。そこでまずは，既存のデジタル予約プラットフォームのルック＆フィールを改良し，テキストのコンテンツを刷新することに集中した。これは会社に新しい「声」のトーンをもたらすことを意味した。Designit は，Brussels Airlines 向けにガイドラインを作成して，時代に即した明快な言葉がウェブサイト全体にわたって一貫して使用されるようにした。このガイドラインは大きな効果を生み出し，その後，同社の他のコミュニケーションにも導入されることになった。Brussels Airlines は，デザイナーのサポートを得てリサーチを実施し，ユーザーのニーズを新しい予約エンジンの中心に位置付けることにした。この結果，ナビゲーションが簡単で，購入可能な航空券の運賃情報が以前よりも明らかに分かるウェブサイトが完成した。

　　航空会社のインターネット予約エンジンとしては記録的な速さで実装を完了しました。既製のプラットフォームを完全に作り変え，まったく新しい運賃情報を組み込んで導入するまでに，計 6 か月でした。(Brussels Airlines オンライン小売販売担当バイスプレジデント，Xavier Lagardère)

結果

　これらの変更は，6 か月間の集中作業の末に予約エンジンに導入された。Designit のサポートを受けて，Brussels Airlines は，分かりやすくシンプルな予約体験を創造するのに成功した。導入後 6 週間で，成約率，すなわちサイトを訪れて購入に至る割合が 42％増となったのである。

　　チームの力を高めるだけでなく主導権を取って主な目標値を達成してくれるパートナーと手を組んだことが，きわめて重要でした。これは明らかに Designit の長所です。複数の関係者が絡むプロジェクトでしたが，最初からオンラインデザインのオーナーシップを取ってくれました。(Xavier Lagardère)

このプロジェクトは，Designit と Brussels Airlines の継続的なコラボレーションの最初のマイルストーンとなった。その後，Designit は，Brussels Airlines のデジタル戦略を策定し，さらに最近ではブリュッセル空港の新しい画期的なラウンジ「The Loft」のデザインも手がけた。

主な結果		
42% 成約率の向上率	6か月 記録的な実装期間	6週間 測定可能な効果が出るまでの期間

ケーススタディ　Cimbria Herning

デンマーク・デザインセンターのプログラムディレクター，Christina Melander は，業績不振だった工業機械メーカーが既存の製品ラインをデザイン主導で刷新し，劇的な成果を挙げた事例を紹介している。

国	デンマーク
業種	製造 — 中小企業
投資額	3万3,000ユーロ
期間	6か月
デザインのサポート	デンマーク・デザインセンター
デザイナー	3PART

背景

Cimbria グループは，農工業品の輸送，貯蔵，加工処理といった業務で使われる設備機器の大手サプライヤに成長した。穀物，種子，砂糖などの商品を大量に処理する際に，同社の製品が使われている。1947年にデンマークで設立され，現在では20か国で800人以上の従業員を雇用している。グループ会社の1社である Cimbria Herning は，積込用シュートの専門メーカーだ。これは，原材料をサイロやコンベアからトラック，輸送船，列車に搬送する際に使用する電動機械で，高速で機能し，高い信頼性を有し，かつ原材料の取りこぼしによる無駄や有害な粉塵を防ぐことが重要とされている。

2003年は，Cimbria Herning にとって激動の1年だった。年間損失120万ユーロを計上し，銀行から取引関係を解消されたうえ，スタッフの離職率も高かった。投資家は，2004年の業績改善を強く要求していた。新しく社長に指名された Lars Nørgaard は，会社の存続をかけて大きな変更を導入する必要があると感じた。

Cimbria Herning は，財務的にも組織的にも深刻な状態にありました。積極的に行動して会社を救い，従業員の士気やチームスピリットを再構築する必要がありました。(Cimbria Herning の前社長，Lars Nørgaard)

デザインの効果

　Cimbria Herning は，完全な組織再編を断行し，一部の事業を売却して，主軸製品である積込用シュートに専念することを決定した。これと同じ頃，Nørgaard はあるセミナーに参加して，デザインの持つ潜在力に開眼していた。そこで積込用シュートのデザインを刷新することにしたのである。経営陣とスタッフがこのデザインプロジェクトで達成したい要件を定義した後，2004 年，財務面で大きなプレッシャーにさらされながら，Cimbria Herning は初めてデザイン会社に依頼することにした。

　　それまでは，積込用シュートの側面に新しい機能を追加するだけでした。このためシュートはクリスマスツリーのような状況になっていましたが，私たちは見た目が悪いなどと思ったことはありませんでした。前々からずっとそういうものだったからです。しかし，このセミナーを受講して，たとえ当社のように小さな会社でも，国際的な事業を展開するからには，デザインを事業戦略の一部に組み込まなければならないことを認識しました。(Lars Nørgaard)

　多大なリサーチを経て選ばれたのは，3PART というデザイン会社だった。最初のミーティングから雰囲気が良く，懸念された文化の違いも，実際にはかえって新しい貴重な視点をもたらすことが分かった。3PART は，Cimbria Herning の業界についてすばやく学習し，同社が直面している技術的・審美的な課題について理解した。

　　3PART は，資材や製造のプロセスについて豊富な知識を持っていました。これはまったく期待していませんでした。実際，私たちは，新しいデザイン以上に多くのことを学びました。(Lars Nørgaard)

　3PART は，Cimbria Herning の主軸製品である「Moduflex」積込用シュートのデザインを刷新し，はるかにすっきりした魅力的な外観を完成させた。また，製品ライン全体を整理してモジュラー式の体系にまとめ，顧客が様々な要素を組み合わせて自社のニーズに合ったソリューションを組み立てられるように新しいカタログを構成した。このデザインプロセスは非常に集中的で，わずか 4 か月で積込用シュートの完全なデザイン変更を完了したのである。発売後すぐに効果が表れ，初年度で売上高 40％増を記録。これは他社の製品よりも Cimbria Herning の製品が選ばれるようになった結果だった。

結果

　積込用シュートと販促物のデザイン刷新にかけた費用は，約 3 万 3,000 ユーロだった。しかし，その後の売上増で 6 か月以内に投資を回収したと，Nørgaard は計算している。同社は 1 年以内に 120 万ユーロの年間赤字から 50 万ユーロの黒字に転換し，2 年目には利益を 100 万ドルに伸ばした。デザイン投資の結果，Cimbria Herning は，国内だけでなく国外でも市場リーダーとしての地位を確立し，国外市場の売上構成率が 60％から 90％に拡大したのである。財務業績が改善するにつれ，従業員の士気も高まった。

デザインプロセスにスタッフが積極的に参加したため，この成功に寄与したという感覚が生まれ，チームスピリットが高まり，小さいけれども非常に大きな成功を収めている会社に対してプライドを抱くようになった。

> デザインのおかげで，国際市場で強力な立場を築くことができました。これからも製品の未来と市場での立場をデザインが切り拓いていくと，私たちは確信しています。(Lars Nørgaard)

主な結果		
40%	100万ユーロ	90%
初年度の売上高成長	2年目の利益	売上高に占める国外市場の構成率

2.3 ディスカッション

　この章で取り上げた多岐にわたるケーススタディを通じて，異なりはするものの互いに補完し合う一連の共通点がこれら企業の間にあることが示された。どの企業も，デザインを介入させた結果として，デザインに対する自信を深め，短期的・長期的にデザインを活用していく方法を確信するようになった。また，デザインへの自信だけでなく，多くの企業がデザインを会社のDNAのより深いレベルに組み込んで，行動やデザインの活用法を変化させた。デザインが全体的な事業力にどのように寄与したかを以下のセクションで見ていくが，紹介した6社は，少なくともひとつ，場合によってはすべての分野に当てはめることができる。

デザイン思考を通じて組織のあり方を考え直す

　Novabase, Filisia, Wilfaは，デザイン思考のコンセプトをフルに導入して，既存の製品やサービスを改良し，拡張した。

　Wilfaは，しばらくにわたり事業の衰退を見ていた。同社の製品は，中核をなす顧客層から，旧式であまり魅力のない製品と見なされていた。このため，会社のコアバリューを考え直し，なぜ長きにわたってコアバリューを見失っていたかを解明するために，ノルウェー・デザイン＆建築センターとのダイナミックなパートナーシップを模索した。このパートナーシップを通じて，同社は，比較的短期に市場リーダーの地位をつかんだ。そして，デザインを活用して新しい顧客層を開拓することに，さらなる自信を得た。

　Novabaseは，デザイン思考を会社の文化を変えるための新たな方法と位置付けた。複数の専門領域にまたがるワークショップやセミナーを集中的に開催し，新規事業のシナリオや機会を特定することで，これを実践した。このアプローチが決して容易でなかったことは，同社も認めているが，きわめて競争の激しい市場で事業展開するには，それ

が必要だと考えた。

　Filisiaは，デザイン思考の真髄をとらえ，新製品開発活動の中心にエンドユーザーを据えることにした（「ユーザーがデザイナー」のアプローチと同社は呼んでいる）。この情熱的なユーザー中心主義を通じて，高度に専門化された難しい医療の文脈でユーザーと一緒に創造していくことへのコミットメントを貫き，画期的かつパーソナルな一連のデザインを開発した。このアプローチの利点のひとつは，視覚化やプロトタイピングを使って初期のアイデアやコンセプトを有意義に進化させられる点だ。この結果，Filisiaは，斬新なアイデアに付き物のリスクを低減し，強い道徳観を打ち出しつつも商業的な価値をもたらす機会へと変えることができた。

2.4　競争力を確保し顧客との関係を再構築する

　ケーススタディで紹介したなかの2社（Brussels Airlines, Cimbria Herning）は，既存の顧客との関係を見直し，「現状のどこを改善したいのか」というシンプルな問いを自問した。

　Brussels Airlinesが置かれた事業環境は，非常に複雑で変化の激しい市場だ。このことを念頭に置いたうえで，オンライン予約システムの抜本的な改良プロジェクトに乗り出した。このシステムがブランドの魅力を顧客に伝えるうえでの重要なタッチポイントになるととらえ，顧客に合わせたサービスを提供するためにデザインを活用した。パーソナライズされた体験を通じてブランドに対する親近感が作られ，それが引いては，それまで時折アクセスするだけだったビジターを常連の顧客へと変えた。これがバーチャルな製品の事例であるのに対し，Cimbria Herningは物理的な製品の事例だ。農業機器市場を専門とする同社は，製品ラインを合理化するためにデザインを活用した。多岐にわたる製品をモジュラー式の体系にまとめたことで，製品の柔軟性が増し，顧客が自分のニーズに合わせて製品を組み合わせられるようになった。この製品のモジュラー化により，2つのことが達成された。ひとつは，調達して揃えておくべき在庫の数が大幅に減ったこと，もうひとつは，顧客に対してパーソナルなレベルのサービスを提供する柔軟性がもたらされたことだ。顧客からの提案やフィードバックも，モジュラー式の要素をどう構成するかについての新しい画期的なアイデアにつながる可能性がある。

2.5　まとめ

　この章では，デザインがどれほど組織に抜本的な変化をもたらせるか，伝統的なデザインの領域を超えてどれだけ重要な役割を果たせられるかについて，詳細に見てきた。会社の文化を変え，組織全体に浸透し，従業員に対しても，また顧客やユーザーに対しても，真の価値をもたらす様子を考察した。デザインを他の事業活動から切り離して扱うことはできない。デザイナーは常に，営業や製造，製品やサービスのサポート担当者

とかかわっていく必要がある．多数の専門領域にまたがるチームを持ち，作業プロセスを確立することが，この章で紹介した多くの企業の特徴となっている．このようなインタラクションは，デザインプロセスの不可欠な要素である一方で，その実践方法は様々な形態を取ることができる．

次の章では，戦略的計画策定のプロセスでデザインをどのように活用できるかについて，さらに詳細に考察していく．激動する市場とビジネスの文脈において，事業を成長させ，競争力を付けるための新たな視野を探究してみよう．

この章のおさらい

主なポイント

1. デザイン思考は，大きな変化を達成するうえで非常に有効な触媒となる．
2. 最初にリサーチを実施することで，プロジェクトのリスクを抑制できる．
3. 顧客を理解することが，ブランド開発には欠かせない．
4. デザインブリーフの重要性は，決して過小評価すべきではない．
5. デザインとテクノロジーの関係は，イノベーションにとって非常に有意義なツールである．

チェックリスト

- デザインは，会社の文化を変えるうえできわめて効果的な手段である．
- デザインプロセスは，戦略的ビジョンを共有するためのプラットフォームをもたらす．
- ユーザー中心デザインにより，新しい市場機会の条件が作られる．
- デザインは，古くなったブランドに新たな息吹を吹き込む効果的な手段となる．
- ユーザーエクスペリエンス（UX）デザインは，消費者とテクノロジーの間のインターフェースである．

復習の問い

Q1　Novabase：会社の文化を変え，イノベーションとリスクテイキングを刺激するために，デザインをどのように活用したか．

Q2　Novabase：顧客へのサービスにデザインが真の差別化をもたらしたのは，具体的にどの点だったか．このアプローチは，この業界の他企業も実践することができるか．

Q3　Filisia：社内のプロジェクトチームは，新製品のコンセプトに関するエンドユーザーの潜在的なニーズを完全に理解するために，どのようにデザインを活用したか．

Q4　Filisia：この新製品がもたらした他の「ソフト」なメリットは何だったか．こ

の製品のUSP（ユニーク・セリング・プロポジション）［P.50参照］という点で，これらの要素が重要だと思うか。

- **Q5** Donatantonio：伝統的なB2Bの会社がB2Cブランドとして戦略的事業転換を図るに当たって，どのような課題に直面するか。
- **Q6** Donatantonio：非常に競争の激しい市場と見られ得る事業環境にあって，時代に合った魅力的なブランドであり続けるために，会社にどのようなメカニズムの導入を提案できるか。
- **Q7** Wilfa：ブランド再生の古典的な事例：このリブランディングのプロジェクトの成功にとって欠かせない重要な要素は何だったか。
- **Q8** Wilfa：ブランド再生を成功させた結果，同社は現在，新市場への参入を検討している。新市場開拓を目指す際に陥る可能性のある落とし穴には，どのようなものがあるか。
- **Q9** Brussels Airlines：オンライン予約システムのデザイン変更の効果を，同社はきわめて定量的に評価した。顧客満足度をより確実に理解するために，ほかにどのような形式の測定をすることができたか。
- **Q10** Cimbria Herning：同社は，デザインプロセスの中心に従業員を置いて，既存の製品ラインの再生を進めた。顧客やエンドユーザーも取り込むとしたら，このアプローチをどのように調整することができたか。

プロジェクト用の課題

- **Q1** 組織改革のプロセスに着手する際に，デザイン思考の一般的なテクニックのうちどれを用いるか。
- **Q2** デザイン思考のアプローチが成功しないと思われる具体的な組織の「タイプ」を特定することができるか。
- **Q3** ITサービスの顧客体験を改良しようとする際に，デザインプロセスのどこでエンドユーザーを巻き込み，そのフィードバックを収集しようとするか。
- **Q4** デザインはテクノロジーをエンドユーザーへと結び付ける。この2つの領域のインタラクションを簡単なマトリックスにまとめ，エンドユーザーが活動の中心を担う部分を考察する。
- **Q5** Filisiaのケーススタディを検討したうえで，特殊教育ニーズのあるユーザーから製品についてのフィードバックを収集するためのアプローチをひとつ開発する。
- **Q6** B2BとB2Cの市場計画活動の主な違いを示す簡単な分類図を作る。
- **Q7** 原産地を主な訴求点とするブランドを開発する際の重要な課題を特定する。
- **Q8** 新しい製品開発戦略を策定する際の「テクノロジープッシュ（技術主導型）」と「マーケットプル（市場主導型）」の違いを説明する。
- **Q9** 会社の戦略的ビジョンを反映するデザインブリーフにとって欠かせない点を5か条のリストにまとめる。

Q10 デザインプロセスの成功を数量化する際の測定の枠組みを，定量分析と定性分析の両方を組み込んで策定する。

推薦文献

Brown, T (2010) *Change by Design: How design thinking transforms organizations and inspires innovation*, Soundview Executive Book Summaries, Concordville, PA ［邦訳］『デザイン思考が世界を変える － イノベーションを導く新しい考え方』, 早川書房, 2014

Cagan, J and Vogel, C (2013) *Creating Breakthrough Products: Revealing the secrets that drive global innovation*, 2nd edn, FT Press, Upper Saddle River, NJ

Kraft, C (2012) *User Experience Innovation: User-centred design that works*, Apress, New York

Ouden, E (2012) *Innovation Design: Creating value for people, organizations and society*, Springer-Verlag London, London

Ritter, F, Baxter, G and Churchill, E (2014) *Foundations for Designing User-centered Systems: What system designers need to know about people*, Springer-Verlag London, London

ウェブリソース

The DESMA Network
DESMA ネットワークは，ヨーロッパを中心に世界各地のデザインマネジメントのコミュニティをつないでいる。過去数年にわたり活動範囲を拡大し，デザインマネジメント分野の最も著名な研究者や実践者を取り込んで，この分野の未来を形成しつつある。
http://www.desmanetwork.eu

Design Research Society: DRS Proceedings 2016
2016 年 6 月 27〜30 日にブライトンで開催された会議「Design + Research + Society: Future-focused Thinking Conference」。
この会議の公式議事録は，会議中に発表された学術論文や研究論文の巨大なリポジトリとなっている。
http://www.drs2016.org/proceedings

Lovemarks — the future beyond brands
Lovemarks は，ブランドとブランディング，さらにそれに留まらない様々な世界を探究するオンラインのコミュニティである。
http://www.lovemarks.com

Stage-Gate® International
Scott Edgett と Robert Cooper が 2001 年に Stage-Gate International を設立した。製品イノベーションの重要な要因すべてにわたってパフォーマンスを向上させたいと考えるビジネスリーダーや企業向けに，製品とサービスを提供している。このオンラインのリソースとコミュニティは，この躍動する分野を批判的に探究することを目指している。
http://www.stage-gate.com

Design Business Association
1986 年に設立されたデザインビジネス協会は，デザイン分野に携わる人のための業界団体で，変化を推進するデザインの力を前面に押し出そうとしている。デザイン分野のコンサ

ルティング会社500社以上が加盟する団体で，デザインコミュニティを代表して世界各地の幅広いオーディエンスに働きかけている。
http://www.dba.org.uk

デザインの活動領域
成功のための柔軟な戦略

CHAPTER 第3章

この章の狙い
- デザイン戦略を形成することが，商業的な成功と長期にわたる成長を実現するうえでいかに重要であるかを解説する。
- デザインと事業計画活動の関係性を，戦略的なレベルで考察する。
- 様々な事業の文脈においてデザイン戦略を策定する際の様々なアプローチを紹介する。
- デザインと市場計画活動の間にある共生関係について探究する。
- 新製品開発とデザインの役割および重要性について批判的に議論する。

3.1　はじめに

　戦略とは，「未来を創造するための意思決定の流れの根底を支える論理」ということができる。デザイン戦略という文脈において，この定義に勝るものは存在しない。デザイナーは，戦略開発の「陰の立役者」と見なすことができる。製品開発を理解する際に，可能性を模索し，試し，拡大しようとしていくのがデザイナーだからだ。デザイナーという職種に就く人はそもそもが，プロダクトデザインの境界線を探究する際に問題を解決しようとする志向があり，未来のシナリオを思い描くことに長けている。この情熱は，組織活動のどんな側面においても現れる傾向にある。デザイナーは，美しさと機能を探究する能力を本来的に持っていて，あらゆる可能性を押し広げようとする。それが結果的に，市場開拓の新しい方法をもたらし，製品の戦略的な成長を可能にする。既存の製品や予定された新製品に価値を加えるには，組織内のほかの部署の専門知識を得たり，とりとめのない意外な場所から知恵を借りたりして，それらを既成概念にとらわれない「青空」思考やデザインコンセプト開発に結び付けていくことができる。

　新製品や新サービスを構想する際の中核をなす活動として，デザイナーは，ユーザーに対して共感しユーザー中心になることで，自分のアイデアの目的や価値を問いかけ理解していくアプローチを取る。デザイナーは，まず何よりもその製品が使われる際の文脈を求め，直感のスキルと過去の経験を活かして眼前の問題を理解し，そのうえで問題を克服するクリエイティブなソリューションを模索する。

このプロセスにはしばしば時間がかかり，多大なインタラクションも必要になるが，その間ずっとバランス感覚を失わず，関係者を取り込む「インクルージョン」の精神がきわめて重要になる。複数のステークホルダーのニーズや要求が対立する時，その間でどうやってバランスを取るのか。これは，デザイナーがデザイン開発のプロセス全体を通じて多様な意見を理解するために提供しなければならない，本質的で直感的かつ敏感さを要するスキルである。このまさに中核を支えるのは，デザインソリューションそれぞれのメリットを評価し検討する際に柔軟性を持つことだ。どのソリューションにも，取り入れて利用すべき潜在的な機会が多分に含まれている一方で，さらなる成長の機会をつかみ損ねている部分があるかもしれない。

では，ダイナミックで柔軟性のあるデザイン戦略を開発する際に，デザイナーは何をどのように提供しなければならないのか。これは挙げればきりがないかもしれないが，特に重要な特性を挙げるとすれば，以下の点が含まれる。

- デザインの「アンテナ」：デザイナー，特にデザインマネジャーは，高度にセグメント化された複雑な市場を常に見渡して，新しい画期的な製品の登場に目を光らせていなければならない。戦略開発に対するこのアプローチは，きわめてユニークで価値があるが，それを支える重要な構成要素が直感と経験である。
- デザインの「民主主義」：主なステークホルダーやユーザー層をすべて重視することで，失敗のリスクが抑制される。製品の失敗を後から取り消すことはできないが，事前に予測して克服することはできる。それには，共感を重視するインクルーシブな新製品開発のアプローチが必要だ。これはしばしば，聞く，理解する，観察するという，繊細さと敏感さを要するコミュニケーションのプロセスを通じて達成される。
- デザインの「拡散」：幅広く奥深い視点から問題を理解する。率直なところ，デザイナーというのは，問題を1次元から見るような単刀直入なことはいっさいしない。緊張関係や境界線を多次元的・パノラマ的に探究して，客観性と直感を360度の全方向から眺める。このように問題を見て理解するアプローチは，周囲から非常に価値を置かれ，羨望すらされる。これはしばしば，抜本的に異なる刺激的なソリューションを導き，新しい事業機会の扉を開くからだ。
- デザインの「欲求」：難しいデザインブリーフを成功させようとする情熱とコミットメントは，問題解決プロセスを最後までやり抜く駆動力となる。手の施しようがない問題のように見えることもしばしばあるが，境界線を越えて他の領域や部署から専門知識を集め，知識と経験を組み合わせて問題に当てはめてみることで，全体的な解決法が導かれる。
- デザインの「分裂」：デザイナーは，混沌，不確定性，創発といったものを得意とする。彼らにいわせれば，こうした状況こそが，クリエイティブなインスピレーションをもたらし，製品創造のプロセスに推進力をもたらす。しかし，中間管理職は，

秩序，確定性，従順を求める。この緊張とクリエイティブな力関係から，クリエイティブな均衡が生まれ，これが前進のための幅広い文脈の枠組みとなる。

デザインは，それとなく変化を後押しする「チェンジエージェント」だと論じることができる。あらゆる会話，あらゆるジェスジャーを通じて，深く根付いた認識を変える力を持っている。クリエイティビティとアイデアの交換は，組織内にイノベーション活動の環境を作ろうとする際に欠くことができない。

クリエイティブの作業を隔離して行うのではなく，デザイナーはしばしば，顧客，メディア関係者，学生，研究者などがデザインスタジオを訪れてくる傍らで作業を進めなければならない。通常，オーディエンスの前で作業することは，不安感をかきたて，クリエイティビティを低下させる。しかし，デザイン会社のIDEOではこれが正反対に機能している。IDEOには，特有のクリエイティブ文化がある。なかには，自社のデザイナーをIDEOに6週間派遣して製品開発スキルの向上を図っている会社もある。では，組織はどうすればデザイナーのクリエイティビティを自由に解放するようなレベルの理解に至ることができるのだろうか。Alvin Tofflerは，この複雑で難しい問題を次のように慎重な言葉で説明した（Toffler, 1991）。

> 自由な労働者は，全体主義的な条件下で厳しく監督された労働者よりもクリエイティブになる傾向がある。このため，イノベーションのニーズは，労働者の自律を奨励する。また，雇用主と従業員の間のまったく異なる力関係も暗示する。

CooperおよびPressは，この見方に同調して次のように論じている（Cooper and Press, 1995）。

> これは，クリエイティビティが経営陣の掲げる目標と整合しないという意味ではまったくない。むしろ，経営陣がクリエイティビティの育成を具体的な目標のひとつに掲げなければならないということだ。

よく注意して見れば，いわゆる「クリエイティビティ」というものが，単発の天才的なひらめきではなく，よりインテリジェントに管理され調整されたリスクテイキングと知的自由の環境であることが明らかになる。RickardsおよびMogerは，クリエイティブなリーダーシップの重要性を強調しており，クリエイティブなリーダーには4つの特徴があると論じた(Rickards and Moger, 1999)。(1)「ウィンウィン（win-win）」の関係，つまりチームメンバーに力と権限を与えるだけでなく，意欲ももたらすリーダーシップのスタイルを重視する。(2) チームメンバーに問題を解決するよう奨励するための戦略とテクニックを開発する。(3) 個人のニーズを眼前のタスクと整合させる。(4) チーム全員で責任を負う。

つまり，デザインは，イノベーション活動の中核を支えるものだと論じることができる（Design Council, 2007）。デザイナーは，様々に分散した組織活動すべてを結合して

まとめ上げ，製品開発プロセスに統一的な意識の焦点をもたらすインターフェースだ。これを達成するため，デザイナーは，視覚化するスキル，様々な専門領域の「言語」や語彙を使ってコミュニケーションするスキル，専門知識をイノベーション活動のクリエイティブなフュージョンへと織り込んでいくスキルを，そもそも備えている。デザインは，コアコンピタンスとして既存の製品の価値に常に疑問を投げかけ，既存の問題に対するソリューションを再生し活性化することを常に目指す (Lafley and Charan, 2008)。

　たとえ組織が戦略，プロセス，構造，文化を重んじるとしても，最終的に取締役会レベルのコミットメントがないかぎり，デザインは無力であり続け，場合によっては冗長な戦略資産になるだろう。デザインカウンシルは長年にわたり，多数の様々な測定値を通じてデザインの価値を会社の主な意思決定者や上級幹部に向けて説いてきた。多大な成功を収めているグローバルなブランドや製品を見てみれば，Apple の最高デザイン責任者 (CDO)，Jonathan Ive から，Barclays の顧客体験 (CX) 責任者，Clive Grinyer まで，デザインの価値を真に理解する経営幹部や CEO が非常に多いことが分かる。このようなリーダーがデザインを牽引していなかったなら，これらの組織が激しい競争環境においてこれだけ長期的に収益を上げ続けることなど，まったく予測できなかっただろう。これらの組織は，財務業績というハードな証拠を確かに示してきたが，デザインの向上によってもたらされたソフトなメリットもある。第一に Apple は，驚くほど忠誠な顧客ベースを有していて，競合他社にとっては羨望することしかできないレベルだ。同社のブランドとコアバリューは，会社が掲げる究極のビジョンの真髄をコミュニケーションしている。それはすなわち，技術主体の製品とサービスを生産・製造して世の中の最先端に立ち続けることにある。同社の活動と思考のあらゆる側面をデザインが支えていて，それはほとんど意識の分子レベルに浸透しているといっても過言ではない。デザインに対するこのようなコミットメントは，製品やサービスに関してだけでなく思考，コミュニケーション，行動にも波及していて，結果として Apple は，市場での優位をコンスタントに実現し，インテリジェントなデザインの一貫した使用で幅広く尊敬を集めている。また，会社の規模という点では対照的ながら，オランダの GMG は，付加価値のあるデザインを同じように強調して，自転車の安全シートやアクセサリーで自転車愛好家コミュニティの尊敬を集めている。

　賢明なデザインとデザインマネジメントは，戦略的に考慮し活用するかぎり，様々な組織活動に大きな力をもたらし，多岐にわたるメリットをもたらす。デザインを適切に使用すれば，生産・製造コストを削減することができる。サプライチェーンとそのネットワークから専門的な知識を集めることにより，生産メソッドを再考できるようになるためだ。デザインは，Apple が体現しているように，顧客忠誠度を高め維持するのにも役立つ。同社は常に，ユーザーが実質的でリアルなメリットを謳歌できるような特徴をデザインすることで，差別化を図っている。デザインと会社の価値観のコミュニケーションが効果を及ぼすはるかにソフトな側面という点では，イギリスの Co-operative Bank の例がある。同行は，投資家の資金を責任ある方法で賢明に使うことを理念に掲

げており，この価値観は歴史に深く根ざしているが，デザインという媒体を通して，またデザインを巧みに使うことによって，会社の信念ともいえるこの倫理観をコミュニケーションしている。

　これらの証拠が示唆するところは疑いの余地がない。デザインは，完全に活用すれば，多数のメリットをもたらす。そして，このことを理解する会社こそが，激動する厳しい競争市場で存続し繁栄している。メッセージは明らかだ。デザインは，独自性をもたらす。低リスクの投資でありながら，有効に活用すれば，多大なリターンをもたらすことができる。

3.2　ストラテジストとしてのデザイナー ─ 英雄か悪者か

　デザインとその全体的なデザインマネジメントの役割，領域，そして責任は，大きく変化してきた。現在は成熟期の初期にあり，幅広く認識されるようになりつつあるというのが，大方の一致した見方だ。このため，デザインは今では，競争力をもたらす重要な源のひとつと考えられている。デザインに高い関心を寄せる組織が増え，デザインは会社の未来を見通すメカニズムとしてより戦略的な役割を担うようになっている。

　デザイン以外の伝統的な専門領域から輩出されてきたビジネスリーダーや意思決定者は，デザインとビジネスの意外な関係性がもたらす多数の機会と課題を探究しつつある。Brown は，デザイン思考について次のように説明している（Brown, 2008）。

　　　デザイナーの感性とメソッドを用いて，技術的に実行可能なことや事業戦略を通じて顧客価値および市場機会に変えられることと，人々のニーズを合致させていく専門領域である。

　また，Liedtka は，「事業戦略はデザインを必要としている」（Liedtka, 2010）として，組織が積極的にデザインを活用するよう奨励している。この共生関係，互恵関係がますます注目されているのを受けて，デザイナーは今や，これまで非常に懐疑的だった新しいオーディエンスに向けてデザインのメリットを説くことで，組織内に「デザイン意識」を形成し，コアコンピタンスとしてデザインを確立するようになっている。

　ビジネスリーダーの認識が高まるにつれ，デザインとデザイナーは，新製品開発の機会や幅広いイノベーション活動を発起し，発展させ，サポートしていく立場に立つようになった。コアコンピタンスであるからには顧客の知覚価値に大きく貢献しなければならないが，実際にデザインは，7 for All Mankind（ファッション小売），Bobbi Brown（化粧品），Sweaty Betty（スポーツアパレル），Seafolly（スイムウェア）などの「ライフスタイル」製品において重要かつ直接的な役割を果たしてきた。しかし，注意すべき点があるのも事実だ。Olson ほかは，次のように述べている（Olson et al, 2000）。

　　　ゼネラルマネジャーは，デザイナーが直感的に会社の競争戦略を認識してくれる

ものだと期待すべきではない。同時に，ビジネスの微妙さや複雑さに対するデザイナーの理解力を過小評価すべきでもない。

デザイナーは英雄なのか，悪者なのか。実際にはその両方であるのかもしれない。いずれにせよ，デザイナーが本人の認識の有無にかかわらず，組織の戦略策定チームに組み込まれつつあるのは事実だ。そこで，デザインの重要性を私たちはあらためて自覚する必要がある。第一に，デザイナーは，アイディエーションとプロトタイピングを通じて顧客のウォンツ（欲求）と潜在ニーズ（需要）の本質的な理解を形成することができる。さらに戦略的なレベルでは，興奮と欲求と忠誠を刺激するような画期的かつ特徴的な何かを顧客に提供して，組織のUSP（ユニーク・セリング・プロポジション）［他社の製品とは違う特徴や独自性を出さねばならないとする考え方］を強化することができる。

3.3 デザインとビジネス ── 戦略的な整合性

デザインが価値を加えるのであれば，事業の長期的成長を追求する過程の重要な相互作用に絡む基本要素となるのは必然だ。しかし，デザイナーと会社のオーナー経営者のマインドセットが異なるがゆえに，これはしばしば困難になっている。経営者は，何が売れるか，何が利益につながるかについては明確な考えを持っていても，デザインがその活動の中心になるとは思っていないかもしれない。デザイナーは，優れたプロダクトデザインやマーケティング目的については明確な考えがあるが，多くの場合，幅広い商業的な認識を欠いている。この両者ともが，事業を成功させるために必要なことは分かっていると自負している。「有効性」について暗黙の考えを持っていて，しかもしばしば競合するビジネスプロセスを信奉している。しかし，この2つの視点を統合する有意義なプロセスを開発しようとするのであれば，ビジネスの文脈におけるデザインとは何か，デザインが事業の全体的な有効性にどうつながるのかを，両者が理解しなければならない。つまり，戦略的整合性が重要になる。組織内の上から下まで，内（内部環境）から外（外部環境）まで，すべてが整合して，組織をエンドユーザーへとつなげなければならないことを意味する。

ただし，この「整合性」に深く踏み込む前に，ビジネスとデザインの戦略的計画策定のプロセスに見られる主な緊張関係や障害物を探究しておくべきだろう。デザイナーと経営者の間の不整合は，多くの経営者が抱いている限定的な事業の見方によってさらに増大する。中小企業の経営者に見られがちな傾向を，BianchiおよびBivonaは次のように指摘している（Bianchi and Bivona, 1999）。

> 自社の事業の体系的な構造に対して，あまり起業家的な認識を持っていない。（中略）この結果として，中小企業の経営者はしばしば，限定的な視野から意思決定を下す。この限定的な視野には，時間的な見通しと，社内外の変動要因の因果関係の両方の側面が含まれる。

多くのオーナー経営者が，自社の事業を構成しているすべての要因がどのように作用し合っているのか，戦略的競争力をもたらしている主なポイントがどこにあるのかを，日頃から常に考えているわけではないということだ。

戦略レベルでのデザインの活用，特に事業計画や実行プロセスとの整合がうまくいかない場合に，いくつかの共通要因が存在することが一般に認識されていて，次の4つが定義されている（Filson and Lewis, 2000）。

- 近視眼的な文化のビジョン
- 不均整なイノベーションのビジョン
- 歪曲したデザインのビジョン
- 個人的な「壮大」なビジョン

これらの要素のたとえひとつでも組織（特に中小企業）に顕在していれば，一貫性のあるデザイン戦略を導入できる可能性は低くなる。これらの要素は，戦略的なデザイン導入にいくつかの悪影響をもたらし，その影響は非常に高いレベルから始まる可能性がある。

- **近視眼的な文化のビジョン**：会社に浸透している文化が，デザインと事業計画のプロセスに大きな悪影響を及ぼす可能性がある。会社の文化，あるいは個性が，オーナー経営者やリーダーによって定義され形成されていることはよくある。この結果，トップレベルで権限委譲や意思決定権についての政治を変えようという欲求がなければ，文化を変えるのはきわめて難しくなるだろう。小規模な組織の経営者が，戦略的計画策定にかける時間やリソースがないという理由でそうした活動にあまり注意を払わず，目先のことだけを見て，あたかも「火消し」のように操業することを好んでいる例は，数多く見られる。
- **不均整なイノベーションのビジョン**：近視眼的な経営を改め，最初に戦略計画ありきの姿勢を持つ必要性に加えて，やはり気を付けるべきもうひとつの点が，戦略を隔離して策定してしまい，他の事業要素としばしば対立するものにしてしまうことだ。首尾一貫しない不均整な戦略は，会社の主な目標に一致していなければ，事業にメリットをもたらさなくなる可能性がある。
- **歪曲したデザインのビジョン**：これは，デザイン戦略策定の失敗例でよく議論される要因だ。デザインが事業活動にもたらす価値を誤解していることに起因している。デザインに対する会社の認識と，デザインを会社全体の文化に組み込む戦略策定の間には，なおも大きな溝がある。結果として，デザインを導入しサポートするための枠組みが確立されず，デザインとビジネスの戦略的な次元が育まれなくなる。
- **個人的な「壮大」なビジョン**：新しい製品やサービスの開発に関する戦略的・統合的なデザインのアプローチが存在しない理由を議論する際に，いくどとなく観察されてきたテーマが，「社長の趣味」のような位置付けで進められるプロジェクトだ。

特にオーナー経営者はしばしば，組織内での強大な権限を後ろ盾に，会社の目標とは整合しない個人的なひらめきや気紛れに基づくプロジェクトに乗り出すことがある。

ある会社では，製品開発プロセスのほぼ半ばで，まったく違った製品を開発すべきだとオーナーが決定したことがあった。しかもそれは，その会社がほとんど経験したことのない市場に向けた製品だった。この突然の変更は，あらかじめ定義された事業戦略や製品戦略に基づいていたわけではなく，その新製品で使われる技術への趣味的な情熱から来ていた（Filson and Lewis, 2000）。

3.4 デザインとビジネス ― 上と下の結び付け

デザイン，特にデザイナーは，企業の戦略開発で大きな役割を果たす可能性がある。これはしばしば，トップ，ミドル，ボトムの3つの活動レベルで起きる。

トップレベル：影響

意思決定もしくは影響力行使の最も高いレベル，かつ最も強力な形式で，組織内のデザインのタッチポイントすべてに影響する（第1章で取り上げたデンマークのデザインラダーに当てはめるならばステージ4の「戦略としてのデザイン」に該当する）。取締役会レベルでデザインを認識し擁護することは，長期的な方向性，会社の目標，管理構造，財務，人事といった組織の全体的なビジョンに根本的に直結する。これは基本的に，デザインが組織的なイノベーションのための戦略的リソースとして検討されるだけでなく，認識され歓迎されることを意味する。

> 橋渡し役を務める開発者は，通訳として，デザイン分野のリサーチ結果をビジネスの言語に翻訳し，またビジネスの言語をデザイナーが最初に対応すべきデザインの問題に翻訳する。(Bucolo et al, 2012)

つまり，組織のこのレベルにおける戦略的デザイン思考とは，製品，サービス，体験，もしくはそれらすべての巧妙な組み合わせを通じてデザインがもたらすものを刷新し再創生することに，主に関与する。

ミドルレベル：戦略

戦略活動の第2のレベルは，プロフィシエンシー，すなわち運用能力としてのデザインの部分だ。新しい市場機会を戦術的なレベルで特定できるようにする。この重要な中間レベルのデザイン活動では，会社全体の戦略を支えている特定の事業部門内でユニークな製品やサービスのコンセプトを開発することを目指す。なぜなら，デザインのプロセスとそのプロセスの結果は，マーケティング，生産，財務など，他の多くの部署が取

り組んでいる活動に丹念に織り込まれるからだ。中間管理レベルで実践されるこのようなチームベースのアプローチには，責任や権限を明確化するという付加的なメリットもある。デザインという専門領域は，明らかに製造やマーケティングなどの専門領域と重なる部分がある。このため，責任範囲を見極め，命令系統を確立することで，重複を避け，究極的にプロジェクトのオーナーシップや戦略的方向性をめぐる対立を回避するのに役立つだろう。複数の部署を包含する大きな組織の競争戦略が，これまで事業部門のレベルで決定されてきた事実を理解することは，デザインマネジャーにとって重要だ。シニアレベルの経営幹部が事業部門の競争戦略策定に影響することはあるかもしれないが，大きな組織ともなると個々の部門が非常に異なるテーマの競争へのアプローチを選ぶこともよくある。このレベルのデザイン成熟度は，デンマークのデザインラダーではステージ3の「プロセスとしてのデザイン」に該当する。Joziasseは，次のように説明している。

> 戦術的なデザインマネジャーは，新しい製品コンセプトが将来の顧客ニーズをどこまで満たせるかに常に注目しなければならない。（Joziasse, 2000）

プロジェクトレベル：日々の業務

最後は，日々のプロジェクトのレベルだ。ここでは，デザインプロセスを前に進め，特に個別のデザインプロジェクト（既存の製品やサービスのマイナーな改良など）で効率と効果を管理することが焦点となる。とりわけ重点を置くのが，この基本的なレベルでデザインがどのように事業部門や全社レベルのデザインマネジメントに寄与するかである。事業戦略が成功するかどうかは，この業務レベルの意思決定や活動に大きく依存している（Joziasse, 2000）。

3.5　デザインとビジネス ─ 内と外の結び付け

一貫性のある有意義なデザイン戦略とは，本質的に，組織の内部に存在する強み（自分たちは何が得意なのか）を慎重に特定し，発展させ，組織の外部に存在する市場機会（当社の顧客は何を求めているのか）を満たしていくことを意味する。デザイナーは，顧客のウォンツと本来的なニーズを組織が理解できるようにし，有意義な価値を持ったコンセプトを創造する。それはしばしば，潜在的な顧客やエンドユーザーが実際に目にするまで，あるいは体験してみるまで，自分でもそんな欲求があったとは知らなかったような何かを提供することでもある。そして願わくば，コストの総額が売上高よりもはるかに低い製品やサービスをデザインすることだ。根本的に製品やサービスで顧客に多数の選択肢が提供されていて，ユーザーを当惑させていることが多い。このため，価値のあるものを創造するだけでは十分ではない。少なくとも顧客が他社の製品やサービスより優れていると見なす価値のあるものを，企業は提供しなければならない。戦略とは，

この「差別化」を指す。この意味において，デザインは市場で製品を差別化するための主要な道具となる。

　社内外の事業の文脈の評価に重点を置くことは，戦略開発の基本要素のひとつだ。社外の文脈とは，外部環境（会社がコントロールできない部分）に存在する脅威と機会を発見すること，社内の文脈とは，会社が管理しコントロールすることのできる内部の強みと弱みを発見することである。社外の幅広い市場の評価には，現在の市場活動をリサーチして，新しい事業機会となりそうなパターンやトレンドが生じつつあるかどうかを見極めることが含まれる。そして，これと並行して，組織の強みと弱みを精査するための社内監査を行って，社内の機会と社外の状況（機会と脅威）の間で慎重に戦略オプションのバランスを取る。このプロセスをさらに複雑にするもう一層のレイヤーではあるが，戦略策定で重要な役割を果たすと見られている要因がほかに2つある。ひとつは，経営上の価値観。これは，組織を正式に率いるトップの信念や選択ということができる。もうひとつは，社会的な責任だ。特に事業展開している社会や市場での倫理について，主な意思決定者がどのように認識しているかを意味する。デザインは，企業戦略の開発において重要な役割を果たせる。戦略形成とは初期の計画策定とニーズの認識であり，これはしばしば，市場で埋められていないニーズや「テクノロジープッシュ」のアプローチを促す技術進歩などを特定したことがきっかけとなって開始される。これに続いて，デザインマネジャー（またはデザインの主要意思決定者）には，デザインと開発のプロセスを組織内でどのように進行し管理していくかを決定する責任が与えられるだろう。相互に絡み合い繰り返しを経て前進していくこれらの活動がすべて終了すると，デザインブリーフが慎重に開発・作成される。これには最低でも以下の要素が含まれる。

- **導入**：プロジェクトの背景，特定された機会，きっかけ（なぜこのプロジェクトに取り組むのか，そのアイデアが考案されたきっかけは何だったのか）
- **会社**：ブランドの価値，既存の顧客，構造（顧客は当社のことをどのように認識しているか，その認識に現実が伴っているか）
- **顧客**：ターゲットとする顧客層，オーディエンス（新しい顧客を開拓するのか，既存の顧客の満足度を高めるのか）
- **競合**：競合他社とそのUSP（ユニーク・セリング・プロポジション，競合他社と比べて当社の提供する何が真の価値をもたらすか）
- **提案**：提案する戦略についての情報（健全なリサーチに基づいて正しいアプローチを選択したか）
- **デザインの問題点**：プロジェクトの目標，範囲，仕様（社内にその能力があるか）
- **評価**：成功度の社内的な測定方法（取り組みの結果をどのように測定できるか）
- **スケジュール**：主な段階，フェーズ，マイルストーン（プロジェクトを効果的に管理するためのリソースが社内に存在するか）
- **コスト**：料金，費用，生産コストなどの一覧（このデザインプロジェクトで利益を

計上できるか，このリスクを取るだけの財務力があるか）

このことからも分かるように，組織には戦略を考察する「探究者」が2種類必要だ。ひとつは，伝統的にマーケティングや事業開発とされてきた領域の専門家で，お金を何に費やすかについての意思決定がなぜどのように下されるか（すなわち購入動機）を理解しようとする。もうひとつは，デザイナーで，洞察や欲求といったものをとらえたうえで抽象的なアイデアに形状をもたらし息吹を吹き込もうとする。つまり，デザイナーは，自分の専門領域を確実に認識し，このプロセスにおける自分の基本的な役割に徹しなければならない。

3.6 様々な次元のデザイン戦略

デザインが問題解決プロセスだけでなく戦略レベルや（プロジェクトの）計画策定段階でも重要な役割を果たすことは，多くの人が同意するところだ。つまり，デザインは，戦略形成の「根っこ」の部分に相当する。デザインは，組織的な「会話」の一部になって開発の方向性を指南し，リソースを有意義に利用してデザインの活用を有効に管理する一方で，クリエイティブな課題に対応するための「ノウハウ」を組織にもたらすことができる。

> 競争力を高めるためのデザインマネジメントの最初のステップは，会社が掲げる目標と戦略をデザイナーとデザインマネジャーに完全に知らせることにほかならない。(Olson et al, 2000)

また，Francis は，デザイン戦略を4種類に区分して，それぞれの戦略でデザインがもたらすメリットを論じている（Francis, 2002）。その4種類とは，(1) 位置付け，(2) 推進力，(3) 敏捷性，(4)「右へ倣え」の戦略である（表3.1）。

位置付けの戦略

この戦略的方向性では，製品やサービスを市場で明確に「位置付ける」ためのデザインとその使い方に特に重点を置く。デザインは，直近の競合他社の製品やサービスから差別化するための直接的な手段として使われる。この戦略を取る企業は，デザインで価値を加えることによって全体的な美観の魅力を高めることを重視する。

> 競争戦略として位置付けの戦略を取る企業においてデザイナーが果たす役割は，少なくとも経営陣の観点からいうならば，必要な機能と付加的な魅力をすべて備えた製品をデザインして，ターゲットとする顧客に購入を説得することだ。(Francis, 2002, p 68)

表3.1　様々な次元のデザイン戦略

デザイン戦略	デザインの特性	会社の目標
1 位置付け	製品のスタイリング 美観 品質 付加価値	消費者にとっての価値を付加し，会社の評判を高める
2 推進力	製品の差別化 製品の多様化 製品のアイデンティティ	デザインへの投資を通じたキャパシティ構築
3 敏捷性	新しいアイデアの生成 アイデアのコミュニケーション アイデアの解釈 アイデアの統合 製品のプロモーション	即座に商業化できる新しいアイデアと画期的なソリューションを開発する
4「右へ倣え」	既存のアイデアの向上 コスト競争 市場への追随 （市場の牽引ではない）	デザイン改良を通じて既存のアイデアを利用する

推進力の戦略

　この戦略を取る企業は，特定の業務能力をもっと向上させ活用することができると認識している。コアコンピタンスの開発に戦略の焦点を置いていることを意味する。

　　製薬業界とソフトウェア業界の企業の多くがこの戦略を取っていて，デザインがプロジェクトではなく会社のダイナミックなリソースと見なされている。(Francis, 2002, p 69)

敏捷性の戦略

　この戦略が目指すのは，市場の力関係によって変化する現状に呼応して，すばやく効果的に変化・順応する能力を会社が養うことにある。この戦略を取る企業は，競合他社が見逃した，あるいはフルに利用しなかった部分を利用して，市場での相対的な優位を維持・強化する。敏捷性は，戦略的にも重要性の高い要因だ。敏捷性のある企業は頻繁に変化を取り入れるが，変化そのものを目的としているわけではなく，競争力を追求している。この戦略におけるデザインの役割は，特に起業家精神の旺盛な組織の場合，ユニークな市場機会を創出し実現することとなる。

「右へ倣え」の戦略

　競合他社に非常によく似た製品やサービスを導入して追随する企業は，ある意味で，他人の良いアイデアを借用して応用する戦略を取っているといえる。

　この戦略でのデザイナーの貢献には特徴がある。確立したアイデアを取り込ん

で，エンジニアリングし直し，前よりも良いものに高め，できればコスト構造も抑えることだ。つまり，デザイナーは発起者ではなく改良者となる。(Francis, 2002, p 70)

このような企業のデザインは，必ずしもユニークではないかもしれず，競合他社よりも多少劣っている可能性すらある。しかし，競合他社の製品を良いとは思っていない顧客がいるかもしれないことから，この多用される戦略には市場での機会がある。

3.7 デザインとマーケティング ― 境界線を越える関係

デザインは，マーケティングミックスの4Pのツールすべてに密接に関係している。有形の人工物としてのひとつ目のPである「製品（Product）」という意味において，デザインは非常に重要な検討要因だ。デザインの影響は，品質，機能性，サービス，ユーザビリティ，全体的な美観といった主な属性すべてに波及する。製品の特徴に貢献して，これがしばしば顧客の知覚価値という点で付加価値をもたらす。デザインは，直近の競合製品との差別化をもたらすすべての特徴に関与する。例えば，性能，耐久性，信頼性などである。

一方，サービスとしての製品においては，デザインの重要性がごくわずかに劣るものの，なおもきわめて中心的な要因であり続ける。例えば，保険，銀行，広告，コミュニケーションなどの業界では，多数のメディアチャネルにわたるサービスのユニークな要素をデザインがもたらす。分かりやすい例としては，ホテル業界がある。デザイナーは，サービスが提供される場に印象的な環境をもたらす。

このほか，サービスの差別化においても，デザインは重要な役割を果たす。ブランドの価値を丹念に表現する要因となるためだ。マーケティングミックスの2つ目のPである「価格（Price）」に目を向ければ，さらに単刀直入である。デザインは，効果的に活用すれば，製品やサービスのカテゴリーにかかわらず，コスト削減と効率化をもたらす。

また，デザインは，既存の製品やサービスを向上させる。この向上が消費者に認識されれば，今までよりも高い価格を払ってもよいという気にさせるだろう。マーケティングミックスの3つ目のPは「場所（Place）」だが，これには流通という意味が含まれる。製品をデザインする際，デザイナーは，パッケージングや保管時の状態まで含め，流通の手段全体を考慮することができる。さらに，デザインは「販促（Promotion）」でも重要な役割を果たす。これには，伝統的な印刷媒体からサイバー空間のソーシャルメディアやデジタル媒体まで，多数の様々なメディアチャネルにわたって製品やサービスの特徴的なイメージを一貫して打ち出すことが含まれる。Porterは，この点について次のように指摘している（Newing, 2002）。

インターネットによって，新しい事業経営のあり方が広く提供されるようになったが，これは事業経営の法則や競争を作り出す要因を変えるものではない。競争の

基本要素は今も変わっていない。

Porterはさらに続けて，インターネットから恩恵を受けて成功する会社とは，中核の戦略的目標から目を逸らさず，競争力を実現するためにインターネットを統合する方法を考え出す会社だとしている。デザインがなければ，マーケティングミックスの主な要素はいずれも成り立たないといえるだろう。

3.8 デザインとマーケティング ― 社内の文脈

本書を通じて論じているとおり，新製品開発とデザインの関係は，企業にとってきわめて重要だ。企業は，売れ行きが悪い既存の製品を別の製品に入れ替えたり，利益の見込める新市場に参入したりする必要がある。マーケティングとデザインは，この新製品開発プロセスにおいて，互いに絡み合う重要な役割を果たす。マーケティングの専門家とデザインの専門家がチームを組んで協力することが成功に欠かせないことは，多数の学術研究で証明されてきた。デザイナーは，クリエイティブなスキルを有し，アイデア生成が求められる場面で価値を示すことができる。イノベーションとは，そうした新しいアイデアを市場性のある製品やサービスに変える時に起きる。マーケッターとデザイナーは，製品イノベーションのプロセス全体にわたって，すなわちアイデアの絞り込みから，コンセプトや製品のテスト，発売までのすべての過程で，緊密に連携しなければならない。アイデアを人工物やサービスに発展させるという複雑な過程には，デザイナーがもたらすデザインと視覚化のスキルが欠かせない。

新しいコンセプトや製品の開発に際して，マーケティング，デザイン，研究開発が相互に接触し合うことをここで言及しておきたい。

- マーケティングは，顧客を理解し具体的な市場のトレンドや動きを特定するという点で，詳細なマーケットインテリジェンスを提供する。
- 研究開発は，技術トレンドと自社の研究開発の状況を認識するという点で，テクノロジープッシュをもたらす。
- 市場と技術のトレンドの両方が，イノベーションへと続くインスピレーションの源となる。デザインが，そのインスピレーションを市場性のある製品やサービスに変える。

ただし，明確な「研究開発部門」という枠組みは，おおむね大手企業の専売特許であることも特筆に値する。大企業は，独立した研究開発活動の費用を賄いサポートすることができるためだ。しかし，中小企業は一般に，デザインや生産の部門に頼って，新しい技術を継続的にモニターし，また開発しなければならない。この専門的な知識にアクセスするもうひとつの方法として，学術機関や独立的な立場の研究機関と提携し，研究開発の知識を得ることが挙げられる。

どちらの方法を選ぶにしても，新しい製品やサービスのためのバランスの取れた（技

術主導と市場主導の）戦略を策定し，また顧客ニーズや競合製品などに関する最新情報を研究開発にフィードバックするという両面において，研究開発とマーケティングの間のコミュニケーションが不可欠になる。研究開発は，活動の指針とするために詳細な市場調査情報を必要としている。既存の製品がどこに問題を抱えているか，どのように機能しているかなどを知らなければならない。この共生関係は，部署横断的なチーム，プロジェクトレビュー，能力開発などを通じて正式に構築するのがベストである。

情報システムを管理することにより，市場データと技術データの両方をコミュニケーションし共有するのに役立つだろう。しかし，こうしたデータは，組織内のすべての部署の人にとって理解できるような言語で提示しなければならない。デザインは事業活動に様々なかたちで貢献することから，マーケティングに属する様々な部署によって別々に対応され得る。例えば，コーポレートコミュニケーション（バーチャルとリアルの両方）は，マーケティングコミュニケーションと広告の領域とされるだろう。購買行動は，しばしば製品の様々なデザイン側面に対して消費者がどのように反応するかに特化する。そしてアイデア生成は，製品開発かマーケティング戦略の領域とされる，といった具合だ。

3.9　デザインとマーケティング ─ 社外の文脈

戦略的マーケティング計画を策定しようとする会社は，自社を取り巻く幅広い外部環境を完全に認識する必要がある。潜在的な新しい事業機会もさることながら，市場シェアに影響し得る潜在的な新しい脅威を関知しなければならない。このため，戦略的マーケティング計画が有効に機能しているかどうかを注意深くモニターして，市場に動きが認められた場合は必要に応じて反応することも求められる。

会社が競争力を維持しようとするのであれば，敏捷かつ感度の良いダイナミックなプロセスを策定しておくべきだ。戦略的マーケティング計画の策定に当たっては，社内に存在する強みと社外の環境に反応する能力の厳密な分析が前提となる。社内の強みと社外の機会の交点こそが，真の競争力をもたらす。

よく使われている計画策定ツールのひとつが，「SWOT分析」である。戦略策定プロセスの一環として，会社が「今現在どこにあるか」と「将来どこに立つことができるか」を理解できるようにする。SWOTの「S」と「W」は，新しい製品やサービスの開発に関する「強み（Strengths）」と「弱み（Weaknesses）」を意味する。これらは，会社がコントロールし計画することのできる内部環境である。つまり，成功する企業は，自社の強みを活かして市場の機会をとらえることを意味する。SWOTの「O」と「T」は，会社がコントロールできない外部環境に存在する「機会（Opportunities）」と「脅威（Threats）」である。この部分は，外部の市場環境を継続的にモニターすることでマーケティングが最も積極的に行動する部分であるべきだ。埋められていない溝が市場に存在することを特定したという点で興味深い例のひとつが，Uberだ。ファシリテーテッド・ネットワークビジネスの事業モデルで高度な技術を先がけて開発し，長年変化

のなかったタクシー業界に変革を起こした。

　もうひとつの有効なポートフォリオの計画策定ツールが,「ボストンマトリックス」である。「プロダクト・ポートフォリオ・マネジメント（PPM）」とも呼ばれ，1960年代にBoston Consulting Groupが開発した手法だが，今でも有効性が高い。比較的単純な形式で，製品ポートフォリオを2つの次元から分析する際に使用する。ひとつ目の次元は，その製品の市場カテゴリーにおける全体的な成長のレベル，2つ目の次元は，競合他社との相対比較によるその製品の市場シェアの測定だ。4つのマス目のそれぞれが，ポートフォリオ管理における焦点をもたらす。その4つの説明は以下のとおりである。

1　**負け犬**（市場シェアが低く，成長潜在性も低い）：このタイプの製品（この分析はサービスにも応用することができる）は，損失を計上しているか，利益を上げているとしても最小限である。また，多くの場合，管理時間や集中力などの点でリソースを多大に使用する。マーケッターはしばしば，これらの製品を市場で存続させることが可能なのかどうか，これらの製品の代わりにもっと利益の上がる新しい製品を開発したほうがよいのではないかを問われる。

2　**問題児**（市場シェアは低いが，成長潜在性が高い）：このタイプの製品は，対応が難しい。魅力的な高成長市場にあるにもかかわらず，その潜在性を実現していない製品だ。このため，「この製品のどこが良くないのか，何をどう改良すれば消費者に好まれるようになるのか」といった問いかけを余儀なくされる。この問題を克服する方法のひとつが，デザインを活用して魅力を高め，市場シェアを高めることである。

3　**金のなる木**（市場シェアは高いが，成長潜在性が低い）：このタイプは通常，市場で強力な地位を築いていて，会社がそれほどサポートを提供しなくてもよい製品である。しばしば相当なレベルの収益をもたらしていて，それを維持するためのコストも低い。この安定した収益が，次に説明する「花形」をサポートするための資金力をもたらす。

4　**花形**（市場シェアが高く，成長潜在性も高い）：このタイプは，すべての企業が欲するタイプの主力製品である。しかし，市場での有力な地位を維持するには，注意を払ってサポートを提供し，さらなる成長を図ることで，競合製品の先を歩み続けなければならない。花形の製品は，市場成長が停滞して縮小期に入ると「金のなる木」に移行することも多い。

　このセクションの最後に，もうひとつ優れた分析ツールを紹介しておきたい。製品ポートフォリオを比較的簡単に計画できるようにする「アンゾフのマトリックス」だ。1957年にIgor Ansoffが開発したこのマトリックスは，戦略的方向性と市場計画戦略の関係を考える際に有用な枠組みをもたらす。やはり4つのマス目に分類する枠組みで，製品と市場を軸とした戦略オプションの組み合わせを示す。

1. **市場浸透**は，既存の製品を既存の市場に向けて引き続き販売していくことを重視する。これはしばしば，マーケティングと広告の戦略を強化して，製品ポートフォリオに含まれる製品の販売数量を増やすことを意味する。
2. **市場開拓**は，既存の製品をまったく新しい市場に向けて販売しようとすることである。これは，製品やサービスの位置付けを調整して，地理的な新市場や新しいターゲット層を開拓していくことで達成される。
3. **製品開発**は，まったく新しい，または改良版の製品やサービスを既存の市場に向けて販売していくことを意味する。ただし，この戦略を効果的に実行するには，会社が新しいコンピタンスやスキルなどを開発する必要があるかもしれない。この戦略的アプローチにおいては，デザインの貢献が成功に欠かせない。
4. **多角化**は，バリューチェーンの外に事業を広げることで成長を達成する。すなわち，新製品を新市場に向けて販売することを意味する。事業経験がほとんどない新市場に向けて新製品を開発することになる可能性があるため，高リスクの戦略と考えられている。ただし，成功した場合は，内在するリスクをはるかに上回る大きな見返りが得られる。

ここで紹介したアプローチや分析の枠組みを活用して効果を出すには，デザインがあらゆる市場計画活動で中心的な役割を担い，選択した市場セグメントのニーズに合った製品を確実に作り出していかなければならない。

3.10 デザインと新製品開発

　グローバル化は，規模の大小や事業展開する市場にかかわらず，あらゆる組織に深遠な影響を及ぼしてきた。多くの事業環境で，技術的な変化がかつてないほどのレベルで加速している。企業は，ニーズに応えて新製品を開発し，古い製品を更新していかないかぎり，競争に生き残れないという状況に置かれている。

　国際的な競争が激化し，既存市場がかつてないほど細かくセグメント化され，また消費者の力が強まっているのを受けて，企業は日々多大な要求に直面するようになっている。新製品開発は，財務業績の改善，競争力の強化，サービス品質の向上といった重要な事業目標の達成に大きく貢献することができる。

　このため，新たな売り上げを計上するだけでなく，すでに確立したリソース集約度の高いプロセスからコスト削減を引き出すという観点からも，新製品開発に注目し，新しい製品ラインの利益を最大化することができる。新製品開発が成功したかどうかは，発売後の利益や市場シェアのほか，予算内のプロジェクト管理，顧客満足度などの観点から測定できる。さらに，必ずしも成功しなかったのであれば，その経験から学んだ教訓が次回のプロジェクトにどう活かせるかという点で，効果を測定することもできるかもしれない。新製品開発を成功させる主な要因を特定しようとする研究は，多数行われてきた。

これまでに指摘されている要因には，会社の事業目標との戦略的整合性，新製品開発プロセスのための組織構造，このダイナミックなプロセスにおける個人の管理などがある。

新製品開発のプロセスを開発しようとする試みは，過去20年ほどにわたって続けられてきた。新製品開発のリソースを効果的・効率的に活用し，市場投入までの期間を短縮したいという動機が，特に動きの速いテレコム業界などにあることは理解できる。

新製品開発と企業戦略

新製品開発は，組織全体の目標から導かれなければならないが，その根源となるのが企業戦略だ。企業戦略とは，組織内の調和を図り，シナジーを生み，資金，技術，人材を効果的に配分できるよう組織をサポートするものである。しかし，戦略が個別の新製品開発プロジェクトを直接的に指図すべきではない。むしろ，すべての新製品開発プロジェクトに対して幅広くじわりと影響を波及させるべきだ。新製品開発戦略が，企業戦略を参照したうえで策定され実行されるというのが望ましい。

新製品開発に関する文献に最もよく見られるテーマのひとつが，マーケティング領域と技術領域が新製品開発プロジェクトの戦略的方向性に寄与することである。これはつまり，マーケットプル（市場主導型）とテクノロジープッシュ（技術主導型）の作用を意味する。ここで強調されるのは，技術とマーケティングの戦略的方向性の間で正しいバランスを見つけることである。つまり，双方が戦略的なレベルで技術主導のイノベーションと市場主導のイノベーションを熟慮し尊重することを意味する。このバランスを見つけられれば，ターゲットとする顧客のニーズにかなり整合し，かつ技術的にも十分なレベルにまで洗練された製品が出来上がるだろう。しかし残念なことに，非常に多くの場合，技術を重視した製品は複雑で顧客のニーズや理解を超えるものとなっている。これらの点に加えて，もうひとつ考えるべき点がある。それは，反応的な新製品開発戦略ではなく，主体的な新製品開発戦略の重要性である。このことは，特に変化の激しい技術主導の市場環境に当てはまる。

反応的な戦略とは，外部の圧力が生じるごとにそれに対処することを意味する。一方の主体的な戦略は，機会が生じるごとにそれを特定して行動できるようにするためのリソースの割り当てを明確に定義しておく。反応的な製品戦略は，「防御的」ということもできるかもしれない。競合他社の製品が成功しているのを見て，自社の既存の製品を改良するなどである。また，「模倣的」である可能性もある。これには，競合他社の製品が成功するかどうかを待たずに，ともかく真似することが含まれる。

主体的な戦略は，研究開発からのサポートに大きく依存する場合がある。未来に目を向けた研究開発の結果として，優れた製品が完成するのである。また，マーケティングに大きく依存し，市場の機会や埋められていないニーズを特定する結果として，新製品が生まれることもある。さらに，製品特徴以外の部分の競争力も考えられる。これは，カスタマーサービスによって強化される競争力である。営業，技術サポート，配達・納品，製品の在庫状況といった側面が，新製品の成功にある程度影響する。

組織構造と人材

複数の専門領域からなるチームとその主力を務める人材は，新製品開発プロジェクトに乗り出す際に最も重要な要因である。新製品開発を成功させるには，適切なコンピタンスと能力がチーム内にあり，専門的なノウハウや知識を提供してプロジェクトを前へ進めていかなければならない。

マネジメント

経営陣レベルのサポートは，新製品開発の重要性を組織全体に理解させるうえで欠かせない。優先課題であることを伝えて，しかるべきレベルのリソースが提供されるよう奨励しなければならない。また，戦略レベルだけでなくプロジェクトレベルでも，慎重な管理が必要だ。新製品開発プロジェクトの主な段階すべてに目標を設定し，リソース（予算と人員）を割り当てることを重視する。プロジェクトマネジャーの主な責任は，このレベルの組織構造によって決定されるだろう。部署間のコーディネーション，特にマーケティングと研究開発の間で慎重に調整を図ることが，新製品開発を成功させるうえで不可欠である。

新製品開発の計画策定のアプローチ

新製品開発の計画を策定するに当たって取ることのできるアプローチは様々ある。

「リレー競走」のアプローチでは，ひとつの部門が担当部分の計画策定を終えると次の部門に回し，各部門がそれぞれの部分でプロセスに貢献する。プロジェクトは，ある部門がその担当部分を終えることで，ある段階から次の段階へと順次進んでいく。各部門の専門分野は異なり，バトンを渡しながら競走の異なる段階を担当することで，プロジェクトを引き継いでいく。

このアプローチにやや似た「バレーボール」のアプローチでは，一連の繰り返しのループが連なって，新製品開発のプロジェクトが進んでいく。製品は，一連の改良とテストの段階を数回繰り返したうえで，次の部門に引き継がれる。

部署横断的なチームを構成したほうが，スケジュールと予算を守ってプロジェクトが進行する可能性が高まり，技術的な成功率も高まる。例えば，技術とマーケティングの専門領域を組み合わせるのであれば，研究開発，製造，エンジニアリング，マーケティング，営業など多数の部門にフルに関与してもらうことになる。

これら社内の各部門に加え，活動の全プロセスにわたって顧客やエンドユーザーから目を逸らさないことも重要だ。部署横断的なチームで協力するメリットは，統合的な新製品開発の活動がもたらすメリットに呼応していて，開発期間の短縮やコスト削減のほか，効果的なコミュニケーションを通じてプロセスの初期段階で問題に気付きすばやく修正できるようになることなどが挙げられる。

このため，プロジェクトチームを効果的にコーディネートしようとするのであれば，

「ラグビーチーム」のアプローチが適しているかもしれない．このアプローチでは，部署横断的なチームを構成して部門間の垣根を取り払い，マーケティング，生産，デザインなどの機能が一緒になって共通の目標を目指して進んでいく．部署横断的なチームを成功させるには，チームの構成員が役割分担して独立的に機能するのではなく，統一的なひとつのチームとして組織化されなければならない．そして，このプロジェクトチームが，複数のプロジェクトに広く薄くリソースを割くのではなく，ひとつのプロジェクトに集中して大半の時間を費やすことで，最初から最後まで見届ける説明責任を負う．さらに，プロジェクトを成功させるソフト要因のひとつとして，先見の明が感じられるリーダーシップ，すなわちデザインリーダーシップをチームリーダーが確実に発揮することが挙げられる．情報を入手しそれを効果的に伝達することで，効率的な新製品開発の活動がサポートされ，多数の部署にわたる調整が促されるだろう．このプロセスの活動評価には，情報を慎重に共有して，その情報に関して思慮深い決定を下していくことが含まれる．

　様々な部署間で情報を交換・伝達することは，信頼性を高めるうえでも欠かせない．マーケットインテリジェンスを利用する（マーケットプル）だけでなく，新製品開発プロジェクトに役立つ情報を提供してくれるネットワークや人脈を利用することもできる．この種のネットワークは，社外（市場環境）と社内（部署や部門）の2つの基本的なレベルで考えるべきだ．組織というのは通常，競合他社，サプライチェーンのパートナー，顧客，直接・間接のステークホルダー，サポート組織など，多数のネットワークに取り囲まれている．

一般的なデザインプロセスのモデル

　新製品開発プロセスの各段階を説明するため，これまでに多数のスキームが提案されてきた．しかし，これらのスキームは，理想化され過度に単純化されていることが多く，ゆえに現実とはかけ離れている可能性がある．しかし，新製品開発プロセスの複雑さを理解するには，シンプルな見方をここで共有しておくことも必要だ．全体的なデザインプロセスのモデルにはいくつもの組み合わせがあるが，本質的にどれにも共通するフェーズがある．また，デザインカウンシルのダブルダイヤモンドのモデルは，これらの段階すべてを4つの活動に収めている．一般的なデザインプロセスのモデルに含まれる7つの主な段階と，その各段階でよく使われるツールは，以下のとおりである．

1　アイデアの生成（プロジェクトのきっかけ）
2　アイデアの絞り込み（当初の実行可能性）
3　コンセプトのテスト（確認）
4　マーケティング戦略の開発（市場計画）
5　製品のデザインと開発（制作）
6　テストマーケティングと生産の承認（検証）
7　商業化（最終化）

1　アイデアの生成

市場にもたらす価値のあるアイデアを追求する。これは，マーケットプルの機会やテクノロジープッシュのアプローチによって引き起こされる可能性がある。または，複数の機会を組み合わせた結果がきっかけになることもある。

> **ツール　SCAMPER法**
>
> このツールは，新しいアイデアを発想しようとする際の最も分かりやすく簡単なツールのひとつと考えられている。新しいアイデアとは本質的に，周囲にすでに存在している既存のアイデアを変更したものだという考え方に基づいている。SCAMPERとは，「substitute（代用する）」，「combine（組み合わせる）」，「adapt（調整する）」，「modify（改変する）」，「put to another use（別の使い方をする）」，「eliminate（取り除く）」，「reverse（ひっくり返す）」の頭文字である。

2　アイデアの絞り込み

製品やサービスのアイデアを多数出した後，この段階では，批判的に精査することにエネルギーを傾ける。市場で最も成功しそうなアイデア，かつ会社の事業目標に最もよく合致するアイデアに絞り込むことが目的だ。

> **ツール　ハリスプロフィール**
>
> 様々なデザインコンセプトの長所と短所を視覚化するエレガントな方法である。そのデザインコンセプトが成功するうえで重要な要素をリストアップしたうえで，各要素を評価する（カラーコードで見せることができる）。すべてのコンセプトを評価した後，各種の要件をどれだけ満たすかに基づいて絞り込み，最も有望なコンセプトを選択する。

3　コンセプトのテスト

魅力的なアイデアを選んだ後は，ターゲットとするオーディエンスにアピールする製品コンセプトに落とし込む必要がある。また，持てるリソースの範囲内で効果的・効率的に開発できる製品コンセプトであることも重要である。

> **ツール　ペーパープロトタイピング**
>
> 　これは，提案されたコンセプトやアイデアに関する顧客の洞察を高いコスト効果で効率的に集める方法である。ペーパープロトタイプとは，デザインコンセプトを物理的に示すのではなく，紙に描いて視覚的に示すものだ。このため，すばやく開発して潜在顧客のフォーカスグループなどに見せ，感想や意見を述べてもらうことができる。こうして得たテスト結果を基に，すぐさま具体的な行動を取り，デザインコンセプトを改良することができる。

4　マーケティング戦略の開発

　この段階には，ターゲットとするオーディエンスを研究して，その製品にどれだけの値段や料金を払う気持ちがあるかを調べたうえで，マーケティングミックスの4Pを提案し，最後に販売目標や利益予測を立てて実行可能性を評価することが含まれる。

> **ツール　マーケティングミックスの4P**
>
> 　これは，マーケティングの計画活動で最もよく使われるツールのひとつで，以下の主要点を定義するのに役立つ。
> 　　製品（Product）— 顧客のニーズを満たしているか
> 　　場所（Place）— どこでこの製品を購入できるか
> 　　価格（Price）— オーディエンスにとって適切な価格か
> 　　販促（Promotion）— オーディエンスに到達するうえで最も効果的なマーケティングコミュニケーションのチャネルはどれか

5　製品のデザインと開発

　ここでは，無形のアイデアを有形の製品に変える。デザインから生産へと至る開発プロセスを進んでいくが，その間常にテスティングと改良を繰り返して，製品がコンセプトを忠実に体現していることを確認していく。

> **ツール　フィッシュボーン図**
>
> 　これは「特性要因図」とも呼ばれる。魚の骨のような形状の図で，プロジェクト開発プロセスの過程で遭遇する具体的なデザイン問題の根本原因を探るためのシンプルなツールである。

6　テストマーケティングと生産の承認

　市場テストに向けた製品のプロトタイプを開発し，必要であれば修正を加えて，意図

したオーディエンスにとって好ましい製品になっていることを確認する。大々的に市場投入する前に小規模なローンチを行って，必要な最終調整を見極めることも多い。

> **ツール　フォーカスグループ**
>
> 　世界中でほぼすべての主要企業が使用しているお馴染みのツールである。開発中の新製品や新サービスに対する顧客の洞察を集めるのに使われる。たいていは，少人数の参加者に経験豊富な進行役が付いて，製品をその場で見せたり体験させたりしたうえで，慎重に配慮して用意した質問を尋ねながら有意義なフィードバックを集めていく。そのフィードバックの結果として，製品，デザイン，サービスを調整することがある。

7　商業化

　最後が，製品を市場に送り出す商業化である。ここでは，売れ行きと顧客の反応という観点から状況を慎重にモニターする。難しい市場や競争の激しい市場に参入する場合は，必要に応じてマーケティングミックスを調整して，製品の知名度や認知度を高めていく。

> **ツール　顧客の聞き取り調査**
>
> 　市場に投入した新しい製品やサービスについて顧客から洞察に富んだ有意義なフィードバックを集める方法はいくつも存在するが，なかでもこれは優れたツールである。慎重に選んだ少人数の参加者を対象に詳細な聞き取り調査とフォーカスグループを行うことで，非常に幅広い定性的な情報が得られ，将来の改良に向けた示唆をもたらしてくれるだろう。

　新製品開発のプロジェクトは，上手に管理すれば，利益，市場シェア，顧客満足度，そして重要な点である会社の評判など，非常に大きな見返りをもたらすことができる。しかし，これにはかなりの部署横断的な活動が必要となり，そうしたメカニズムが組織内に存在しないことも多い。それゆえに，顧客とサプライヤ，メーカーと販社などの関係を利用して，開発期間，顧客ニーズ，価格などの点でますます難しくなる市場に対応しようとする動きが見られるようになっている。
　確立した大手企業ですら，こうした活動を支えるのに必要なコンピタンスとスキルの多くを社内に十分に擁していないことが，今や普通になりつつある。このため，市場に投入される新製品は，もはやひとつの組織が開発した産物ではなく，組織のバリューチェーン全体が関与した集合的な作業とビジョンの産物であることが増えている。

3.11 まとめ

　デザインが組織にもたらす価値は遠大だ。多数の様々なメリットを実現し，戦略的な成長と方向性を具体化する。戦略的方向性や長期的成長をもたらす活動の中心部にかかわるデザイナーは，事業計画のプロセスで今まで以上に重要な役割を果たすようになっていて，新しい「未来」を発見し創造するうえで欠かせない独自のスキルと方法論を寄与している。

　ここ数年の間に，多国籍企業に最高デザイン責任者（CDO）というポストが置かれることも増えてきた。事業活動におけるデザインの重要性と価値を擁護し代弁する立場の役職である。かつては懐疑的だった人たち（特に取締役会に多かった）も，今ではデザインに積極的な姿勢を示している。Liedtka が論じた「事業戦略はデザインを必要としている」（Liedtka, 2010）という見方が，今やビジネス界全体にこだまするようになっている。しかし，注意も必要だ。デザインとデザイナーは，このプロセスに慎重に統合されなければならない。商業的な活動と一致させるため，すなわち戦略的整合性を実現するためだ。

　この整合性をもたらす枠組みは，組織の上と下および内と外をつなぐという2つの観点から，注意深く考慮する必要がある。上と下の整合性とは，取締役会の決定が社員にどのように伝えられ，組織のすべてのレベルで運用され実行されるかを意味する。内と外の整合性とは，会社の理念やビジョンを社外のオーディエンスやステークホルダーに伝えていくことである。これは一筋縄でいくような容易なことではない。しかし，一貫性のある統合的なやり方で達成されれば，大きな見返りが得られるだろう。

　最後に，この章では，戦略形成の主なアプローチも探究した。規模の大小や事業内容にかかわらず，組織が導入することのできるアプローチである。これらについては次の章で詳しく考察し，理論的なアプローチが実際の商業的文脈でどのように使われるかを見ていく。

　次の章では，5つの成功例を取り上げる。デザインを活用して激しい競争市場で地位を高めた Myddfai，それまで経験のなかったオーディエンスを対象としたユニークな新製品を開発した Eat 17 Bacon Jam，デザインの意思決定のプロセスで顧客の知識やノウハウを活用した See.Sense，新しいビジネスとデザインの「ハブ」を開発して顧客向けに高度にカスタマイズしたニッチなビジネスソリューションを確立させた SPP/Edward Martyn Concrete Designs，そして革新的なデザイン思考で最新技術を組織に調和させた Feonic だ。

この章のおさらい

主なポイント

1 デザイナーは，デザイン戦略に有益な情報をもたらせる理想的な立場に立っている。
2 戦略開発は，ビジネスマネジャーだけに与えられた領域ではない。
3 デザインは，既存の製品やサービスに新たな息吹を吹き込むことができる。
4 最高デザイン責任者は，取締役会レベルでデザインの声を代弁する。
5 市場で起きている活動のリサーチから新規事業開発のきっかけをつかめることがある。

チェックリスト

- クリエイティビティは，イノベーションの企業文化を醸成するうえで欠かせない。
- デザインは，生産・製造コストの大幅な削減に寄与することができる。
- デザイン戦略は，事業目標に慎重に整合させるべきである。
- デザインによって競争力を大幅に向上させられる可能性がある。
- 定評ある大手企業は，社内にデザインの機能を確立させている。

復習の問い

Q1 確実性と柔軟性の両方を備えたデザイン戦略を持つことが，（製品やサービスの種類，組織の規模を問わず）企業にとってなぜ重要なのか。

Q2 戦略開発プロセスに対してデザイナーが寄与することのできる主なスキルは何か。

Q3 IDEO はデザイン業界でもきわめて特徴のある社内のクリエイティブ環境をどのように醸成しているか。

Q4 Rickards および Moger が指摘しているクリエイティブなリーダーシップの4つの特徴とは何か。

Q5 グローバルなブランドや組織にはしばしば最高デザイン責任者の役職が置かれていて，取締役会レベルでデザインの立場を代弁している。この種の役職を設置する業界トレンドの背後にある要因は何か。

Q6 戦略形成にデザイナーを関与させるに当たって注意が必要な理由として，Olson ほかはどのような点を指摘しているか。

Q7 戦略レベルでのデザインの導入を阻む4つの主な要素は何か。

Q8 戦略レベルの大局的なビジョンとプロジェクトレベルの日々の活動を結び付けることは，なぜ重要か。

Q9 デザイン戦略を開発する前に社内のデザイン監査を行って主な強みと弱みを特

定することは，なぜ重要か。
- **Q10** Francisはデザイン戦略を4種類に区分しているが，それらのアプローチの主な違いは何か。

プロジェクト用の課題

- **Q1** 製品を中核事業としている中小企業を1社選び，社内のデザイン監査を行って，デザインの活用に関する現時点での強みと弱みを特定する。
- **Q2** デザイン監査を行ったうえで，社内のデザイン能力を強化するために実行することのできる勧告を10か条の行動計画にまとめる。
- **Q3** 監査で使用した質問のなかから，大きなマネジメントの変更につながると思われる質問を3つ選び，それらの質問の相互関係を明確にしたうえで，ポリシー変更として説明する。
- **Q4** 最高デザイン責任者の役職を置いている大手グローバルブランドを5つ選び，その役職者がデザインの「ビジョン」という点で組織内で果たしている役割を特定する。
- **Q5** デザイン戦略開発のプロセスに関与すべき主な人物や部署を特定した「ステークホルダーリスト」を作成する。
- **Q6** デザインの導入を阻む4つの要素に関して，それを克服するための一連の戦略的勧告をまとめる。
- **Q7** 自分がある会社の最高デザイン責任者だったなら，デザインのことをあまり知らない社員も含めて全社員に対してどのように自分の戦略的デザインの「ビジョン」を伝えるかをまとめる。
- **Q8** 新しい製品コンセプトを導入するためのマーケティング計画を策定し，どこでどのようにデザインが有意義な価値をもたらすかを明確に特定する。
- **Q9** 新製品のエンドユーザーに関するマーケットインテリジェンスを収集し，新しい市場機会をとらえるための戦略的なアプローチを開発する。
- **Q10** 一般的なデザインブリーフに盛り込むべき必要最小限の要素をこの章で説明したが，マーケットプルの製品コンセプトを追求する際に，ほかにどのような要素を考察する必要があるか検討する。

参考文献

Bianchi, C and Bivona, E (1999) Commercial and financial policies in small and micro family firms: the small business growth management flight simulator, in *Simulation and Gaming*, ed P Davidsen and M Spector, Sage Publications, Palo Alto

Brown, T (2008) Design Thinking, *Harvard Business Review*, June, pp 85-92［邦訳］『ダイヤモンド ハーバード・ビジネス・レビュー 2016年4月号 特集「デザイン思考の進化」』，ダイヤモンド社, 2016

Bucolo, S, Wrigley, C and Matthews, J (2012) Gaps in organizational leadership:linking strategic and operational activities through design-led propositions, *DMI Journal*, 7 (1), pp 18-28

Cooper, R and Press, M (1995) *The Design Agenda: A guide to successful design management*, John Wiley & Sons, Chichester

Design Council (2007) The Value of Design Factfinder Report ［オンライン］https://www.designcouncil.org.uk/sites/default/files/asset/document/TheValueOfDesignFactfinder_Design_Council.pdf

Filson, A and Lewis, A (2000) Barriers between design and business strategy, *DMI Journal*, 11 (4), pp 48-52

Francis, D (2002) Strategy and Design, cited in *Design in Business: Strategic innovation through design*, ed M Bruce and J Bessant, Pearson Education, Harlow, pp 61-75

Joziasse, F (2000) Corporate strategy: bringing design management into the fold, *DMI Journal*, 11 (4), pp 36-41

Lafley, A G and Charan, R (2008) *The Game-Changer: How you can drive revenue and profit growth with innovation*, Crown Business, New York［参考］『なぜ危機に気づけなかったのか － 組織を救うリーダーの問題発見力（Know What You Don't Know - How Great Leaders Prevent Problems Before They Happen, 2009, Pearson FT Press）』（英治出版，2010）〜第3章

Liedtka, J (2010) Business strategy and design: can this marriage be saved? *DMI Review*, 21 (2), pp 6-11

Newing, R (2002) Crucial importance of clear business goals, *Financial Times*, 5 June

Olson, E M, Slater, S and Cooper, R (2000) Managing design for competitive advantage: a process approach, *DMI Journal*, 11 (4), pp 10-17

Rickards, T and Moger, S (1999) *Handbook for Creative Team Leaders*, Gower Publishing, London

Toffler, A (1991) *The Third Wave*.Bantam Books, New York［邦訳］『第三の波』，中央公論社（中公文庫），1982

推薦文献

Cooper, R, Junginger, S and Lockwood, T (2009) Design thinking and design management: a research and practice perspective, *Design Management Review*, 20 (2), pp 47-55

Goleman, D (2004) *Primal Leadership: Learning to lead with emotional intelligence*, Harvard Business School Press, Cambridge, MA［邦訳］『EQリーダーシップ － 成功する人の「こころの知能指数」の活かし方』，日本経済新聞社，2002

Johnson, M W, Christensen, C M and Kagerman, H (2008) Reinventing your business model, *Harvard Business Review*, December, pp 51-59［邦訳］『ダイヤモンド ハーバード・ビジネス・レビュー 2009年4月号 特集「製品開発と事業モデルの再構築」』〜「ビジネスモデル・イノベーションの原則」』，ダイヤモンド社，2009

Porter, M and Kramer, M (2011) Creating shared value, *Harvard Business Review*, 89 (1/2), pp 62-77［邦訳］『ダイヤモンド ハーバード・ビジネス・レビュー 2011年6月号 特集「マイケル E. ポーター 戦略と競争優位」』〜「共通価値の戦略」』，ダイヤモンド社，2011

Zott, C, Amit, R and Massa, L (2010) The business model: theoretical roots, recent development and future research, IESE Business School Working Paper, WP-862 [参考] 『ビジネススクールでは学べない世界最先端経営学』，「第4章 成功しやすいビジネスモデルの条件とは何か」，入山章栄著，日経BP社，2015

ウェブリソース

The Business Model Canvas
ビジネスモデルキャンバスは，事業モデルを検討する際に「何をするのか（したいのか）」と「どのようにそれをするのか」を明確にするための1ページの概要書である。主な事業活動とそれにかかわる課題，それぞれの関係を示すことによって，マネジメントと戦略についての有意義な会話をできるようにする。
http://diytoolkit.org/media/Business-Model-Canvas-Size-A4_2.pdf

Nesta
イノベーションを推進するイギリス・ロンドンの財団。イノベーションや政策開発活動に関する様々なリサーチを行っている。このウェブサイトでは，デザインとイノベーションの多数の側面に触れる白書，政策文書，記事などを提供している。
http://www.nesta.org.uk

The DME Award
「DME賞」は，ヨーロッパの複数のデザイン関連組織によって2007年に設立された。デザインの戦略的活用を促進して，産業の競争力と公共事業の有効性を高めることを主な目的としている。賞は組織の規模と種類によって5部門に分かれていて，民間セクターと公共セクターの両方を対象としている。
https://en.wikipedia.org/wiki/Design_Management_Europe_Award

PDR
デザイン関連のコンサルティングと応用研究を行っている。カーディフメトロポリタン大学にあり，8つの分野にわたる8つのグループによって組織化されている。長年にわたる多数のプロジェクト実績，イノベーションの成功事例，さらに画期的な専門知識を有している。各グループがそれぞれの専門分野で活動しており，高い定評を誇っている。
http://pdronline.co.uk

The Bureau of European Design Associations (BEDA)
BEDAは，ヨーロッパ25か国の46の加盟組織で構成されている。加盟組織は主にデザイン関連の振興機関や他の公的機関で，国および地方のレベルでデザインを振興するほか，ヨーロッパ各地の業界団体や専門職者団体などに対する活動も行っている。これらの団体には計40万人ほどのデザイナーが加盟していて，その専門領域はインダストリアルデザイン，インテリアデザイン，デジタルデザイン，ブランディングなどのあらゆる分野にわたっている。
http://www.beda.org/index.php

デザイン戦略の実践
ケーススタディ

CHAPTER 4　第4章

この章の狙い
- 様々な事業の文脈で実践されている様々なタイプのデザイン戦略を紹介する。
- デザインと事業計画活動の間の相互関係についての理解をもたらす。
- 事業目標を達成するうえでデザイン戦略を導入することがいかに重要かを示す。

4.1　はじめに

　　前の章では，統合的なデザイン戦略を持つことが事業にとって欠かせない重要課題であり，デザイン戦略を慎重に導入すれば組織に大きなメリットがもたらされることを論じた。デザインは，非常に大きな価値をもたらす可能性がある。ますます多くの企業が凌ぎを削る非常に競争の激しい市場でシェアを拡大し，会社の評判を高めて顧客ロイヤリティ（忠誠心）を向上させ，画期的な製品やサービスを開発して顧客にとって意味のある真の価値を提案するといったメリットだ。

　　この章では，5つのケーススタディを通して，デザインがどのように新しい事業の視野を育むか，事業計画と事業運営活動の中核部分でどのように中心的な役割を果たすかを見ていく。これらの戦略は，前の章で解説した4つの戦略的思考とその実践のアプローチ，すなわち「位置付け」，「推進力」，「敏捷性」，「右へ倣え」に当てはめて考えることができる。ここで取り上げる企業はいずれも，主に最初の3つの戦略を重視していて，その理由としては，会社の規模，事業活動の種類，そして最も重要な点として会社の野心といった要因が挙げられる。

4.2　ケーススタディ

ケーススタディ1：Eat 17 Bacon Jam

　最初のケーススタディは，イギリスの家族経営の小さな会社だ。Eat 17 Bacon Jam は，調味料やソースとしても使えるベーコン味の付け合わせという新奇な製品ラインを有しており，これに対してデザインを強調することで，ユニークで覚えやすいブランドアイデンティティを作り出した。風変わりな製品であるため，「位置付け」のデザイン戦略を注意深く実践して，キッチンに欠かせない調味料としてのメリットや価値を顧客に知ってもらう必要があった。この戦略は即座に効果をもたらし，販売拡大と認知度向上を達成した。今では Waitrose や Booths をはじめ，イギリスでも有数の小売店で販売されており，このことは製品の品質とブランドの強さの証左ともいえる。

ケーススタディ2：See.Sense

　2つ目のケーススタディでも，やはり小規模な会社を取り上げる。See.Sense は，技術的に優れた製品をエンドユーザーに結び付けるための主な手段としてデザインを活用した。会社の設立当初はデザインが長期的な成長にどう役立つかを必ずしも確信していたわけではなかったが，自転車用ライトの開発の初期段階で北アイルランドの「インベスト北アイルランド」という地域内投資の奨励制度を通じてデザインという領域に触れた。これは，小規模な会社を対象とした制度で，アイデアを実用化するために必要な知識とノウハウを提供することを目的としていた。この結果，同社は，デザイン開発プロセスでデザイン思考をすぐさま実践して，そのメリットを享受した。デザインコンサルタントのサポートを受けながら独自技術に基づく一連の製品ラインを開発するなかで，顧客やエンドユーザーとも協力して，詳細な洞察や観察所見を手にした。こうしてデザインに対する自信を深めた同社は，今では全体的な事業戦略の核を構成する要素としてデザインを活用している。

ケーススタディ3：SPP/Edward Martyn Concrete Designs

　コンクリート建材の設計・製造を専門とする SPP/Edward Martyn Concrete Designs は，顧客のニーズに耳を傾け，それに対応している典型的な事例だ。その手段として，「デザインハブ」という専門的な業務サポート部門を設置している。慎重に策定された同社のデザイン戦略は，「敏捷性」だ。社内に存在する強みとコンピタンスを活かして，デザイン機能をひとつの部署に集中させ，この部署が，特にデザインプロジェクトの初期の段階で高度にパーソナライズしたサービスを顧客に提供している。この顧客中心主義を支えているのが，信頼を何よりも重視する会社の姿勢である。顧客の期待を上回るほどの革新性に富んだクリエイティブなソリューションを開発・提供するだけでなく，デザイン開発プロセスの過程で浮上する新しいデザイン要件にもすばやく反応

する柔軟性と敏捷性を実現している。

　SPPは近年，よりクリエイティブなデザインサービスや高価値の製品が絡むプロジェクトを依頼されるようになった。例えば，あるブランドの蒸留酒のボトルに使うコンクリート製キャップのデザイン，ロンドンの瀟洒なオフィススペースの受付デスクと流線型の洗面台などだ。さらに，木片とコンクリートを混ぜて，軽量性とサステナビリティに優れた「ウッドクリート」という材料も開発している。SPPの社長は，これらのクリエイティブなプロジェクトがコンクリート1トン当たりの収益をはるかに向上させることに気付いたが，その事業機会を追求するには顧客との関係を上手に管理するデザイン主導の新しいプロセスが必要だと感じた。

ケーススタディ4：Myddfai

　Myddfaiは南ウェールズの会社で，「位置付け」の戦略を主に実践した。デザインを活用してブランドの位置付けを変更し，高級路線のラグジュアリー市場を目指した。パーソナルケア用品などを手がける同社は，2012年にオリジナル製品を投入後まもなく，ブランドのイメージを高める必要があると気付いた。ハイエンド市場を目指し，付加的な知覚価値やプレステージを重視する消費者層をターゲットにした。Myddfaiは，高い成長潜在性を有していながらデザインの価値にはあまり精通していない中小企業の典型的な例だった。しかし，地元の業界機関，Design Walesから専門的なアドバイスを受け，長期的な事業開発と商業的成功を導くための基本的な手段としてデザインを取り入れるようになった。

ケーススタディ5：Feonic

　この章の最後のケーススタディでは，技術系企業のFeonicがデザインをどのように理解し，管理し，実践しているかを詳細に見ていく。Feonicは，技術進歩の最先端に立つ企業で，科学の粋を精巧に工作されたデザインソリューションに応用している。しかし，事業活動のあらゆる側面をエンドユーザーに結び付けるには，デザインのビジョンを掲げてコンシューマー市場とプロフェッショナル市場の両方で技術に「人間味」をもたらすことのできる強力なリーダーが必要だった。これを達成するための戦略的アプローチは，主に「推進力」の戦略だった。デザイン責任者にBrian Smithを指名して，デザイン思考の文化をあらゆる意思決定に浸透させることで，会社の技術を「非科学化」し，可能なかぎりユーザーフレンドリーにすることに努めた。

ケーススタディの共通点

　これら5つのケーススタディは，デザイン戦略の開発とその実践に様々なアプローチがあり，会社の規模，製品カテゴリー，市場での活動にかかわらず，そのどれもが大きな見返りをもたらせることを示すために慎重に選ばれている。これらの企業に共通するテーマは，継続的に事業を成功させ長期的な方向性を導いていくための戦略的な駆動力

としてデザインを活用し，その姿勢を貫いている点だ．やり方こそ異なるものの，いずれもが事業成長のためのビジョンと戦略の中核にデザインを置き，結果を出している．事実，小規模な企業や零細の企業は，似た立場にある他社からだけでなく，もっと規模の大きな企業がデザインとデザイン思考を事業戦略に活かした際のアプローチや姿勢からも，事業成功のためのデザインマネジメントについて貴重な教訓を学べるだろう．

ケーススタディ　Eat 17 Bacon Jam

Together Design の設立者兼クリエイティブディレクターの Katja Thielen は，Eat 17 Bacon Jam がどのようにデザインを活用して新しい戦略的方向性を打ち出し，攻略の難しい市場でシェアを拡大したかを説明している．

国	イギリス
業種	食品製造のスタートアップ
投資額	1万3,000ユーロ
期間	3か月
デザインのサポート	Together Design

背景

　Eat 17 は，イーストロンドンのウォルサムストウにある家族経営のビストロだ．シェフの Chris O'Connor と兄の Daniel，パートナーの Siobhan，継兄の James Brundle が設立した．Eat 17 は2012年9月，店の名物となっていたバーガーのトッピングをベーコンジャムという商品にして来店客に販売し始めた．そして，これを本格的に製品化して商業販売する可能性を模索し始め，スーパーや全国規模の流通ルートを開拓したいと考えた．

　しかし，この新奇な製品を一般の消費者に向けて販売するには，いくつもの課題があった．食材のコストが高いことも，そのひとつだった．価格を抑えるためには小さな瓶のパッケージにする必要があったが，そうすれば店の棚に並べられた時に容易に見落とされる可能性があった．そこで，デザインを活用する必要が生じた．このベーコンジャムを職人技の高品質な製品と位置付け，業界のバイヤーと一般消費者の両方に理解してもらうためだった．ブランドの未来を確立するために，デザインが求められていた．

デザインの効果

　Eat 17 は，ロンドンのデザイン会社，Together Design と関係を築いて，製品の価値提案とデザインの目標を模索し定義した．このデザインには，デリカテッセンでもスーパーでも競争できる多目的性が要求された．また，調味料，食材，スペシャルティ食品など，いくつものカテゴリーに適した確実性も必要とされていた．そして何よりも，製品の背後にあるストーリーを語れるような方法を見つける必要があった．

　採用されたデザインのアプローチは，機知に富んだメッセージングと特徴あるグラ

フィックを組み合わせ，機能的にも感情的にも効果を発揮し，しかも小さなスペースでそれを実現するアプローチだった。最初にターゲットとしたのは卸売市場で，全国規模の流通業者とスーパーのバイヤーの目に留まることだった。デザインチームは，すぐさま新しいラベルの瓶のモックアップを制作し，さらにプレゼン用の資料もデザインして，Eat 17 のチームが商談で使えるようにした。このプロジェクトには，ウェブページ，業界紙向けの広告，POS 表示のデザインも含まれた。Together Design の Katja Thielen は，次のように語っている。「製品の名前をできるだけ大きく黒地に白でデザインして，最大限に目立たせることにしました」。

　ベーコンジャムの USP（ユニーク・セリング・ポイント）を伝えることが重要だった。そこで，価値提案文を作成して，プレゼン，広告，オンライン，パッケージで一貫して使用した。この製品の風変わりな性質をあえてセールスポイントにし，「ジャム？　スプレッド？　それとも付け合わせ？」というコピーをあしらった。どの製品カテゴリーなのかという問題にすぐさま対応し，多用途であることをアピールしたのだ。

> デザインは，継続的な成長において非常に重要な役割を果たしています。売り上げが拡大しただけでなく，このデザインがなかったら当社のような会社には目もくれなかったであろう大手小売店が取り扱ってくれるようになりました。Together Design のおかげです。（Eat 17 のオーナー，James Brundle）

結果

大手スーパーの Tesco との商談に先がけてデザインが完成し，首尾よく製品を置いてもらえることが決定した。Booths および Waitrose からの注文も確立し，国内各地の農産品小売店に商品を卸している Cotswold Fayre からの注文は 2 倍に伸びた。また，多数のメディアに取り上げられ，雑誌『Stylist』と『Vogue』では「贈って喜ばれるギフトアイテム」として紹介された。デザインプロセスがもたらした効果は，あらゆる期待を上回るものだった。新しいデザインの導入前の 10 か月間の売上高は 3 万 4,000 ユーロだったが，導入後の 10 か月間は 12 万ユーロで，実に 250％ の伸びとなった。また，2014 年には，デザインビジネス協会の「デザイン効果賞」のブランド食品パッケージング部門を受賞した。

> Eat 17 Bacon Jam の成功から自信を得て，多数の新製品を開発しました。Chili Bacon Jam や Onion Jam などが，すでに流通しています。（James Brundle）

主な結果		
250%	86,000 ユーロ	120%
10 か月間の売上高成長率	売上高の増額	ROI（投資収益率）

ケーススタディ　See.Sense

インベスト北アイルランドのイノベーション・技術ソリューション責任者，Vicky Kell は，インダストリアルデザインとブランドを活用してクラウドファンディングを成功させ，大幅な商業的成長を達成した See.Sense についての概要を説明している。

国	イギリス（北アイルランド）
業種	製品開発のスタートアップ
期間	12か月
デザイナー	Part Two

背景

See.Sense は，北アイルランドのニュートナーズにあり，定評ある自転車技術を開発している。現在の主力製品は自転車用ライトだ。インテリジェントなセンサーを使用して，交差点や交通量の多い場所，街灯があまりない場所などに来ると明るくなり，短い間隔で点滅する。See.Sense 設立者の Philip McAleese は，自転車通勤をしていた自分の経験に基づいて，スマートフォンに搭載されている環境センサーと最新の高輝度 LED ライトを組み合わせて新しい種類の自転車用ライトを開発した。この革新的なコンセプトがほかの自転車用ライトと異なることは確信していたが，市販されているほかの製品を研究した結果，どれも非常に高いレベルのインダストリアルデザインが施されていることに気付いた。しかし，See.Sense にはそのようなデザインの専門性がなかった。

> 当社の製品にとってデザインはきわめて重要です。ユーザーがどのように使用するかだけでなく，どのように認識するかを左右します。このブランドを見た時に何を見るか，何を考えるか，何を感じるかに影響しています。(See.Sense のマーケティング・人事責任者，Irene McAleese)

デザインの効果

See.Sense は，インベスト北アイルランドのデザイン開発制度を利用して，スキルギャップを埋める専門的なノウハウにアクセスすることにした。製品を発売するには，インダストリアルデザインだけでなく，製品のアイデンティティとパッケージも開発する必要があった。ベルファストのデザイン会社，Part Two と協力して，ユニークなビジュアル言語と強力なブランドを開発した。また，知的財産権の登録という，しばしば高価で複雑なプロセスを経るためのサポートも，インベスト北アイルランドから受けた。See.Sense は，デザイン思考を初期の段階で取り入れたことが貴重だったとしている。早い段階から潜在顧客と協力して，受けたフィードバックを製品開発に反映させた。これにより，潜在顧客が開発プロジェクトの一員だと感じるようになっただけでなく，ユーザーのニーズを満たす製品が出来上がった。

美しさと機能性は，何度も試作して改良を繰り返します。製品のプロトタイプをすばやく提供して顧客からフィードバックを得ることで，1回のステップが大きくなりすぎないように気を付けています。（See.Sense のオーナー兼 CEO, Philip McAleese）

結果

　　See.Sense は，顧客中心のアプローチを継続して，クラウドファンディングの Kickstarter で製品をローンチすることにした。資金集めのキャンペーンは 30 日間を予定していたが，わずか 8 日半で目標額に達した。30 日間の終了時までには 500 人以上のバッカーを集め，当初の目標額の 3 倍以上を調達した。発売後 1 年間で国内外の受賞は 14 件に上った。今では 45 か国で販売されていて，自転車用品の世界最大のオンラインショッピングサイト，Chain Reaction Cycles でも取り扱われている。製品に寄せられる多数のすばらしいレビューが，会社の推進力を増大させている。雑誌『Cycling Active』は，「これほど賢い自転車用ライトはこれまで存在しなかった。ユーザーにとって重要なことだが，それ以上にこのライトを見る相手にとって重要なことだ」。See.Sense は，野心的な製品ラインの開発計画を持っている。目標は，自転車技術の有力なブランドとなることである。これを達成するには，デザインが事業戦略の中心に据えられていなければならない。Irene McAleese は次のように語っている。

　　デザインは，今も，これからも，当社の事業にとって不可欠な要素です。

主な結果		
14 回	45 か国	3 倍
国内外の受賞回数	販売国数	クラウドファンディングの目標到達額

ケーススタディ　SPP/Edward Martyn Concrete Designs

　　このケーススタディは，デザインストラテジストの Lynne Elvins と SPP の Martyn Fear に提供してもらった。

　　SPP は，建設業界向けにプレキャストコンクリート製品（リンテル，土台，キーストーン，隅石，デザイン済みのポーチコなど）を設計・製造している。15 人の従業員を擁し，その延べ経験年数は 40 年強だ。CAD デザイン，設計，製造，仕上げのフルサービスに対応し，大規模な建物から個人住宅まで，あらゆる規模のプロジェクトで建築家やエンジニアが必要とするプレキャストのソリューションを提供している。プロジェクトは，技術チームと制作スタッフによって管理・モニターされている。

背景

　　SPP は近年，よりクリエイティブなデザインサービスや高価値の製品が絡むプロジェ

クトを依頼されるようになった。例えば，あるブランドの蒸留酒のボトルに使うコンクリート製キャップのデザイン，ロンドンの瀟洒なオフィススペースの受付デスクと流線型の洗面台などだ。さらに，木片とコンクリートを混ぜて，軽量性とサステナビリティに優れた「ウッドクリート」という材料も開発している。SPP の社長，Martyn Fear は，これらのクリエイティブなプロジェクトがコンクリート 1 トン当たりの収益をはるかに向上させることに気付いたが，その事業機会を追求するには顧客との関係を上手に管理するデザイン主導の新しいプロセスが必要だと感じた。

デザインの効果

2013 年，Martyn Fear は，ロンドン芸術大学で表面デザインを学ぶ学生，Katie Thomas からアプローチされた。Thomas はテキスタイルのデザインを学んでいたが，コンクリートの特性を探究してみたいと考えていた。Fear は Thomas を SPP に招き，工場に専用のオフィススペースを設けて，アイデアを開発し技術サポートを受けられるようにした。この結果，3 つのコンクリート家具がデザインされ，ロンドンのイベント「New Designers」で展示された。

このプロジェクトからインスピレーションを得た Fear は，社内で手がけているすべての高価値プロジェクトを見直した。デザイン済みの製品を制作するクリエイティブなプロジェクトには異なるレベルのデザイン品質とデザインマネジメントが必要になることは理解していた。このため，Fear は，新しいデザイン事業部門を設置して，この側面での事業を開発することにした。こうして設立された Edward Martyn Concrete Designs は，スペシャリストがディテールに注意を払って制作する必要のある高価値なプロジェクトを手がけている。特にプロジェクトの初期の段階で，異なるレベルのデザインサービスを顧客が要求するタイプのプロジェクトだ。

Thomas との関係が大きな成功を収めたことから，Edward Martyn Concrete Designs は彼女を雇用し，デザインのプロジェクトに引き続き携わるほか，新しい「デザインハブ」の統括も引き受けてもらった。この部署は，大学院生のデザイナーグループを会社に取り込む役割を果たしている。このデザイナーたちが製造サイドからのサポートと技術的なノウハウを受けながら，芸術作品，家具，照明器具などとして使われる新しいクリエイティブなコンクリートのデザインを開発している。

新しい戦略的方向性の主な要素

計画策定：
- 社長の Fear が旗振り役となってデザイン思考を事業活動に統合している。
- プロジェクトマネジャーは，引き続きリーダーシップを取っている。
- シニアマネジャーは，SPP から転籍し，Edward Martyn Concrete Designs のデザインマネジメントの責任を負っている。
- 新規事業の予測が財務計画に組み込まれ，目標額に到達している。
- 高価値のプロジェクトを依頼してくる顧客には聞き取り調査を行って，カスタマー

サービスに対する期待をあらかじめ把握している。

プロセス：
- この新規事業部門は，高価値な顧客のプロセスに対応することを目的として設立された。
- 事業の2つのサイドが異なる段階で注意を必要とし，顧客の期待にも違いがあることを認めている。
- デザインハブは，信頼関係，クリエイティビティ，柔軟性，尊重，コンクリートに対する情熱を業務上の理念に掲げている。

専門性：
- 社内のプロジェクトマネジャーは，引き続きリーダーシップを取っていて，マネジメントのスキルを有している。
- 社外のデザインサービス会社に発注して，新しいブランディング，コミュニケーション，サービスの開発を手がけている。
- 社外のデザインアドバイザーに依頼して，新製品開発やデザイン戦略のレビューに参加してもらっている。
- 大学院生のデザイナーが参加してデザインハブを支え，会社とパートナーシップを組んで新製品を開発している。

リソース：
- 取締役会との交渉を経て，ブランディング，ウェブサイト開発，写真，コミュニケーション資料のための新規予算が Edward Martyn Concrete Designs に確保された。
- 新しい作業スペースを工場内に設けたほか，新しい中2階のフロアを改装して付加的なスペースを作った。
- クリエイティブハブに専用の製造機器や技術サポートが割り当てられている。
- 新しいショールームを社内に開設したほか，ロンドンにパートナーショールームを開設することも検討している。

結果

　Edward Martyn Concrete Designs は，新規事業を着々と開拓し，新しい製品ラインを開発しつつある。ロンドンの展示会「100%Design」を訪れたことから，イギリスおよび国外の製品デザイナーと新しい協力関係が作られるようになった。コンクリート製のダイニングテーブルを受注製造した後，既製品のコンクリート家具の製品ラインを開発し，小売販売の可能性も協議中だ。Edward Martyn Concrete Designs は，2015年にロンドンで開かれた「Evolving Concrete」に出展し，多岐にわたる新製品と新サービスを紹介した。

ケーススタディ　Myddfai

　　Myddfai Trading Company の社長，Mike Hill は，デザインがいかに事業を変化させ，次なるレベルの商業的成長を可能にしたかを説明している。Myddfai は，デザインアドバイザーの Lynne Elvins と協力してこのプロジェクトを進めた。

　　Myddfai は，2010 年に設立された非営利の社会事業会社だ。そのミッションは，学習障害のある成人に対して地元コミュニティで雇用とボランティアの機会をもたらすことにある。社長の Mike Hill のほかに 2 人のフルタイム従業員がいて，7 人のボランティアからなるチームがイギリス・西ウェールズの工場で働いている。

背景

　　Myddfai は，ハーブティー，バス用品，ボディケア用品など，地元ウェールズ産の原材料を活かした製品を製造・販売している。ベストセラーはバス用品とボディケア用品で，売上高の 70％ を占めており，これが再開発の焦点だった。これらの製品は，主にホテルやベッド・アンド・ブレックファスト［英語圏各国において小規模な宿泊施設で利用できるものやサービスのこと］市場で販売されている（購入企業の 75％）ため，この市場に向けたデザイン変更も目標としていた。Myddfai は公的資金援助を受けていたが，その期間が終了間近に迫っていることもあり，売上拡大を急務としていた。年間売上高は 5〜6 万ポンドだったが，そのうち 50％ が援助収入だった。Myddfai は，年間売上高を 2 万 5,000〜3 万ポンド伸ばし，自己採算が取れる事業にすることを目指していた。

　　しかし，現行の製品は「ラグジュアリー」とは見なされておらず，にもかかわらず「高すぎる」と見られていた。これは新規事業にとって大きな課題である。

　　　　端的にいって，当社は競争力を欠いていました。差別化ポイントが明確でなかったのです。ブランディングの変更によって，この認識を変化させることができました。新しい製品のおかげで必要としていた売上拡大が達成できました。高級ホテルと初のライセンス契約を交わし，そのホテルの顧客体験の一部となる「Myddfai Spa」という高級感のある製品を製造しています。（Myddfai の社長，Mike Hill）

　　零細規模の会社にとって，デザイン予算は捻出が難しいものだ。Myddfai はそれまで社内でラベルをデザインしており，ウェブサイトのデザインだけを外注していた。そこで，新しい戦略をサポートしてもらうため，デザインアドバイザーに依頼した。今では，ブランディングとパッケージングのデザイナーのほか，E コマースを拡大するためのデジタルサービス会社とも協力している。これまでに投じた費用は 2 万ポンドで，事業経費に占める割合としてはかなり大きいが，この投資から明らかなリターンが得られている。

新しい戦略的方向性（Mike Hill の談話）

　　この新しいデザイン戦略は，見た目を良くするという以上の意味合いがありました。当社の事業の位置付けを変え，未来を確保する戦略だったのです。その結果，顧客にとっての変化を上回るものがもたらされました。私たち自身が大きな自信を得て，新しい製品を誇りに思うようになりました。この戦略投資をもっと早くにすべきでした。それほどの違いをもたらしたのです。

　当社は零細企業ですから，デザインマネジメントの正式なプロセスがあるというよりは，社外の関係に頼っています。しかし，今ではデザインブリーフを自分たちで書き，プロジェクトの計画を策定できるようになりました。社会的企業［収益をあげながら社会的問題の解決を行う会社］ということもあり，費やすお金から大きな見返りを得る必要があります。デザイナーには当社のことをよく知ってもらい，価値観を真に理解してもらわなければなりません。単に製品を販売するだけでなく，従業員の生活に違いをもたらしている会社なのです。このことがブランディングで失われないようにすることが重要です。

　短期的には，新しいブランドの新しい製品から収益を計上し続けています。ロンドンで開かれたホテル業界の展示会「Hotelympia」で新しいデザインのブースを出展して新製品を発表し，以来，新しい販促資料を使ってウェールズの独立系高級ホテルを主なターゲットに販路を開拓しています。また，ブティックホテルにアドバイスしているインテリアデザイナーとも新たに関係を構築しました。

　長期的には，ウェールズ以外にも事業を拡大し，イギリス全土，さらに国外にも広げていく計画です。製品ラインの新しいアイデアも複数あります。ホテル市場での浸透に伴って，消費者向けの販売も拡大したいと思っています。これまでは，社内でデザインすることで経費を節約することを重視していましたが，その姿勢を改め，プロのデザイナーに投資し，戦略を持つことを重視するようになりました。数千ポンドという投資には勇気がいりましたが，リターンは明らかです。また，ラベル印刷機や製造機械にも投資して，生産能力も拡大しました。

　売り上げが伸びるということは，究極的により多くの人たちに有給・無給の雇用機会を提供できることを意味します。以前にもデザイナーに依頼したことはありましたが，あまり効果が感じられませんでした。デザインアドバイザーを使ったことで，自分たちが何を達成したいのかという全体的な戦略をよりよく理解できるようになりました。また，今まで経験したことのなかったデザインブリーフや発注のプロセスも指導してもらうことができました。社内では，今や全員がデザインの価値を認識しています。社外的には，ブランディング，パッケージング，デジタルサービスという，それぞれの専門スキルを持ったプロのデザイナーと協力できるようになりました。

結果

売上高が大幅に拡大し，会社の評判もますます高まりつつある。Myddfai は，以前であれば決して開拓できなかった新しい顧客を持つようになった。さらに，国外からも新規契約が舞い込んでいて，初めてスパとの提携も結んだ。次なる目標は，年間売上高をさらに 4 万ポンド上乗せし，長期的に事業を存続・拡大していけるようになることである。事業拡大を見越した生産能力もすでに有しており，「マーケティングと E コマースの強化でこれを達成します。最終的な目標は，チームの人数を増やすことです」と，Mike Hill は語っている。

ケーススタディ　Feonic

このケーススタディは，Feonic の社長，Brian Smith に提供してもらった。

Feonic は，1994 年に Newlands Technology の社名で設立された。設立者はハル大学の研究者グループで，スマートマテリアルの制御・応用のソリューションを開発することを目的としていた。1999 年 9 月に OFEX 証券取引所（現・ISDX 証券取引所）に株式公開し，2004 年に Feonic PLC に社名変更した。Feonic という名前は，鉄の元素記号である「Fe」に，「音波」や「音速」を意味する「Sonic」を組み合わせたものである。きわめて高い超音波の周波数でありながら人間の耳に聞こえる音を生成する技術を持っていたためだ。

背景

現社長の Brian Smith は，それまでの 21 年間にわたり，イギリスでも有数の製品イノベーションのコンサルティング会社の成功の原動力となっていた。Feonic が初の消費者向け製品「Soundbug®」を開発するに当たり，このプロジェクトに携わることになった。Feonic の設立者兼会長，Brenda Hopkins は，将来の開発にとってデザインがいかに重要かを認識した後，Smith に転職を説得して，2001 年に社長として迎え入れた。Feonic では現在，エンジニアと研究者で構成される技術チームとデザイナーチームが協力することで，技術を価値のある製品にする作業が進められている。

この技術の仕組みを話し始めると，Smith は途端に情熱的になる。絵や図を描いて，この驚異的なスマートマテリアルがもたらす巨大な事業機会を説明し始める。人間がどのように音を聞くか，これまでの技術と比べてはるかに意識的な方法でどのように音を管理・制御できるかに関して，無限の可能性があるという。

> Feonic は技術会社ですが，デザインを製品や思考に統合することで，技術を非科学化し，可能なかぎりユーザーフレンドリーにしています。（Feonic の社長，Brian Smith）

新しい技術の商業化には時間がかかるものだ。その過程では，商業的可能性をほかの

人が理解できるかどうか，抜本的に異なる製品の未来を信じてくれるかどうかという点で他者に依存しなければならないため，独自の難しさもある．Feonic にとっては，このコンセプトや技術を分かりやすく説明して科学知識を啓蒙するとともに，世界中の多数の人が利用するような事例を示すことが重要だった．消費者向け製品の Soundbug は，コンピュータのマウスほどの大きさの装置で，共振性のある表面を巨大なスピーカーに変えることができる．これが Feonic の技術を具体化し，会社の未来をかけたデザインの出発点とするうえで最適なアプローチだと思われた．

デザインの戦略的使用

　Feonic は，デザインの戦略的重要性を認識しており，デザイン思考をあらゆる活動で重視している．個別のプロジェクトでのデザインの使用に留まらず，技術がもたらす可能性を視覚化し，その潜在性をコミュニケーションする手段として，戦略的にデザインを活用するという理念を掲げている．技術開発を主体とする会社であることから，潜在的なパートナーやバイヤーを説得して，これを採用するリスクを取ってもらうことが，大きな課題になる．これを達成するための主な手段がデザインだ．会社と製品のアイデンティティ，ウェブサイトのデザイン，コーポレートコミュニケーション，サードパーティ向け資料，印刷媒体，ブランド表現，さらには装置の基本を構成するエンジニアリングにおいて，デザインは常に使用する定数となっている．

　このデザイン理念は主に，長年にわたって世界の大手ブランドの多数の製品を社外デザイナーとして開発してきた Smith の経験に基づいて策定された．なかでも特に重要な要件となっているのが，会社と製品に関する社内のデザイン業務のあらゆる側面を管理し，同時にそのデザインプロセスをコントロールする手段としてマイルストーンを設定して主な商業的成果物と組み合わせることである．やや珍しいアプローチだが，これによって，技術，デザイン，コスト，特徴の要件だけでなく，商業的な関心や普及の可能性という両面を現実的にとらえられるようになる．このプロセスには 8 人の従業員が関与していて，うち 3 人は経験豊富なデザイナー，2 人はインダストリアルデザインとプロダクトデザインの専門家，残りはテキスタイルデザインの専門家である．このチームが，複数の専門領域を代表する技術チームと一緒に作業する．技術チームの 3 人のメンバーは，エレクトロニクス分野のエンジニア，磁気物理学の専門家，そして磁歪マテリアルの博士号を持ちこのチームのリーダーを務める技術責任者である．

　2001 年以前，Feonic の技術チームは，デザインをそれほど意識したことがなかった．しかし，知的財産権の取得と商業的な取引関係で次第に成功を収め，常に問い合わせを受けるようになった（月 50 件に上ることもあった）ことから，チームの文化が変化し，デザインの重要性を認識するようになった．今では，デザインの活用を新しい業務のあり方の中心に置いていて，デザイン上の課題がチームをまとめる要因になっていると考えている．Smith は視覚的な表現技法を常に使用して，重要な問題を探究したりコミュニケーションしたりする際の手段としている．

デザインの効果

　2001年までには，Feonicの第1世代の技術がいくつもの製品に開発された。いずれも表面をスピーカーに変えるもので，Soundbug® のほかに「Feonic® Presenter」と「Whispering Window®」があった。これらの製品は，Feonicの技術がどのように実用され得るかを示すものだった。Soundbugは，2003年に「レッド・ドット・デザイン賞」，2006年に「iFプロダクトデザイン賞」を受賞。またFeonicは，2004年にイギリス・エレクトロニクス・インダストリーズの「ベスト・ユース・オブ・ニュー・テクノロジー賞」を受賞した。第2世代の製品は，第1世代に基づく3年間の研究開発の末に完成し，従来型のスピーカーを上回る高い音質，広い周波数，聞き取りやすさを達成した。

　世界特許を取得したスケーラブルなデザインは，ポータブルな小型機器に応用することもできれば，建物の壁や床を使って非常に高品質なサウンドシステムを作るのに使うこともできる。これらを完成させる源となったのが，デザイン開発を重視すると同時に商業的な制約にも注意を払うことで，コンシューマー市場とプロフェッショナル市場の両方にアピールする幅広い製品ラインを追求した二面的なアプローチだった。将来的には，出力する信号からフィードバックを受けて雑音を制御する装置も計画されている。

　この技術は，多岐にわたる応用の可能性がある。Feonicが検討した初期のアイデアだけでも，胎動刺激，ピストン式ドリル，小児用ポンプ，動力学的なひげそり，吊り橋の安定機構などがある。これらの可能性を現実のものとして実現できるかどうかは，デザイン主導の理念にどれだけ有効に投資し，商業化に向けた効果的なルートを見つけられるかどうかにかかっている。

4.3　ディスカッション

　5つのケーススタディを通して見ると，競争の激しい困難な市場に食い込もうとする際に使われる特徴的なマーケティング戦略が2つあることが見えてくる。デザインは，これらのマーケティング戦略を信頼性が高く顧客から好まれる有形な製品に変えるための戦略的な検討段階で使われている。紹介した企業の多くは零細規模の事業で，大きな金銭的リスクを取ってアイデアを市場に送り出したが，その根底を支えたのが，デザインによって商業的な成功がつかめるという固い信念だった。

　このうちの3社，Eat 17 Bacon Jam，SPP/Edward Martyn Concrete Designs，Myddfaiは，事業開発計画の策定と実行に関して明らかにマーケットプルの戦略的アプローチを取っている。いずれもニッチ市場があることを特定していたが，そこで成功できるかどうかは保証されていなかった。マーケットプル戦略に批判的な人々は，特定の市場セクターに活動の機会を見つけたとしても，その結果として必ずしも発明品が成功するわけではないと論じている。機会があるのにニーズがうまく満たされていないとい

う事例はなおも多数存在する。これら3社のマーケットプルの事例は，根本的に新しい画期的な製品を提供したケースではなかった。これは製品カテゴリーによるところも大きい。この3社の成功を導いた要因は，デザインを使って直近の競合製品から明らかに差別化したことだった。

　デザインと技術が欠かせなかったマーケットプルの好例としては，デジタルカメラが挙げられる。過去何十年もの間に，カメラはユーザーのニーズの変化に対応するかたちで進化してきた。小型軽量でありながら，多数の写真を保存できるカメラが求められてきたためだ。これらのトレンドに加えて，写真編集ソフトが登場したことも，カメラの進化に影響した。

　対照的に，See.SenseとFeonicの事例は，純粋な技術を市場で売れる製品に変えるという点でデザインが及ぼす影響力を物語っている。いずれも小さな会社だが，これらの製品の力で国際的な市場を開拓することができた。競合他社に先駆けて技術を商業化した結果として，かえって悪評を立ててしまうケースは多々ある。しかし，この2社は，なおも市場や消費者の変化に注意を払っていて，それぞれの市場で第一人者としての地位を維持している。See.Senseは，顧客を開発段階に巻き込み，いわば共同開発するようなかたちで，具体的なニーズに応える製品を完成させた。会社と顧客の間の境界線をあえてぼやかしたことで，イノベーションが実現した。

この章のおさらい

主なポイント

1　デザインは，差別化の重要な要因となる。
2　デザインは，ユーザーからのフィードバックを促すことができる。
3　デザインは，近未来を予測するためのプラットフォームである。
4　デザインは，組織の姿勢や態度を変化させることができる。
5　デザインは，純粋な技術をエンドユーザーに結び付ける。

チェックリスト

- デザインは，会社としての明確なメッセージを伝えるすばらしい手段である。
- エンドユーザーは，新製品開発にとって貴重な洞察に富んだフィードバックを提供することができる。
- 革新的な「デザインハブ」は，クリエイティビティを開花させるうえで優れたプラットフォームである。ただし，成功させるには，ほかの業務活動に慎重に統合する必要がある。
- デザインは，製品やサービスを差別化しようとする際の重要なツールである。
- デザインを早期に検討することで，事業計画活動の長期的な成功を導くことができる。

復習の問い

Q1 Eat 17 Bacon Jam：この風変わりな製品のメリットを知らないオーディエンスに導入するために，デザインをどのように使用したか。

Q2 Eat 17 Bacon Jam：製品を新しい顧客に対して慎重に位置付けるうえで，ほかにどのようなマーケティング戦略を使うことができたか。

Q3 See.Sense：専門的な知識やノウハウを伝えて後の「派生品」のアイデアを得るうえで，ほかにどのような方法で顧客を使うことができたか。

Q4 See.Sense：デザインのスキルギャップを克服し，アイデアを商業化するに当たって，この小さな会社はどのように問題を克服したか。

Q5 SPP/Edward Martyn Concrete Designs：コンクリートの知識がないデザイン専攻の若い大学院生と協力したことで，会社にどのようなメリットがあったか。

Q6 SPP/Edward Martyn Concrete Designs：新しいデザインハブを開発するに当たって，どのような落とし穴にはまる可能性があったか。そのことを念頭に置いて，会社の経営陣は，どのようにデザインハブを会社に深く統合する計画を立てたか。

Q7 Myddfai：高級路線に転換するために，どのようにデザインを活用したか。この戦略的アプローチは，一般的に何と呼ばれているか。

Q8 Myddfai：この会社のデザインの戦略的アプローチをデンマーク・デザインカウンシルの「デザインラダー」に当てはめるとすれば，どこに位置するか。

Q9 Feonic：業界知識の豊富なデザインストラテジストを雇い入れて，技術主導の会社を未知の市場主導の機会へと導くことにした理由は何だったと思うか。

Q10 Feonic：すべてのケーススタディを見渡したうえで，中小企業がデザインマネジメントを実践しようとする際にしばしば直面する課題にはどのようなものがあると思うか。

プロジェクト用の課題

Q1 Eat 17 Bacon Jam について，主力製品を直近の競合製品から明確に差別化するためのマーケティング戦略を策定する。

Q2 自分自身のクリエイティブなアイデアを開発するクラウドファンディングのキャンペーンを実施するとしたら，どのように実施するか。

Q3 自分の組織内にデザインハブを設置すると仮定して，その成功にとって欠かせない5人の人物（または5つの部署）を特定できるか。

Q4 製品カテゴリーを当初の大衆市場から高級市場（すなわちニッチ市場）に変更するための包括的なブランド戦略を策定する。

Q5 Myddfai のブランドを表現する非視覚的な説明とふさわしいロゴを作成する。特に，このブランドを新しい顧客に認識してもらうには，新しいポリシーが必

要になる可能性がある。

- **Q6** デザインに特化したサービスを提供するための SPP/ Edward Martyn Concrete Designs のミッションステートメントを策定するうえで，組織にどのような変更が必要になるかを説明する。
- **Q7** SPP/Edward Martyn Concrete Designs のデザイン主体の事業にとって重要な側面を調べるための簡潔な質問票を作成する。この質問票は，顧客満足度を調べる内容に調整し直して，PR 会社やマーケティング会社で使用できるかもしれない。
- **Q8** Eat 17 Bacon Jam に関して，広告ではなく口コミから新規事業を開発するための経営計画にどのようにデザインを活用できるかを説明する。
- **Q9** Feonic のケーススタディを考察したうえで，同社が新製品を新市場に向けて開発するのであれば，どのようなプロセスを経てどのようなスケジュールで商業化すべきかを説明する。
- **Q10** Feonic の現行の製品ラインを拡大できるようにする製品サービスシステムの枠組みを策定する。

推薦文献

Brown, T (2009) Change by Design: How design thinking transforms organizations and inspires innovation, HarperCollins, New York［邦訳］『デザイン思考が世界を変える － イノベーションを導く新しい考え方』，早川書房，2014

Brown, T and Martin, R (2015) Design for action, *Harvard Business Review*, 93 (9), pp 56-64 ［邦訳］『ダイヤモンド ハーバードビジネスレビュー 2016 年 4 月号 特集「デザイン思考の進化」』，「新しい考えを組織に浸透させる「導入デザイン」IDEO 流実行する組織のつくり方［Design for Action］」，ダイヤモンド社，2016

Buchanan, R (1992) Wicked problems in design thinking, *Design Issues*, 8 (2), pp 5-21

Johansson-Sköldberg, U, Woodilla, J and Çetinkaya, M (2013) Design thinking: past, present and possible futures, *Creativity and Innovation Management*, 22 (2), pp 121-46

Ward, A, Runcie, E and Morris, L (2009) Embedding innovation: design thinking for small enterprises, *Journal of Business Strategy*, 30 (2/3), pp 78-84

ウェブリソース

Danish Design Center
　デンマーク・デザインセンターは，デンマークの国立機関で，事業におけるデザインの活用を支援している。デザイン業界を強化するともに，国内外で注目されるデンマークならではのデザインを記録し，開発し，ブランディングすることも活動目的に掲げている。このウェブサイトでは多岐にわたる無料のリソースを提供していて，北欧デザインの「今」を理解するうえで重要なポータルとなっている。
　http://danskdesigncenter.dk

Betterbydesign
: ニュージーランドの主要業界組織として，実業界におけるデザインを振興している。このポータルには，デザインの価値を特に中小企業に対して説明する多数のケーススタディが掲載されている。
http://www.betterbydesign.org.nz

Red Dot
: 国際デザイン賞の「レッド・ドット・デザイン賞」は，コミュニケーションとプロダクトデザインという2部門のデザインを選定している。1955年の創設以来，毎年実施されていて，デザイナーやプロデューサーが応募できる。受賞作品は年1回の授賞式で発表された後，ドイツ・エッセンのツォルフェアアイン炭鉱業遺産群にあるレッド・ドット・デザイン・ミュージアムに展示される。
http://en.red-dot.org

Design Thinking: Thoughts by Tim Brown
: IDEOのCEO兼社長，Tim Brownが執筆するすばらしいブログ。デザイン思考とイノベーションが世界中のビジネスピープルやデザイナーにとっていかに重要かをしばしば論じている。Brownは，スイス・ダボスの世界経済フォーラムに参加しており，TEDでも講演経験がある（TED.comの「Serious Play」と「Change by Design」）。非常にお薦めのブログだ。
https://designthinking.ideo.com

Harvard Business Review: 'Design thinking comes of age' [邦訳]『ダイヤモンド　ハーバード・ビジネス・レビュー 2016年4月号　特集「デザイン思考の進化」』，「シンプルさと人間らしさをもたらすツール　デザインの原則を組織に応用する［Design Thinking Comes of Age］」，ダイヤモンド社，2016
: ハーバード・ビジネス・レビューに掲載された記事で，ビジネスアジェンダの中心にデザインを据えている。つまり，デザインがイノベーションを牽引する戦略的要因としてビジネスとマネジメントのコミュニティから認識されていることを意味する。
https://hbr.org/2015/09/design-thinking-comes-of-age

デザインのビジョン
国の資産

CHAPTER 5
第5章

この章の狙い
- グローバル化が進むなかで国の資産としてのデザイン振興が果たす役割を批判的に考察する。
- デザイン主導のイノベーションを奨励する戦略的方策としての国のデザイン支援制度を紹介し探究する。
- クリエイティビティとデザインの相互関係を精査し，これがどのように製品イノベーションにつながるかを考える。
- サービスデザインの多様性と，サービスデザインがイギリスのダンディーという小さな街に及ぼしている影響を議論する。

5.1 はじめに

　この章では，国の経済にデザインがどのように寄与するか，行政レベルで戦略的に管理すればデザインがどのように生産性と国の競争力を高められるかを紹介し議論していく。イギリスのデザインカウンシルやデンマークのデザインセンターをはじめとする各国のデザインカウンシルは，デザインに対する理解を広め，デザインが事業成長と社会開発をどのように支えるかについての認識を啓蒙する主要機関となっている。これらの組織は，幅広いオーディエンスに対してデザインのメリットを説くうえで重要な役割を果たしており，しばしば懐疑的なオーディエンスを相手に，デザインに対する関心を高め，デザインという職業の価値を訴えている。

　この議論に続いて，この章では，国のデザイン支援制度に目先を転じ，こうした政策がデザイン主導の成長をサポートする環境を育むうえでいかに重要な役割を果たすかを見ていく。この種の制度から恩恵を享受する者の大多数は中小企業だ。こうした制度では，個別の事情に適した専門的な知識やノウハウにアクセスすることができる。カスタマイズされたワークショップやメンタリング制度を通じて，デザインが事業活動にもたらす価値を総合的に理解できるようになる。

　デザイン政策やデザイン支援制度だけでなく，この章ではさらに，ユネスコ創造都市

ネットワークについても取り上げ，特に「創造都市 ― デザイン」に認定されるメリットを考察する。デザインが都市にもたらす幅広い経済的・社会的なメリットのほか，このようなネットワークがどのようにイノベーションと商業的な成功を育むかという観点から，デザインとクリエイティビティを探究する。研究開発と生産を統合させてアイデアやコンセプトを市場に送り出すうえで，デザインがいかに中心的な役割を果たすかに焦点を当てる。

最後に，スコットランドにあるダンディー大学の Mike Press 教授の寄稿を紹介する。サービスデザインがダンディー市をどのように変えているか，特にユネスコのデザイン創造都市になる過程でどれだけ重要な役割を果たしたかについて，詳細に解説する。

5.2 各国のデザイン投資の概況

過去何年にもわたって多数の国がデザイン振興に投資してきた。その目的としては，国際社会でのイメージアップ，デザインの価値や製品の品質に関する国内消費者の啓蒙，デザインが企業の業績にもたらすメリットに関する国内実業界の啓蒙などが挙げられる（Raulik et al, 2008）。1940 年から 1960 年代までの激動の時代には，インダストリアルデザインを振興し支援するための専門組織を創設する国が増加した。よく知られた例には，イギリス，オーストラリア，カナダ，フランス，ポーランド，ドイツなどがある。これら組織が掲げた当初の目的は，大量生産におけるデザインの活用を促し，第二次世界大戦後の新しい市場構造で貿易や輸出を拡大するための資産とすることだった。イギリスのカウンシル・オブ・インダストリアルデザインが 1944 年に設立された後，1950 年にはポーランドのインスティテュート・オブ・インダストリアルデザイン，1953 年にはドイツ・デザインカウンシルが続いた。

1960 年代に入ると，デザインカウンシルの活動の重点がいくらか変化し，インダストリアルデザインだけに焦点を当てるというよりは，デザイン全般を広くとらえるようになった。興味深い例のひとつが，1963 年に設立されたノルウェー・デザインカウンシルだ。その活動の重点は，製造業のみを対象とするのではなく，幅広く一般市民を対象としてデザインについて啓蒙することだった。これらの動きと並んで，環境保護や社会的責任を果たすデザインという概念も登場し，新しく設立されたインダストリアルデザインのカウンシルは，純粋に産業界を志向するものではなくなっていった。イギリスのデザインカウンシルが組織名から「インダストリアルデザイン」を落としたのもこの頃である。

1990 年代にはアジアの多数の国でデザインが注目されるようになり，1993 年には韓国でデザイン政策が確立した。アジア諸国は，デザイン力の構築とサポートに大規模な投資を行った。デザインカウンシルの報告書（BIS, 2010）によると，韓国政府によるデザイン投資額は，GDP 比でイギリスの 10 倍近くに達した。韓国は，社内デザインチームを擁する企業数を 2 万社から 10 万社に増やし，デザイン業界の市場規模を 3 倍に伸

ばすという目標を掲げている（BIS, 2010）。この報告書では，中国でもデザインの重要性が注目されつつあることを指摘していて，「温家宝首相［当時］は『メイド・イン・チャイナ』から『デザインド・イン・チャイナ』に移行したい旨を明らかにしている」としている。デザイン教育への投資に加え，北京デザインセンターや北京デザインウィークなどの国家的な振興活動も行われ，これらすべてに首相が出席した（BIS, 2010）。

2000年以降，各地のデザインカウンシルの活動領域は拡大し，イノベーションを刺激して組織競争力を高めるためのツールとしてデザインを振興することに重点が置かれるようになった。しかし，興味深いことに，デザインが長期的な経済成長とサステナビリティや社会的責任を可能にするという見方は，今でもこうした活動の中心であり続けている。2016年現在，事実上すべての先進国が，国レベルのデザインを振興しサポートする何らかの活動を導入している。最近では，比較的規模の小さいEU加盟国でも，デザインを振興するための国家戦略の開発が見られるようになった。2004年にはエストニアでデザイン・イノベーション・センター，2007年にはマルタでデザイン・マルタ行動委員会が設立されている。

2013年9月には，EU全域の様々なレベルの政府でデザイン政策の策定が活発化した。EUレベルでは，加盟28か国すべてが参加するデザイン政策「デザイン主導イノベーションのための行動計画」が採択され，「ユーザー中心かつ市場主導のイノベーションのツールとして，研究開発のみならずデザインをより体系的に活用することで，ヨーロッパの競争力を高められる」（European Commission, 2013）と宣言した。このEUレベルのデザイン行動計画が策定されたのを受けて，ヨーロッパのデザイン関係者は，国や地方のレベルで行政に働きかけ，デザイン主導イノベーションを振興する政策や制度を要求できるようになっている。

デザイン振興活動の重点領域や実践状況は国によってばらつきがあり，様々なレベルが見られる。基本的なレベルでは，デザインの商業的・経済的メリットを（実業界に留まらない）幅広いオーディエンスに認識してもらうことが，一般に政府がデザイン振興にかかわる際の最初の活動となっている。次のレベルでは，主に企業（特に最も恩恵を受ける中小企業）を対象として，デザインをサポートすることが検討される。例えば，コンサルティングやアドバイザリーのサービスを提供し，さらにトレーニングや補助金を提供するなどの方策である。さらに進んだレベルになると，主要目標，ターゲット，行動などを盛り込んだデザイン政策やデザイン戦略が策定され，省庁レベルで承認されている。この種の計画を承認し実践している国は比較的少なく，顕著な例としてはフィンランド，デンマーク，韓国が挙げられる。デンマークでは，デンマーク・デザインセンターが国のデザイン政策を実行する中心的な組織となっている。これは，ポルトガル・デザインセンターの立場にも共通する。ほかには，韓国，インド，シンガポールが，それぞれ東アジア，南アジア，東南アジアのデザインハブとして認められたいという意向を強く打ち出している。

各国のデザイン振興活動の重点や方向性が国の強みや伝統によって大きく左右される

ことは，これまでにもよく指摘されてきた。これらの要因は，デザインに対する理解に影響を及ぼす。例えば，数あるクリエイティブ業界の一部分としてデザインを主に位置付けている国もあれば，イギリスやデンマークのように，多数のクリエイティブ業界に目を向けながらもデザイン自体がひとつの重要な活動であり業界であると見なしている国もある。フランスとイタリアは，特にファッションデザイン（なかでも高価値なラグジュアリー市場）に重点を置いている。ドイツは，製造とエンジニアリングの伝統があることから，インダストリアルデザインに特に関心を寄せている。社会と環境にとってサステナブルなデザインは，ヨーロッパや米国のようにデザイン振興の歴史が長い国で重要な役割を果たしていると見受けられる。また，中国は，インダストリアルデザインを重視しているが，アジアの他の国と同様に，サステナブルなデザインの重要性を認めるようになりつつある。日本は，高齢化が進んでいることを背景に，ユニバーサルデザインを重視している。イギリスのデザイン政策は，公共サービスデザインに注目していて，特に医療機関や交通機関のような非営利の公共セクターにエネルギーを傾けている。サービスデザインを重視する姿勢は，おそらくサービス産業が国の経済に占める割合の高さに関係していて，これは特にイギリスに当てはまる。

5.3　国によるデザインの支援

　国の競争力を高めて維持することを目的として，企業にデザイン投資を奨励するデザイン支援制度が多数作られてきた。特に，大手多国籍企業に比べて個別にカスタマイズされた支援を必要とする中小企業向けの制度が見られる。こうした支援制度は，デザインの専門知識を活用するよう動機付ける数ある政策手段のひとつだ。ほかには，税制優遇，輸出支援，メンタリング，補助金などの制度が考えられる。

　こうした政策の重点は，イノベーションの可能性を実現して市場に新しいエキサイティングな製品やサービスをもたらし，消費者を引き付けられるよう企業をサポートしていくことにある。ただし，支援制度の予算や活動の実践状況はまちまちである。情報発信は比較的安価にできるが，企業に及ぼす影響という点では限界がある。その反対に，1対1のメンタリングは多大な予算を必要とするが，しばしば大きなメリットが企業にもたらされる。

　支援制度にどれだけのエネルギーと労力をかけるかによって，コストは上がっていく。小規模な企業の多くは，制度が提供してくれるデザインの専門ノウハウから恩恵を受けることができる。デザインのメンタリングを受けた後，自信と能力を付けて，デザインにさらに投資できるようになる。スケーラビリティという点では，事業サポートをこのレベルで提供するのは財政的に限られた行政では不可能なこともある（実際，不可能であることが多い）。そこで，こうした活動の最もコスト効果の高い実践方法を模索するために，ヨーロッパの現在のデザイン政策やデザイン支援制度を調査するリサーチが，シェアリング・エクスペリエンス・ヨーロッパ（SEE）によって実施された（Whicher et al, 2015)。

　ヨーロッパで成功を収めているデザイン支援制度として紹介されたものには，以下の制度がある。

- **デザイン・リーダーシップ・プログラム・フォー・ビジネス**（旧称：デザイニング・デマンド）：国の支援制度の一環として，イギリスのデザインカウンシルが2007年から2012年にわたって運営した。デザインの専門家（「デザインアソシエイト」と呼ばれた）が中小企業を担当して，個別のニーズに合わせたサポートやメンタリングを提供した。
- **イノベーション・バイ・デザイン**：北アイルランドと西アイルランドのセンター・フォー・デザイン・イノベーションが運営した。2007年から18か月にわたり継続した制度で，ワークショップやリサーチのほか，アイルランドの6社にメンタリングを提供した。参加企業は15か月以内に，新規ブランドの立ち上げ，数百件ものアイデア生成，新市場開拓，新製品のプロトタイプ制作，製品開発プロセスの変更，改良した新サービスの導入，デザイン会社への発注とデザインブリーフ作成といった成果を出し，うち1社は社名を変更するに至った。
- **デザイン360およびデザインブースト**：デンマーク・デザインセンターの制度で，2010年に導入されたデザインブーストは，デザインラダーのステージ1またはステージ2にある企業を対象とした。参加した5社から各2人（うち1人はCEOであることが義務付けられた）が2週間にわたって一連の半日ワークショップを受講した。その狙いは，デザインが会社にどのように寄与するかについて，これらのビジネスリーダーに総合的な理解を持ってもらうことだった。デザイン360のほうは，デザインにある程度の理解があるものの，デザインラダーのステージ3（「プロセスとしてのデザイン」）またはステージ4に上がるためにサポートを必要としている会社を対象とした。10社強が参加し，それぞれの代表者各2人が，3日または4日にわたる一連のワークショップを受講した。この制度の狙いは，デザインを事業戦略の一部として統合する方法についての理解を構築することだった。これらのワークショップでは，マネジメント，戦略，ユーザーインサイトといったトピックについてのワークショップを開催しているデザイン会社を多数紹介した。この結果，参加者は実際にこれらのデザイナーに依頼して，独自の事業戦略を実行できるようになった。
- **デザイン主導イノベーション・プログラム**：ノルウェー・デザインカウンシル，イノベーション・ノルウェー，ノルウェー・リサーチカウンシルの制度。ノルウェー・デザインカウンシル（現：ノルウェー・デザイン＆建築センター）が2009年に実施した調査で，デザインを活用している企業はそうでない企業に比べてイノベーションのレベルが2倍高く，結果として特許出願数が4倍であることが報告された。この調査結果をまとめた政府の白書『An Innovative and Sustainable Norway』が

発行された後，ノルウェー・デザインカウンシルは，国の通商産業省からデザイン主導のイノベーションを活性化する企業向けの制度を開発するよう依頼された。多くの企業が製品開発の最終段階でデザインを使用していることが調査で示されたのを受けて，別のアプローチを奨励するためにデザイン主導イノベーション・プログラムが開発された。その狙いは，製品やサービスの開発プロセスの最初であるアイデア生成の段階にデザインを組み込むことだった。この制度は特にこの段階をターゲットにし，企業が持っているユーザー情報を現実的なコンセプトや事業機会に変えられるよう支援した。この制度の期間中，支援対象となった組織は，ユーザーリサーチ（ユーザーのニーズを発見する方法），事業機会の特定（ユーザーインサイトをデザインコンセプトに落とし込む方法），アイデアの明確化（デザインメソッドと業界知識を活用して，商業化のためのコンセプトを選択する方法）に関するサポートを受けた。

- **起業家とデザイナーのイノベーションをサポートする地域（REDI）**：これは EU 全域の支援制度で，EU からの 100 万ドル以上の予算で運営された。REDI は，「ヨーロピアン・デザイン・イノベーション・イニシアティブ（EDII）」のもとで EU が支援した 6 つの制度のひとつだ。REDI が目指したのは，地域レベルでデザイン主導イノベーションをサポートすることだった。主なターゲットは，経営コンサルタントや事業アドバイザーだった。これらの人たちは，事業の発展に大きな影響を及ぼし得る一方で，しばしばデザインに対して偏った見方を持っていて，狭い範囲の活動でのみ使用するものと考えていた。そこで，デザインがいかに有益かを認識してもらうことを目標とした。コンサルタントやアドバイザーに働きかけることは，最終的に企業がデザインの様々な専門領域をイノベーション戦略に組み込み，国際的に競争力を強化できるようになることを意味した。また，この制度では，コラボレーションを重視するデザインワークショップを開催してデザイナーを EU 各国の企業に紹介したほか，様々な形式の支援サービスを多数開発し試験運用した。REDI の活動を通じて分かったのは，ヨーロッパの事業ネットワークをサポートするに当たってはそれを取り巻く環境が大きな要因となるため，ヨーロッパ全域で効果を示す「万人向け」のサービスというものは存在しないことだった。

- **中小企業ウォレット**：ベルギー・フランダース政府の機関であるエンタープライズ・フランダースがデザイン支援を目的として 30 万ドルの予算で運営した。エンタープライズ・フランダースは，地域内の企業と起業家の支援を活動領域としている。その一環として，中小企業ウォレットをはじめ，デザインの事業経営への統合を奨励する制度を開発・導入している。デザインの振興と支援に関する活動は，「デザイン・フランダース」と呼ばれる専門チームが担当している。中小企業ウォレットは，2002 年，インタラクティブなウェブアプリケーションとして導入された。フランダース地域の中小企業がトレーニング，アドバイス，技術サポート，コーチング，国際化や戦略についてのコンサルティングを受けるための補助金（100 ユーロ

から 2 万 5,000 ユーロ）を受けられるようにする制度である。2009 年からはデザインプロジェクトにも補助金を適用できるようにし，2009 年から 2014 年の間に 228 件のデザインプロジェクトが資金援助の対象となった。

5.4 創造都市 ― デザイン

　国や地域としてのデザイン政策やデザイン支援制度とは別に，個別の都市が独自のクリエイティブなアイデンティティを打ち出し，国際的に認められるための制度が，ユネスコ創造都市ネットワークである。2004 年に創設されたこのネットワークには，世界各地の 116 都市が参加していて，クリエイティブな活動や文化活動を振興している。創造都市の認定は恒久的で，1 年間の期間限定で認定される欧州文化都市とは異なる。認定された都市は，このネットワークに参加して他の都市と交流する。いずれも，ベストプラクティスの共有，文化的な生活の振興，社会開発の戦略や計画への統合といった同じ目標を掲げる都市である。認定カテゴリーは 7 つある。

- 創造都市 ― クラフト＆フォークアート
- 創造都市 ― デザイン
- 創造都市 ― 映画
- 創造都市 ― 食文化
- 創造都市 ― 文学
- 創造都市 ― メディアアート
- 創造都市 ― 音楽

　このうち「デザイン」の認定は，投資や支援の戦略的なレベルでデザインを重視する都市であることを意味する。創造都市の認定がイギリスにおいてもたらすメリットを調査した研究（UK National Commission, 2016）では，ユネスコとの関係から多岐にわたる恩恵があることが指摘された。イギリスには 6 つの創造都市があるが，このリサーチで調査された 5 つの都市は，ユネスコとの関係を通じて 2014 年 4 月から 2015 年 3 月の間に 240 万ポンドの経済効果を得たと推定された。デザインの認定を受けた創造都市は，世界各地に 22 都市ある（表 5.1）。

　比較的最近デザイン創造都市の認定を受けたダンディーは，長い歴史を持つ地元デザインコミュニティの力を活かして街を再創生し，魅力ある生活と仕事の場にすることを目指している。これまでにポップアップカフェの活動やデザイン美術館の V&A ダンディー周辺の広場と水路の再開発などを行い，クリエイティブな伝統を活かしてパブリックスペースの魅力を高めるという戦略的な野心を追求している。創造都市ネットワークに加わる都市は，すでに活発なクリエイティブ業界を有する都市である。このネットワークに参加する結果として，ユネスコのお墨付きを得たことになり，そのビジョンが強く打ち出される。地元パートナーの協力を得て，これを国際的に認められた

表 5.1 ユネスコ創造都市 — デザイン

市	国	認定年
バンドン	インドネシア	2015
北京	中国	2012
ベルリン	ドイツ	2005
ビルバオ	スペイン	2014
ブダペスト	ハンガリー	2015
ブエノスアイレス	アルゼンチン	2005
クリチバ	ブラジル	2014
デトロイト	米国	2015
ダンディー	イギリス	2014
グラーツ	オーストリア	2011
ヘルシンキ	フィンランド	2014
カウナス	リトアニア	2015
神戸	日本	2008
モントリオール	カナダ	2006
名古屋	日本	2008
プエブラ	メキシコ	2015
サン゠テティエンヌ	フランス	2010
ソウル	韓国	2010
上海	中国	2010
深セン	中国	2008
シンガポール	シンガポール	2015
トリノ	イタリア	2014

ブランドとして活用し，ビジョンの達成に向けて前進していけるようになる。

　創造都市の認定は，地元のクリエイティブ業界に焦点と声をもたらす。以前から存在していたとしても，ユネスコなしにはバラバラだったものが，認定の結果として団結する（UK National Commission, 2016）。

　ユネスコのデザイン創造都市に認定されたほかの都市も，文化やデザインの伝統を活かして社会基盤や都市基盤を改良しようとしている。例えば，神戸市は，「issue+design」プロジェクトの活動を積極的に推進して，クリエイティビティとデザインを社会問題の解決に活かそうとしている。また，この継続的な活動のほかに，芸術文化の祭典「神戸ビエンナーレ」に投資して，日本の現代アートとデザインを紹介した。カナダのモントリオールは，「デザイナーの街」を自負している。デザイン関連の仕事に就いている人は 2 万 5,000 人を超え，クリエイティブおよび文化業界の経済効果の 34 ％ を構成している。このデザインコミュニティを背景に，国際的なコンテストを毎年開催しているほか，市内在住の若きデザイナーを対象としたフィリス・ランバート記念デザインモントリオール補助金に隔年で 1 万カナダドルを拠出している。

　韓国は，主要業界をデザインに結び付けるために積極的に投資している。ここ数年間

にデザイン業界だけで17万件の新規雇用が創出されたが，うち3分の1近くが製造業とデザインコンサルティング業に属している。ソウルには広告関係者やゲームデザイナー，デジタルコンテンツ開発者などが数千人といて，国内外の技術進歩に継続的に寄与している。

5.5　経済力につながる国の資産作り

　国や都市の経済にデザインがどのように寄与するかを簡単に紹介したが，このセクションでは，イノベーションのツールとしてのデザインに目を向けてみよう。「イノベーションとは，個人，企業，国全体が望ましい未来を継続的に創造していく力だ」と，Kao は述べている（Kao, 2007）。事業上の機能としてのデザインがイノベーションのプロセスで欠かせない役割を果たすことは，すでに多くの見方が一致するところである（Nesta, 2014）。デザイン主導の企業がそうでない企業よりも革新性が高いことは，これまでの研究で示されてきた（Industrial Policy Communication Update, 2012）。イノベーション活動としてのデザインは，イノベーションと研究開発の両方に関係するが，同時にどちらとも異なる部分がある。デザインとは，科学，技術，エンドユーザーを結び付ける統合要素として機能するインターフェースだ。そしてこのプロセスの中心にユーザーを置く。これが，「デザイン主導のイノベーション」となる。

　この文脈においては，イノベーションチームに携わる各部のコミュニケーションを向上させるためにデザインが使われる。デザインが研究開発，生産，マーケティングをまとめる要の役割を果たす結果として，技術的な発明に基づくアイデアやコンセプトが望ましい製品やサービスになる。デザインがイノベーションで果たす役割を十分に理解している組織の多くは，研究開発（R&D）にデザインを加えて「RD&D」という呼称を使っている（OECD, 2015）。

　競争の激しい商業環境では，デザインが新市場を創造し新市場に参入するための手段となる（European Commission, 2015）。イノベーションは多くの場合，漸進的に達成され，個別に見ればささやかな改良を製品やサービスのライフサイクル全体にわたって追加していく結果として生じる。しかし，なかには劇的なイノベーションもあり，まったく新しい業界や市場を生み出すことがある。その好例が，Apple のスマートウォッチより3年早く登場していた Pebble だ。また，デザインとイノベーションと研究開発を売り物にしている Dyson も，家電製品やハンドドライヤーを再発明した。失敗のリスクは大きいが，成功すれば大きなリターンをもたらし，それがイノベーションを目指すインセンティブとなっている。イノベーションで知られる企業には，いくつもの共通点がある。

- 製品やサービスの販売市場をグローバルにとらえていて，国内市場だけに視野を限定していない。

- オーガニックな成長と買収を通じた成長の両方をバランス良く組み合わせて新市場を開拓する成長戦略を有している。
- 市場調査と研究開発の両方に積極投資するバランスの取れた投資戦略を有している。
- 顧客中心のアプローチを重視して，ターゲットとする顧客を理解するために多大な投資を行っている。
- 新しい製品やサービスの開発を重視するイノベーションの文化が（しばしば上級幹部のレベルで）確立されている。

デザインという専門領域のなかには，研究開発の活動に重なる部分がある。特にエンジニアリングデザインやプロダクトデザインなどのハードな科学の部分がこれに該当する。しかし，その対極にあるデザインの専門領域は，むしろ芸術ともいえる部分である。テキスタイルデザインやファッションなどの世界では，デザインが研究開発に寄与することは少ない。デザインを重視して積極的に投資し，研究開発で活かしていく姿勢は，特に自動車や航空機の業界に見られる。これらの業界では，革新的な製品を開発することが，商業的な成功と長期にわたる会社の存続にとって非常に重要である。イノベーション予算のうちデザインに費やす割合が特に高いのは，電気機器，光学機器，および輸送交通機器の製造業だ。これらの業界は，エンジニアリングの精密さと研究開発投資の大きさで知られている。一方，アパレルやテキスタイルをはじめ多数の業界の企業は，研究開発よりもむしろデザインに多くの予算を投じている可能性があると，Tetherは指摘している（Tether, 2004）。

5.6 クリエイティビティ，デザイン，イノベーション

クリエイティビティは，デザインをイノベーションに結び付ける要である。画期的な新製品や新サービスにつながる新しいアイデアを生成するうえで，大きな威力を発揮する。デザインと研究開発は，クリエイティビティを商業的成長へと流れを作るためのプラットフォームと見ることができる。また，クリエイティビティは，慎重に管理するかぎり，生産性や業績を向上させる要因にもなる。このため，クリエイティブな文化が組織的に深く浸透した環境は，イノベーションを活性化し，全社的な業績を引き上げるだけでなく，研究開発とデザインに代表されるクリエイティブな活動のための手段を提供する。

イギリスの国全体のイノベーションを取り上げた貿易産業省の報告書（DTI, 2003）では，次のことが指摘された。

> イノベーションは，競争，スキル，投資，進取の気性と並んで，生産性を向上させる主な原動力のひとつだ。資本，スキル，研究開発への投資が行われなければ，生産性は低下する。

デザインの潜在的な影響力は非常に大きく，それを戦略的に活用できる範囲も広い。プロセスデザインは，イノベーション活動にかかる人件費や工数を削減し，ひいては事業効率を改善するうえで重要な役割を果たす。

これに加え，イノベーションには，むやみな価格競争に巻き込まれないようにする効果がある。常にあるいはほとんどの場合に最も安い製品やサービスを買うという顧客は存在するが，どれを買うかを決める際に価格を最も重視するわけではない顧客もいる。そのような顧客にとっては，品質感や好ましさといった価格以外の理由のほうが重要かもしれない。イギリス企業が競争している市場（非商品市場）の多くは，国際競争力を決めるうえで，多岐にわたる品質要因が価格よりも重要な要因となっている市場である。Gayle は，航空旅客が格安航空会社のなかからいずれかを選ぶ際に，価格よりも利便性や品質が行動を左右していると論じている（Gayle, 2004）。同様に，Clay ほかは，電子書籍業界ですら（情報が明確に開示されていて，商品がまったく同じであるにもかかわらず），会社によって価格差があると指摘している（Clay et al, 2002）。プロセスデザインは，製品が工場でどのように組み立てられるかだけでなく，顧客が製品やサービスをどれほど効率良く消費するかも変える可能性がある。この点は，特にオンライン小売業界にとって重要だ。

つまりデザインは，「インプット」と「アウトプット」の間をつなぐ要となって，効果的なコスト削減の手段を提供すると考えることができる。端的にいえば，デザイン主導のイノベーションによって生産で使用するリソース（金銭的リソースと人的リソースの両方）を減らし，かつ製品やサービスに明確な価値を追加するアウトプットを増加することによって，生産性を高めることができる。市場のグローバル化によって，組織はますます生産性の向上を要求されるようになっている。

デザインには多面性があることから，デザインがイノベーション活動にどれだけ貢献しているかを測定するのは困難である。このため，因果関係を確立するには，深く踏み込んで調査する必要がある。特に，市場の力関係や投資経路といった伝統的な要因をデザインから隔離しようとすると，いっそう難しくなる。さらに複雑なことに，デザイン活動の影響や性質は業界によって異なる。デザイン活動をすべての業界にわたって一律に考えることはできず，業界ごとに個別に検討する必要がある。Whyte ほかは，デザインの影響がサービス業よりも製造業で大きく，製造業では輸出高がデザインによって大きく左右されると論じた（Whyte et al, 2002）。この見方は，1990 年代初めに行われた研究の結論とも重なっている（詳細は Voss, 1992 で説明されている）。

5.7　デザインとブランディング：可視化された価値

ブランドの定義は無数に存在するが，基本的かつ非常に幅広い定義は，米国マーケティング協会によるものだ（Zinkhan and Williams, 2007）。「ブランドとは，ある販売者の品物やサービスを別の販売者の品物やサービスから区別する名前，用語，デザイン，記

号，その他の特徴」とされている。

　ブランドは，製品や製品群に関するあらゆる情報の表現である。製品やサービスを区別する名前，マーク，ロゴ，あるいは観念的なコンセプトで構成される記号と考えることができる。また，ブランドには，製品が「約束するもの」という意味も含まれる。マーケッターは，ブランドを使用することで，製品にパーソナリティやイメージをもたらすことができる。このためブランドは，イメージや体験を表現し，また消費者の認識を具現化することができる。これらの要素をすべて一度に表現することもあれば，どれもまったく表現しないこともあり，消費者ごとに受け止め方も異なる。つまり，人によってブランドが意味するものは違ってくる。

　ブランドが製品の重要な側面であり，製品やサービスに付加価値をもたらすことがあるという考え方は，消費者の間に浸透している。ブランドは，製品や会社の評判を意味することもある。消費者は多くの場合，ブランドについてのイメージや印象をすでに持っていて，それを製品，サービス，商標，その他のイメージ関連資産に結び付けている。信頼の置ける確実な製品やサービスが，すなわちブランドであると見なすこともできる。その製品やサービスを使えば，予期したとおりの結果や体験がもたらされるという事実だ。ブランドとは，何らかの価値を具体的に約束する特定可能な実体であると定義できる。また，ブランディングは，親近感，品質感，あるいはブランド名を取り巻くぼんやりした品質のオーラを醸し出すために使うことができる。

　ブランドが消費者の購入プロセスで大きな影響力を持つこともある。必ずしも論理や理知では説明できない感情的な結び付きや信頼感を作り出すためだ。ブランディングは事業にとって最も重要な側面のひとつと論じることができ，このため誰もがその価値を測定したいと考えている。ブランドは，今や強力なマーケティング資産に進化した。かつては製品のアイデンティティについての単なるメッセージだったが，今では独自のコンセプトとアイデンティティを持つものと見なされている。顧客との関係，またブランドに携わる人（従業員，サプライヤなど）との関係を，ブランドが生み出す。こうした関係は，ブランドがステークホルダーの希望をかなえて初めて実現する。

　ブランドアイデンティティとは，そのブランドを無二の存在にする指紋のようなものである。言葉，アイデア，あるいは消費者が行う関連付けなどを通じて構築され，それらが集合的にブランドに対する認識となる。Kapfererはこれを「意味」と呼んでいる（Kapferer, 1997）。ブランドアイデンティティは，ブランドに独自性をもたらす。製品やサービスが他者からどう見られるか，どのように機能すると期待されるかを指す。ブランドアイデンティティは，ブランドの価値や金銭的資産にかかわっているわけではなく，購入対象としての魅力を高めるという点で現実のメリットをもたらす資産の一部に組み込まれている。ブランドの位置付けやパーソナリティがもたらす結果であり，製品やサービスのパフォーマンスとして，ブランド名として，さらにブランドが関係するすべての部分に表れる可能性がある。

　ブランドエクイティと**ブランドアイデンティティ**を区別しておくことは重要である。

ブランドエクイティ［ブランドが持っている資産価値］の一部としてのブランドアイデンティティは，ブランドが既存顧客や潜在顧客からどう見られるかにかかわるためだ。ブランドの価値評価に際しては，金銭的資産をはじめブランドの価値に直接影響する要因が関係してくる。ブランドアイデンティティの核を支えるのは，次の2つの変数によって定義されるブランドのエッセンスである。

1　ブランドが顧客や潜在顧客からどのような位置付けで見られているか。
2　ブランドが市場に対してどのようなパーソナリティを投影するか。

優れたブランドアイデンティティを構築するには，優れた位置付けと戦略的パーソナリティに基づいたマーケティングの実践計画を策定する必要がある。

ブランドのDNA

ブランドのエッセンスは，ブランドのDNAとも呼ばれ，あらゆるタイプのメディアにわたってあらゆるステークホルダーに対してブランドがもたらす内的・外的なメリットを合計したものである。ブランドの価値は，一貫性があるかどうか，およびブランドのパーソナリティでどのように表現されるかにかかわっていて，ブランドのDNAの一貫性に加え，ブランドのパーソナリティとしての表現に直接的に関係している。ブランドのメッセージは，できるだけ明確かつ簡潔にすることで，きわめて競争の激しい市場で生き残れるようにする必要がある。ブランドのDNAが直近の競合製品と区別しにくかったり曖昧すぎたりすれば，当然ながら消費者には識別しにくくなるだろう。人間のDNAと同じように，ブランドのDNAも，ブランドを表現するすべての素材，例えばウェブサイトやアプリ，社内的なマーケティング資料などの細胞ひとつひとつに必ず組み込まれていなければならない。そうすることで，これらのブランド表現すべてが整合し，ブランドの力が強化される。

ブランドのパーソナリティ

ブランドのパーソナリティとは，ブランドを特定の典型に収められるようにするものである。ブランドのパーソナリティは，ブランド，製品，サービス，組織とユーザーの間のインタラクションを発展させる。私たちが通常ブランドに関連付けるものはほぼすべて，パーソナリティの認識に影響する。米国マーケティング協会では，ブランドのパーソナリティを次のように説明している。

> 販売者が意図したブランドの心理的な性質。ただし，市場ではブランドが別の見方で見られることもある（これはブランドのイメージと呼ばれる）。この2つの見方は人間のパーソナリティに似ていて，本人がどのように見られたいと思うか，および他人がどのように見るかの両方の性質がある（Zinkhan and Williams, 2007）。

Aakerは，ブランドのパーソナリティがそのブランドに対する人々の認識や態度を

左右し得るとしている（Aaker, 2002）。ブランドのマネジャーは，具体的なパーソナリティとそれに関連するイメージを使うことで，ブランドを構築し，発展させ，ほかのブランドから差別化できるようになる。ブランドのパーソナリティが強力であるほど，ブランドの寿命は長くなる。なぜなら，パーソナリティがブランドやその環境に作用して，競合他社がすべての属性を真似することはできなくなるためだ。

ブランドの戦略

ブランドの戦略策定とは，適切なブランドを作るために欠かせない要素を選定し，ターゲット層にふさわしい現実的なブランドの価値提案を構成する要素を特定するためのプロセスである（Kotler and Pfoertsch, 2007）。このため，ブランドの戦略は，組織全体にわたるホリスティック（全体的・包括的）なアプローチを取り，ブランドを伝える「顔」としての従業員の役割を重視すべきだ。van Gelder は，消費者の態度や行動という点でブランドが何を達成しようとしているかが，すなわちブランド戦略であると定義している（van Gelder, 2005）。また，Arnold は，この見方をさらに詳細に説明して，「ブランド戦略計画とは，ブランドが長期にわたってかかわる具体的な方向性と範囲である。これによりブランドは，競合ブランドに勝るサステナブルな競争力を構築し支えられるようになる」としている（Arnold, 1993）。

デザインはどこで役割を担うのか

ブランドとブランディングについて幅広く考察したところで，それではブランディングのどの部分でデザインが役割を担うのかという疑問が湧くかもしれない。基本的にデザインの役割は，会社，組織，製品，サービスの対外的な顔，すなわち象徴物の創造にかかわる部分である。ロゴやグラフィックなアーキテクチャやあらゆるイメージ（物理的なものとバーチャルなものの両方）がすべてのブランドを認識し特定する方法なのだという見方を受け入れるのであれば，ブランドの開発とマネジメントのプロセスにおいてデザイナーがきわめて重要な役割を果たすという見方も受け入れなければならない。

マーケティング，PR，マネジメントにいわせれば，デザインがブランド構築において小さな役割を果たしてくれたほうがブランドマネジメントが容易になる。であれば，この一方的な関係は，デザインの関与を減らすことにつながり，ブランドのデザイン言語は希釈され，場合によっては混乱すら招くものになってしまうだろう。O'Shaughnessy は，次のように付け加えている（O'Shaughnessy, 2012）。

> デザイナーはブランドの見た目に望ましい価値を吹き込むが，その価値を実現しなければならないのは企業や組織だ。こうした価値は，デザインやキャッチコピーや約束だけを通じて押し付けることはできず，現実のものでなければならない。

また，デザイナーは，具体的な環境で人が物体や人工物とどのようにインタラクションするかを理解していることから，ブランド開発において重要な役割を担う。

5.8　ブランディング：空間から場所まで

　空間や場所，特に都市のブランディングは，グローバル化の到来とともに活発化するようになった。世界各地の主要都市すべてが観光地や投資先として注目され，国際的に認識されようとして競っているのを背景に，ブランディングがその狙いを達成する重要な手段となった。都市のブランディングというコンセプトは，行政担当者や政策立案者にとって不可欠な戦略になりつつある。ブランドの価値を通じて特徴ある街のイメージを創造することは，都市ブランディング戦略の「クリエイティビティ」や「文化」として実践されている。しかし，ブランディングの主な要素として固有のイメージを都市にもたらすのは，複雑かつ困難なプロセスである。都市のイメージは複数のレイヤーからなり，しばしば統一的な要素に集約することが不可能なためだ。

　都市というのは，人々が毎日遭遇する無数の認識やイメージを通して体験される。都市のマーケティングでは，その土地のイメージを慎重に構築して管理することが，重要な目的となる。基本的に都市のマーケッターが目指す目標は，ひとつのブランドやイメージのもとにまとめることのできる記憶に残る印象を作ることだ。慎重に開発されたキャッチコピーやロゴは，これを支える実際的な要素だが，都市のエッセンスに関する深いレベルの理解を真にとらえて伝えることはできない。簡潔で明快なアイデンティティは間違いなく，記憶に残る都市のブランドを構築するうえで欠かせない要素のひとつである。

　文化的な観点からいえば，都市は，ブランドを冠した娯楽施設を用いることでグローバルにアピールすることができ，実際しばしばそれが行われている。例えば，スペインのビルバオにあるグッゲンハイムのように国際的に展開している美術館は，都市に国際的な評判をもたらすことができる。また，都市のブランディングでは，有形の物理的な要素ではなく，無形の感情的な表現を重視することもトレンドになっている。都市のイメージは，観光業だけでなく，文化的・地理的な観点の投資を誘致するという意味でも，その重要性を高めている。地元の市民と観光客の間に従来存在した線引きは薄れつつあり，観光客はまるで住人のように日々の暮らしに密着した本格的かつ有意義な体験をしたいと考えるようになっている。

　観光業のセグメンテーションと差別化が文化ツーリズムを振興する一方で，文化的な都市のブランディングが果たす役割も高まっている。都市のブランディングにおいて観光客を引き付けるために使われている重要な誘引力のひとつが，著名美術館だ。人気の高い美術館は，特に観光客の目線から見た都市のイメージの変化において大きな役割を果たすことができる。場所のブランディングを専門とするコンサルティング会社の Place Brand Observer は，2014年の設立以来，ロンドン，ニューヨーク，アムステルダム，シドニーを世界で最も効果的にブランディングされた都市として高く評価してきた（Place Brand Observer, 2017）。都市のランキングの測定基準はいくつもあるが，文化的な次元は，ブランディングの成功度を測る最も重要な要素のひとつとされている。

アムステルダムのブランドアイデンティティである「I amsterdam」は，効果的なブランディングの好例である。また，香港の「Asia's World City」も，エネルギッシュで近代的な東南アジアの都市であることをアピールする興味深い例だ。

サービスデザイン　小規模な都市にもたらした大きな変化

　このコラムは，ダンディー大学のデザイン政策の教授で Open Change Ltd. のディレクターでもある Mike Press に提供してもらった。

　ここでの議論は，2016年6月30日にロンドンの王立英国建築家協会で開かれた初のサービスデザイン・ネットワーク・イギリス全国会議での講演に基づいている。

　ダンディーで開かれた「デザインフェスティバル」の期間中にクリエイティブ・ダンディーが催した「ペチャクチャナイト（Pecha Kucha night）」は，400人の参加者を集め，満員御礼のイベントとなった。この華やかなムードは，ダンディーのクリエイティブコミュニティの活気を物語っている。ダンディーは，「Grand Theft Auto」や腹腔鏡手術，シール式の切手を世に送り出した都市であり，イギリス唯一のデザイン創造都市というステータスを大胆かつ自信満々に謳歌している。ユネスコによる認定は，複数のイニシアティブを立ち上げるきっかけとなった。そのひとつがデザインフェスティバルで，長らく放置されていた捺染工場をデザイン主導イノベーションの巨大な展示会場へと変化させた。このフェスティバルを後援したV&Aダンディーのチームは，ウォーターフロントの斬新な建物に2018年までにデザイン美術館を開設する。雑誌『GQ』が昨夏，ダンディーを「イギリスで最もクールな小都市」と評したのには，それなりの理由がある。

　クリエイティブでクール，そしてスマート。イギリスの64都市を毎年1回調査している「センター・フォー・シティーズ」調査では，学位や資格のある労働者数でダンディーが14位にランクされ，ヨークやブリストルに続いた。おそらくさらに驚きに値するのは，人口当たりの大学数でダンディーが2位になった点だ。1位はケンブリッジで，ダンディーはオックスフォードを上回った。

　しかし，この調査では，ダンディーのもうひとつの側面が明らかになった。ダンディーは，雇用，起業，貧困，さらにそのほかの点で，下から10位に入っている。また，正式な学位や資格を持たない就労年齢の労働者数は，7番目に多かった。最も深刻なのは，ダンディーの全人口14万8,000人のうち4万2,000人が貧困レベルの生活を送っていて，貧困状態に置かれた未成年が1万8,000人近くいることである。ダンディー市民の3分の1近くが貧しいことを意味する。

　最近のEU離脱の国民投票［2016年］が示したように，イギリスは，グローバル化によって勝者と敗者に二分された国である。ダンディーも例外ではない。ダンディーは，経済学者のRichard Florida が「クリエイティブ階級」と呼ぶ人口層を引き付けてきた［The Rise of the Creative Class, 2012（邦訳『新クリエイティブ資本論 — 才能が経済と都市の主役となる』2014年）］。世界的に知られる生命科学の専門家や顧問医師，アーティスト，ビデオゲームのクリエイターなどにとって，ダンディーは魅力的な生活と仕事の場所となってきた。しかし同時に，製造業は着実に衰退し，社会の周辺へと永遠に押しやられた貧しいコミュニティ

が出現した。こうしたコミュニティでは，雇用の見通しはなく，住民の健康状態もイギリスで最悪レベルにあると見られる。

Joseph Rowntree Trust による最近の調査では，「相対的に衰退傾向にあるイギリスの 24 都市」にダンディーが含まれた（Pike et al, 2016）。この調査は，国際的な調査結果に基づいて，衰退傾向にある都市が取ることのできる政策を提案している。が，具体的な政策は都市のタイプによって異なり，3 種類に分けられている。第一は，人口が 50 万人以上で地域内で重要な役割を果たしている「中核」の都市で，具体的にはグラスゴー，リバプール，シェフィールドなどがある。第二は，中核の都市の近くにあって投資の誘致や独自のアイデンティティの確立に困難を感じている「日陰」の都市だ。これには，ストーク，サンダーランド，ロッチデールなどがある。最後は，中核の都市の陰に隠れているわけではないが，中核の都市よりも規模が小さく距離も離れている「独立」の都市で，ハル，ニューポート，ダンディーがこれに含まれる。

では，この小規模な独立した都市がダンディーのように相対的に衰退傾向にある場合に，どのような政策を取ることができるのか。重要な点は 4 つあると思われる。内在する資産と能力を活かし拡大すること，拠点となる機関（集客力と投資誘致力のある大学，教育研究病院，大型美術館など）を強化または構築すること，力のある大都市と協力すること，そして位置付けとブランディングを改めることである。ダンディーは，デザインを使用してこれらの目標を達成しようとしており，特にリーダーシップとビジョンを打ち出すためにサービスデザインを重視している。

そこで，ダンディーがサービスデザインをどのように使用して小規模な都市に大きな違いをもたらそうとしているかを，以下に説明する。サービスデザインは，行政サービスを改善し，再び財政黒字をもたらし，戦略的なつながりを構築し，進取の気性を奨励し，新しい可能性を模索するといった点で，すでに影響を及ぼしている。この影響力にかかわり，その発展的・特徴的な性質を左右している要因が, (1) リーダーシップとビジョン, (2) キャパシティ構築, (3) コミュニティ構築, (4) 社会的インクルージョンへのコミットメント，そして (5) 国際主義である。

リーダーシップとビジョン

ウォーターフロント地区を抜本的に再開発し，V&A 美術館との協力関係を拡大し，イギリスの文化都市という野心的なステータスに立候補し，さらにユネスコの創造都市認定に必要となるパートナーシップの構築を目指した数々のイニシアティブは，ダンディーが有効なリーダーシップとビジョンを有していることを示している。しかし，ユネスコによる認定は，いったいどのような「デザイン都市」なのか，これが市のすべてのコミュニティにどのようにポジティブな効果をもたらすのかを考える機会をもたらした。

そこで，市議会の議長や娯楽・文化局の局長で構成される少人数のチームが幅広い検討を行って，「ユネスコ・デザイン創造都市ダンディーが目指す目標と価値観」を定義する文書の草稿を作成した。「市の価値観」と題した文書はその後，ダンディーの組織や個人が賛同表明できる宣言書に発展し，共通のコミットメントを打ち出す手段となった。この文書には，「デザインを使用してダンディーが直面する社会的な課題を解決する」および「新規プロジェクトのデザインや既存のアプローチのリデザインといった業務においてデザイン原則を実践

する」という狙いが盛り込まれている。こうしてダンディーは，デザインにまつわる価値観や目標を打ち出したイギリス初の市となった。市の変革を駆動するエンジンとしてデザインを活用するというコミットメントを市全体が一致団結して支えていく意図を明確に打ち出したのだ。

　市内のデザイン会社，Open Change が招かれ，市のデザイン都市チームと一緒になって，このコミットメントをどのように実践に変えられるかを検討した。最初の大きなステップは，デザインをテーマにしたリーダーシップ会議を開催し，市議会の各部責任者と政策立案者70人が一堂に会したことだった。これを「ソーシャル・デザイン・アカデミー」と称して，市政の責任者にサービスデザインのプロセスを体験してもらった。具体的には，街に出て，市民に話しかけ，行政サービスについての見方を聞くことなどが含まれた。このチームはその後，行政サービスの提供方法やプロジェクトの推進方法を再考する際にデザイン主導のアプローチを率いていくことになる。

キャパシティ構築
　スコットランド政府の新しいイニシアティブ「サービスデザインに対するスコットランド・アプローチ」では，国と地方自治体の両方がサービスデザインの能力を構築する必要性を強調している。イギリスの政府省庁は，サービスやユーザーエクスペリエンス（UX）などの分野で過去5年間に300人のデザイナーを雇い入れたが，現在では欠員補充に困難を来たしている。サービスデザインの専門能力がイギリス全体で欠乏しているためだ。

　ダンディーは，予算縮小の必要に迫られており，既存の職員にサービスデザインのスキルと知識を研修することでこの問題に対応するというアプローチを率先している。ソーシャル・デザイン・アカデミーを市議会の部局全体とそのパートナーに徐々に拡大している。最近では「雇用サービスデザイン・デー」を開催して，公共セクターと第三セクターの様々な組織から雇用関連イニシアティブの担当者36人を招き，サービスデザインの主なメソッドを紹介したうえで，サービスデザインの優先順位を特定するプロセスを実践してみた。

コミュニティ構築
　ダンディー市は2016年5月，わずか2，3か月の企画・計画期間を経て初の「デザインフェスティバル」を開催し，3日間で7,000人を集客した。他のイベントやアトラクションと同じ月に催されたこのフェスティバルでは，かつて捺染工場として使われていた洞窟のように薄暗かった空間が，展示と会議とワークショップのスペースとして生まれ変わった。公開イベントに必要なあらゆる設備機器も完備していた。ダンディーのクリエイティブなネットワークからの機敏な反応がなければ，これは不可能だっただろう。

　クリエイティブ業界関係者やダンディーの文化的生活に関心を寄せる人が参加する独立的なネットワーク，クリエイティブ・ダンディーは，ウェブサイトとして始まったが，後に活動を拡大して「ペチャクチャナイト」を定期的に開催するようになった。当初は定員200名の会場を使用したが，すぐに参加者を収容しきれなくなり，今ではこのイベントが市にとって重要なクリエイティブ活動となっている。Gillian Easson の単独行動から始まり今では3人のチームに発展したクリエイティブ・ダンディーは，ほかにも様々な定期的活動を立ち上げ，市全体の戦略的グループにクリエイティブ経済についてのアドバイスを提供してきた。

また，活発なオンラインのコミュニティを有し，市のビジターガイドのクラウドソーシングも手伝った。このフェスティバルの展示やイベントは，クリエイティブ・ダンディーのコミュニティの力で実現し，このコミュニティの一部であるソーシャルメディアのネットワークから恩恵を享受した。

　クリエイティブ・ダンディーは，他のネットワークやコミュニティの創設にとっても触媒となった。そのひとつが，ヘルス＆ソーシャル・ケア：デザインド・イン・ダンディーだ。ナインウェルズ病院の Rod Mountain 顧問医師と Jean Ker 教授が，医療サービスにおけるデザイン主導のイノベーションを促進する手段として，このグループを設立した。市内の医療コミュニティとデザインコミュニティが手を組むことで，これまでにこのネットワークから数々のプロジェクトが開始された。最近では，Open Change がヘルス＆ソーシャル・ケア：デザインド・イン・ダンディーと協力して，臨床医や病院管理責任者 30 人以上が参加する「ヘルスケア・サファリ」という 1 日イベントを開催し，サービスデザインのメソッドを使ってスコットランド最大級の教育研究病院が抱える課題に対応する方法を模索した。これは今では，ナインウェルズ病院の医師，看護師，技術スタッフに Open Change が提供するサービスデザインについての新しい定期的な能力開発研修の一部になっている。

　また，市内のほかの場所でも，Ali McGill などの有志がビジネスと顧客体験（CX）にかかわるコミュニティを構築して，活発な社会起業セクターへ結び付けている。未来志向の情熱的な賛同者が率いるイノベーションとクリエイティブ探究のコミュニティは，明らかにダンディー全域で見られる。

社会的インクルージョンへのコミットメント

　ダンディーは，進歩的な政治の伝統を長く誇りにしてきた。それは今も続いている。2014 年のスコットランド独立をかけた住民投票では，ダンディー市はスコットランド全域で最も賛成票の割合が高かった。ユネスコのデザイン創造都市に認定され，スコットランド初のデザイン美術館の開設を目指した過程では，進歩的な価値観に根ざし，市内の西部に集中するクリエイティブ階層だけでなく市全体のデザインの価値を体現するデザインのアプローチが必要とされた。これは，前述のとおり「市の価値観」で表現されている。

　V&A ダンディーは，新しい建物と同様に象徴的で特徴的なデザインのビジョンを追求している。美術館のチームには，訴求の難しいコミュニティを巻き込んでいくことに情熱を抱いたメンバーが含まれていて，コミュニティ開発と社会事業にとってデザインがいかに重要かを示す活動を策定している。そのうち市全体を対象とした最初の主要プロジェクトのひとつが，「スクールズ・デザイン・チャレンジ」だった。1,000 人の生徒が 250 のチームに分かれて，自分の学校や学校生活をどのように改善できるかを提案するコンテストである。様々な教科を専門とする教師 40 人がこのプロジェクトに参加し，その成果は市内最大のショッピングモールでの展示として発表された。V&A ダンディーは，サービスデザインとデザイン思考のメソッドを使用するのがベストだと考え，プロジェクトの皮切りとして教師にサービスデザインのメソッドを教える Open Change の研修会を提供した。

　このプロジェクトは，予期しなかった 2 つのスピンオフを生み出した。第一に，統合予定の 2 つの学校が，新しい学習アプローチのデザインを助けるような研修会を 150 人の教職員全員を対象として開催してほしいと Open Change に依頼してきたことだ。第二に，市内の

ある教会が，地元コミュニティに恩恵をもたらすデザインプロジェクトを資金援助するための社会デザイン賞を，教会の集めた慈善寄付で実施すると決めたことだった。

国際主義

デザインを使って地域社会の問題に対応する取り組みを，単なる町興しのクリエイティブなバージョンととらえるのは間違っている。港町のダンディーは，常に世界に対して目を向けてきた。国際的な関係を構築し，世界に対する責任を果たしていこうとする精神が旺盛だ。ヨーロッパの難民のためにダンディー市民が行った金銭的な援助やその他の援助は，人口当たりの金額がイギリスで最も高い部類に入っている。EU離脱の国民投票でも，ダンディー市民は69.8%がEU残留に票を投じ，ロンドンの高さに並んだ。

ユネスコ創造都市ネットワークに入ったことで，ダンディーは，上海，シンガポール，ベルリン，ヘルシンキ，デトロイトといったはるかに大きな都市と肩を並べている。今ではアムステルダム直行便が毎日発着し，このグローバルなコミュニティとの交流もしやすくなった。少人数ではあるが，他のデザイン創造都市との協力を通じたイニシアティブを開発するチームが置かれている。

サービスデザインは，この取り組みにおいて重要な役割を果たすだろう。その基本には，過去何年にもわたって「グローバル・サービス・ジャム」に参加してきた実績がある。この毎年恒例のイベントは，世界各地で120のクリエイティブな「ジャムセッション［余興のセッション］」を開催し，SkypeやTwitterで参加者をつなぐ。ダンディーのサービスデザイン・コミュニティからは最大60人が参加し，世界で8番目に大きなジャムセッションになった年もあった。

ペチャクチャナイトであれ，ユネスコのデザイン創造都市であれ，はたまたグローバル・サービス・ジャムであれ，ダンディーは，世界のクリエイティブコミュニティに積極的に参加していく意欲を見せている。

これまでの実績

デザインを通じて市を再建しようとするダンディーの歩みは始まったばかりだが，すでに重要な進歩が達成されてきた。デザインに情熱的なリーダーシップが活発に活動し，市の価値観の宣言文を策定してパートナーを巻き込み，多様性がありながらも的確な方法でこのビジョンを解釈している。市議会から，V&Aダンディー，学校，教会まで，各所で実践される行動に，市の掲げる価値観が刺激と焦点をもたらしている。

市内のクリエイティブコミュニティは，エネルギーを吹き込むだけでなく才能や専門性も提供して，この取り組みを発展させ，他のコミュニティと連携して，サービスデザインを公共サービスに組み込むための革新的なアプローチを実現している。また，ダンディーの公共・民間・第三セクターでサービスデザインの能力を構築していく機会もある。

ダンディーは，市が直面する独特な課題にサービスデザインで対応しようとしているかもしれないが，国際コミュニティで役割を果たすことも忘れていない。そのアプローチは，ユニバーシティ・カレッジ・ダンディーで1888年から1919年まで植物学を教えたPatrick Geddes教授の言葉で説明するのがベストだろう。「グローバルに考え，ローカルに行動する」。

〈著者略歴〉

　Mike Press は，ダンディー大学教授でデザイン政策を教える傍ら，Open Change Ltd. をディレクターとして率いている。デザイン，イノベーション，現代クラフト，クリエイティビティマネジメントなどに関する研究論文を多数発表しているほか，世界各地の会議でも講演してきた。これまでに『The Design Agenda: A guide to successful design management』，『The Design Experience』をはじめ 3 冊の書籍を執筆している。また，デザインのトピックに関して BBC のテレビおよびラジオ番組でコメンテーターも務めている。

この章のおさらい

主なポイント

1. デザインカウンシルは，イギリスのデザインに国レベルの「声」をもたらしている。
2. EU は，加盟 28 か国全域にわたってデザイン主導のイノベーションを活性化させることを目標に掲げている。
3. 国が主導するデザイン支援制度は，国レベルと地方レベルの両方のイノベーションと成長を後押しする。
4. ユネスコのデザイン創造都市は，市のアイデンティティと文化に対するクリエイティブ業界の貢献を認めるものである。
5. デザイン創造都市に認定された都市は世界に 22 都市ある。

チェックリスト

- イギリスのデザインカウンシルは，当初は民間セクターに対してデザインの重要性を訴えていたが，今ではその範囲を拡大して公共セクターの組織にも働きかけている。
- デザイン・フォー・ヨーロッパは，EU が資金援助する活動プログラムで，政策レベルでのデザインの重要性を訴え，公共セクターと民間セクターの両方の組織を対象としている。
- 国のデザイン政策は，慎重に策定し実践すれば，長期的な経済効果を生み出す可能性がある。
- 創造都市の認定は，ユネスコとの関係を通じて多岐にわたる恩恵をもたらす。
- サービスデザインは，ダンディー市に大きな効果をもたらし，特に公共セクターのサービス提供を改善させた。

復習の問い

Q1　各国のデザインカウンシルが，製造業におけるインダストリアルデザインの振

興のみに特化するのではなく，活動範囲や全体的な狙いを拡大している理由は何か。

Q2　中国は，「メイド・イン・チャイナ」から「デザインド・イン・チャイナ」を目指す戦略を導入した。この政策転換の背後にある主な要因は何か。

Q3　EU は，加盟 28 か国すべてにわたる「デザイン主導イノベーションのための行動計画」を打ち出した。この変化を後押ししている外部要因は何か。

Q4　イギリスのデザイン政策は，公共セクターに重点を置いている。行政がサービスを提供するに当たってデザイン思考を導入することで，公共セクターの組織にはどのようなメリットがもたらされるか。

Q5　国によるデザイン支援制度は，主にどのような人たちに恩恵をもたらしているか。

Q6　ユネスコ創造都市ネットワークは，世界を代表する都市のクリエイティブ業界を認識し称賛する。この創造都市に認定されるために都市が示さなければならない主な特徴は何か。

Q7　韓国のソウルがデザイン創造都市に認定された主な理由は何か。

Q8　イノベーションとは，広い意味を持つ言葉である。それを念頭に置いたうえで，「クリエイティビティ」はイノベーション活動に対する貢献という点でどのような役割を果たすか。

Q9　Mike Press 教授が論じたサービスデザインについての議論は，公共サービスの提供においてサービスデザインが果たす役割について説得力のある詳細な情報をもたらしている。サービスデザインは，住民へのサービスという観点から，ダンディー市の市議会に対してどのように寄与したか。

Q10　サービスデザイン以外に，ダンディー市のデザインに対するコミットメントは，どのようなメリットをもたらしたか。

プロジェクト用の課題

Q1　各国のデザインカウンシル，なかでも特にイギリスのデザインカウンシルが現時点で優先的な活動目標としている主なテーマには，どのようなものがあるか。具体的な重点課題とその重要性という観点から，それらを列挙することはできるか。

Q2　中国の有名ブランド（あらゆる製品カテゴリーを含む）を 5 つ挙げ，それぞれのどこに中国らしさが表れているかを簡潔に説明することはできるか。

Q3　EU の「デザイン主導イノベーションのための行動計画の導入」（European Comission, 2013）に関して，この文書の基礎となっている行動の 3 つの戦略的エリアを特定し，批判的に考察する。

Q4　国のデザイン政策を策定するに当たって，その中心的な活動に参加すべき主なステークホルダーは誰か。それらのステークホルダーを表に列挙して，それぞ

れがなぜこのプロセスにとって欠かせないかを説明することはできるか。

Q5 国のデザイン支援制度は，デザイン政策にとって重要な要素となる。デザイン活動に不慣れな中小企業に対して提供すべき支援には，どのようなものがあるか。

Q6 自分の国でデザイン創造都市に認定されるべき都市をひとつ挙げ，これがユネスコ創造都市ネットワークに組み込まれるべき理由を 300 語［日本語の場合は 600 字］で説明する。

Q7 クリエイティビティは，問題を解決するための活動の核心をなす。問題の特定に際して用いることのできるクリエイティブなメソッドを 2 つ挙げ，有効性の観点から両方のアプローチを比較したうえで，相対的な長所と短所を特定する。

Q8 この考察をさらに発展させて，初期の製品コンセプトをテストするためのクリエイティブなツールとテクニックを特定し，このプロセス全体にわたって有効性を評価するための評価尺度を開発する。

Q9 サービスデザインのツールとテクニックについて，行政サービスのユーザーエクスペリエンスを理解するのによく使われる 2 つのツールを選んで考察する。

Q10 デザイン創造都市の認定を受けたダンディーが，今後さらにクリエイティブな都市としてのアイデンティティを高めていくために，デザインとクリエイティブなネットワークをどのように活用していけるかを，簡単な戦略概要としてまとめる。

参考文献

Aaker, D (2002) *Building Strong Brands*, Simon and Schuster, New York ［邦訳］『ブランド優位の戦略 − 顧客を創造する BI の開発と実践』，ダイヤモンド社，1997

Arnold, D (1993) *The Handbook of Brand Management*, Century Business/TheEconomist Books

BIS (2010) The Design Council: A Review by Martin Temple CBE, *Department for Business Innovation and Skills* ［オンライン］ https://www.gov.uk/government/publications/the-design-council-review-by-martin-temple

Clay, K, Krishnan, R, Wolffe, E and Fernandes, D (2002) Retail strategies on the web: price and non-price competition in the online book industry, *The Journal of Industrial Economics*, 50 (3), pp 351-67

DTI (2003) *Innovation Report: Competing in the global economy: the innovation challenge*, DTI Publications, London

European Commission (2013) Implementing an action plan for design-driven innovation, Staff working document, SWD 380 Final, p 4

European Commission (2015) *State of the Innovation Union 2015*, Directorate-General for Research and Innovation, Brussels

Gayle, P G (2004) Does price matter? Price and non-price competition in the airline industry, Econometric Society 2004 North American Summer Meetings No 163

Industrial Policy Communication Update (2012) A stronger European industry for growth and economic recovery, European Commission, COM (2012) 582

Kao, J (2007) *Innovation Nation: How America is losing its innovation edge, why it matters, and what we can do to get it back*, Free Press, USA

Kapferer, J N (1997) *Strategic Brand Management: New approaches to creating and evaluating brand equity*, 2nd rev edn, Kogan Page, London

Kotler, P and Pfoertsch, W (2007) Being known or being one of many: the need for brand management for business-to-business (B2B) companies, *Journal of Business and Industrial Marketing*, 22 (6), pp 357-62

Nesta (2014) UK Innovation Index 2014, Nesta Working Paper No 14/07, p 27

OECD (2015) *Frascati Manual 2015: Guidelines for collecting and reporting data on research and experimental development*, OECD Publishing, Paris

O'Shaughnessy, J (2012) *Consumer Behaviour: Perspectives, findings and explanations*, Palgrave, London

Pike, A et al (2016) Uneven growth: Tackling city decline, Joseph Rowntree Foundation ［オンライン］ https://www.jrf.org.uk/report/uneven-growth-tackling-city-decline

Place Brand Observer (2017) Home page ［オンライン］ http://placebrandobserver.com

Raulik, G, Cawood, G and Larsen, P (2008) National design strategies and country competitive economic advantage, *The Design Journal*, 11 (2), pp 119-35

Tether, B (2004) In the business of creativity: an investigation into design innovation and design consultancies in the 'networked economy', Centre for Research on Innovation and Competition (CRIC)

UK National Commission (2016) Wider value of UNESCO to the UK 2014-2015, *UNESCO* ［オンライン］ https://www.unesco.org.uk/publication/wider-value-of-unesco-to-the-uk-2014-2015

van Gelder, S (2005) *Global Brand Strategy: Unlocking branding potential across countries, cultures and markets*, Kogan Page, London

Voss, C A (1992) Measurement of innovation and design performance in services, *Design Management Journal*, Winter

Whicher, A, Swiatek, P and Cawood, G (2015) Design Policy Monitor 2015: Reviewing innovation and design policies across Europe, *seeplatform* ［オンライン］ http://www.ico-d.org/database/files/library/SEE_DPM_2015_Jan.pdf

Whyte, J, Salter, A, Gann, D and Davies, A (2002) *Investing in design to improve export potential*, SPRU, University of Sussex

Zinkhan, G M and Williams, B C (2007) The New American Marketing Association definition of marketing: an alternative assessment, *Journal of Public Policy and Marketing* 26 (2), pp 284-88

推薦文献

Christiansen, J and Bunt, L (2012) Innovation in policy: allowing for creativity, social complexity and uncertainty in public governance, *Nesta*［オンライン］https://media.nesta.org.uk/documents/innovation_in_policy_RgbLJKC.pdf

Hobday, M, Boddington, A and Grantham, A (2012) Policies for design and policies for innovation: contrasting perspectives and remaining challenges, *Technovation, Elsevier Science*, 32 (5), pp 272-81

Moultrie, J and Livesey, F (2009) *International Design Scoreboard: Initial indicators of international design capabilities*, University of Cambridge, Cambridge, UK［参考］http://www.idi-design.ie/content/files/InternationalDesignScoreboard.pdf

Theodoulou, S Z and Kofinis, C (2004) *The Art of the Game: Understanding policy making*, Thomson/Wadsworth, Belmont, CA

ウェブリソース

PDR - Design Consultancy and Research

PDRは，1994年にカーディフメトロポリタン大学（旧称：UWIC）が設置したデザインとイノベーションの研究機関だ。以来，プロダクトデザインと製品開発に関する新しい知識を開発し，学界と産業界の両方に知識を転移する能力の高さで世界的な定評を確立してきた。

http://pdronline.co.uk

Design Policy Monitor 2015

デザイン政策やデザイン支援制度の未来のトレンドを考察するSEEの専門性を反映したこのウェブサイトでは，ヨーロッパ全域のデザインの現状をとらえたうえで，各国政府に対して一連の勧告を行っている。

http://www.beda.org/resources/other-publications/see-design-policy-monitor-2015.html

DeEP: Design in European Policy

DeEPは，EUが資金援助した2年間のプロジェクトで，デザインおよびイノベーション政策の影響力を理解することを目的として，各種の活動がもたらす効果をマクロとミクロのレベルから評価するための枠組みや指標を開発した。

http://www.deepinitiative.eu

Design for Europe - policy

デザイン・フォー・ヨーロッパは，デザインおよびイノベーション政策を担当するヨーロッパ全域の政策立案者を対象としている。このプラットフォームと関連イベントを通じて，あらゆる分野の政策策定プロセスがデザインのメソッドによって改善できることを示している。

http://www.designforeurope.eu/policy

European Innovation Scoreboard

「ヨーロピアン・イノベーション・スコアカード」は，以前は「イノベーション・ユニオン・スコアカード」と呼ばれていた。EU加盟国をはじめ，他のヨーロッパ諸国や近隣国のイノベーションの実績を比較分析している。各国のイノベーション制度の相対的な長所と短所を評価して，対策の必要な部分を特定している。

http://ec.europa.eu/growth/industry/innovation/facts-figures/scoreboards_en

成長とイノベーションのための道具としてのデザイン
メキシコのケーススタディ

CHAPTER 6 第6章

このケーススタディは，アラブ首長国連邦・シャールジャにあるアメリカン大学建築・芸術・デザイン学部の Beatriz Itzel Cruz Megchun 助教授に提供してもらった。

この章の狙い
- メキシコのマクロ経済とその産業構造を考察する。
- デザイン業界が国の経済にどのように寄与しているかを議論する。
- メキシコのアイデンティティを反映したデザインの例を示す。

6.1 はじめに

　各国それぞれの社会的・歴史的な背景は，その国の経済開発に影響を及ぼしている。社会慣習，経済組織，政治組織，法律，消費パターン，家族構成，ジェンダー認識，宗教社会化などの側面が，相互に絡み合ったシステムを構成し，それがインフォーマルな構造や組織的な構造を定義している。しかし一方で，昨今のグローバルな競争により，新しい課題ももたらされるようになった。各国は，本来の社会，経済，政治，規制の枠組みを超える構造を定義し設計する必要に迫られているためだ。この結果，様々なレベルの事業体が協力して，国本来の能力を高め，ローカルとグローバルの需要に応えるような組織的インフラストラクチャを開発することが求められている。デザインは，産業と経済を繁栄させ，持続可能な開発の実現過程を支える重要な道具と見られている。人間の視点から世の中を探究して，パターンや現象の発見を可能にする。このため，デザインの役割，活用，価値を一般論化することができるのか，あるいは文化や地理や各国の状況によって異なるものなのかを議論することは，非常に重要である。この章では，知識を基本とする開発段階への移行を遂げつつある新興国でデザインがどのように使われているかを見ていく。

6.2　メキシコの背景状況

　　メキシコは，北米に位置しているが，社会的・文化的・歴史的にはラテンアメリカおよびカリブ海地方に属している（Black, 1998; Kirby, 2003; Larrain; 2000; Oxford Analytica, 1991; Skidmore and Smith, 2001）。ラテンアメリカには，米国とメキシコの国境から南アメリカ大陸の南端まで，さらにカリブ海の島々が含まれる。この地域の人口の大多数は，スペイン語，ポルトガル語，フランス語などのロマンス諸語を話し，また土着の方言も15種類が使われている（世界言語の15%）。ラテンアメリカの総人口は6億1,800万人を超え，世界人口の約8%を占める（PBR, 2014）。歴史的にこの地域は，慣習や生活を抜本的に変化させる様々な状況に遭遇してきた（表6.1）。各国政府は自国の産業に依存する政策や産業化のための政策を導入してきたが，経済的には「開発途上国」に分類される（Skidmore and Smith, 2001）。この地域の4つの重要な貿易協定は，アンデス共同体，カリブ共同体，中米共同市場，メルコスールだ。政治的には，様々なタイプの体制を経験してきた。領地封建制，人民主義体制，寡頭制，軍事独裁体制，選挙民主主義体制，社会主義体制などが，建国以来の体制として見られている（Larrain, 2000）。

表 6.1　ラテンアメリカの発展段階

段階	期間	説明
植民地としての建国	1492〜1880	ヨーロッパ諸国が拡張主義の一環としてアメリカ大陸を発見した 征服により人口が大幅に減少した 伝統的な社会の秩序が弱体化し歪曲された 宗教的な信仰は抜本的に変化した 土地が完全に掌握された
独立の現実 近代の寡頭制	1800〜1900	スペイン出身者がスペインおよびポルトガルの統治から自由を獲得する運動を率いた 独立した国は，政治，文化，経済が抜本的に変化した スペイン人の確立した社会の秩序はそのまま残された 反乱，地域紛争，公的負債が，国の構造を確立する過程で見られた 独裁政権により社会が統制され安定した一方で，ポピュリズム支持者は輸入に代わるプロセスを擁護した 各国で中産階級が形成され成長した 農村部からの移住や出稼ぎが都市化に影響した
第二次世界大戦と世界恐慌	1951〜1971	社会と政治の状況が不安定だったうえ，経済体制が非効率だったため，先進国に依存した 産業を振興する政策では，近代化のプロセスと経済的基盤の構築が重視された グローバルな経済危機を克服し，経済ショックから影響を受けないようにするための戦略が策定された 先進国との商業的結び付きを強化し，産業化に乗り出した 産業化のプロセスが勢いを失い，社会紛争や労働紛争が広まった
独裁政権と景気停滞	1961〜1990	産業化政策が失敗した 政治的な施策が尽き，軍事独裁政権の波が発生した 国内需要の低迷，技術導入の不足，無効な経済政策により，産業化が停滞した
新自由主義の近代化	1990年以降	独裁体制が駆逐され，経済と政治の近代化に拍車がかかった 自由市場と開放経済の政策が導入された 経済・政治・社会構造が開発の新しいパラダイムの統合を阻んだ

6.3 競争力

競争力の重要な側面を形成するのが，企業に競争力と革新性を高め収益を拡大するよう奨励するような構造，組織，制度，政策である。国の競争力を評価する多次元的な枠組みはいくつかあり，そのうち3つを表6.2に示している。国が導入するイニシアティブや取り組みが一貫性のある成果を示すうえで欠かせないソフト面とハード面の決定要因，さらにサブ要因をまとめた枠組みである。国の開発状況は，1人当たり国内総生産（GDP）を市場の為替レートで換算した金額，または1人当たり国民総所得（GNI）と総輸出額によって3つの段階に分けることができる。まず，要素主導型の経済では，競争力の要因が，労働力，自然資源，公共・民間機関の機能，マクロ経済環境，人材のスキルと教育水準などに集中している。このタイプの国の1人当たりGDPは，0ドルから3,000ドルだ。次に，効率主導型の経済は，1人当たりGDPが3,000ドルから1万7,000ドルで，高いレベルの教育や研修に投資し，効率的かつ機能的な労働市場を形成して，金融市場を開発し，既存の技術を国内外の市場で利用している。さらに，イノベーション主導型の経済は，1万7,000ドル以上の1人当たりGDPを有して，高い教育を受けた人的資本を高賃金で雇い，高い生活水準を維持することで，組織を支える国全体の環境を確立している。

高度な製品やサービス，またはプロセスを生み出す企業にとって，学習力や革新力の構築を通じて国内のイノベーションを刺激するような構造的システムのデザインは非常に重要である (Paunov, 2012; Saunila and Ukko, 2012)。一方，社会的・文化的な価値観を考慮しない戦略や国の体制，法令，政策を顧みない戦略が導入されることは，大きな脅威となる。このことは，特にメキシコによく当てはまる。国の発展を阻む複雑な地理的・政治的条件を有しているためだ（図6.1）。メキシコは，米国と深い経済関係にあ

表6.2 競争力の決定要因とサブ要因の枠組み

機関	定義	決定要因	サブ要因
世界経済フォーラム（WEF）	国の生産性を左右する組織，政策，要因の組み合わせとして競争力をとらえている	基本要件	マクロ経済環境｜機関｜インフラストラクチャ｜保健および初等教育
		効率を高める要因	高等教育と研修｜市場規模｜商品市場の効率｜労働市場の効率｜金融市場の発達度｜技術的環境
		革新と洗練を促す要因	産業の洗練度｜イノベーション
国際経営開発研究所（IMD）	経済理論に基づいて，事業体の価値創造を促し人々に富をもたらすような環境を国が構築し維持するために重要な事実や政策を分析することで，競争力を定義している	経済実績	国内経済｜国際貿易｜物価｜国際投資｜雇用
		行政効率	行政財務｜財政政策｜組織的な枠組み｜産業関連の法令｜社会的な枠組み
		産業実績	生産性｜労働市場｜金融｜経営慣行｜態度と価値観
		インフラストラクチャ	基本的インフラストラクチャ｜技術的インフラストラクチャ｜保健および環境｜教育
経済協力開発機構（OECD）	競争力を生み出す国の特徴，取り組み，イニシアティブ，戦略を示すことに重点を置いている	資質と条件	自然資源｜物理構造｜経済状況｜人的・社会的資源
		実績	サステナビリティ｜効率｜福祉｜知識向上
		政策	経済開発｜社会改善｜規制および機関｜技術的能力

6.3 競争力　121

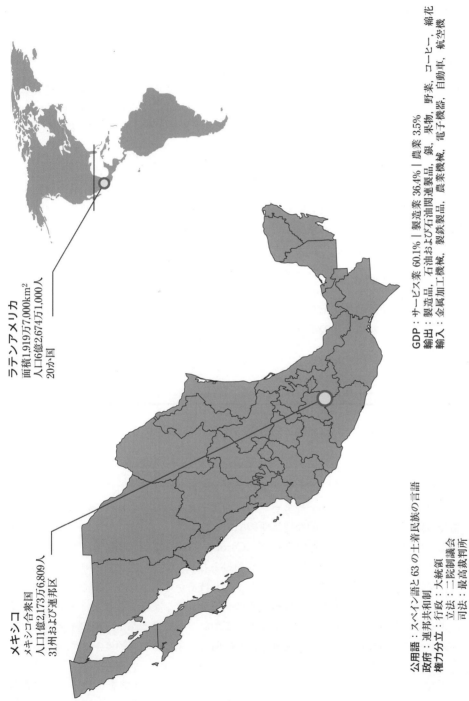

ラテンアメリカ
面積1,919万7,000km²
人口6億2,674万1,000人
20か国

メキシコ
メキシコ合衆国
人口1億2,173万6,809人
31州および連邦区

公用語：スペイン語と63の土着民族の言語
政府：連邦共和制
権力分立：行政：大統領
　　　　　　立法：二院制議会
　　　　　　司法：最高裁判所

GDP：サービス業 60.1% | 製造業 36.4% | 農業 3.5%
輸出：製造品, 石油および石油関連製品, 銀, 果物, 野菜, コーヒー, 綿花
輸入：金属加工機械, 製鉄製品, 農業機械, 電子機器, 自動車, 航空機

図 6.1　メキシコの地理

り米国の景気循環に左右されやすいうえ，石油生産への依存度が高く，また外国から輸入する機械や技術を多用していることから，外部要因の下降気流を受けやすい（Corona, 1997; Porter et al, 2008）。さらに，国内でも問題に直面している。曖昧で透明性に欠ける政策プロセス，非効率な法的制度，中小企業を支援する財務リソースの不足，そして極度の貧困などだ（CONEVAL, 2012）。GDP の構成比率は，60.1％がサービス業，36.4％が製造業，3.5％が農業となっている。これらの条件ゆえに経済的にも技術的にも，そして社会的にも伸び悩み，国の競争力ランキングを落としてきた。2004 年にメキシコは世界の競争力ランキングで 48 位とされたが，以降は急速に順位を落とし，2010 年には最下位の 66 位となった。その後わずかに回復し，現時点では 57 位となっている。

　この順位の推移は，3 つの重要な問題を反映している。第一に，他の開発段階にある国が，国内のインフラストラクチャを正式に確立し，事業効率を高めた結果，競争力を向上させたこと。第二に，メキシコは改革を実行したが，それが思ったほどの効果を挙げておらず，限定的な成長に留まっていること。そして第三に，効果的とはいえない政策や戦略を策定した結果，政府省庁の機能や教育の質を低下させ，情報通信技術の普及も鈍化させたことだ。しかし，これらの問題がある一方で，メキシコには強みもある。マクロ経済環境が比較的安定していること，国内市場が奥深いためスケールメリットを実現できること，輸送交通のインフラストラクチャがそこそこ整備されていること，洗練度の高い企業が多いことなどである（WEF, 2014）。

6.4　イノベーション

　イノベーションとは複数の次元にわたるコンセプトで，様々なレベルからアプローチすることができる（図 6.2）。国レベルでは，進歩を刺激し競争力を維持するために政府が講じる一連の努力といえる。例えば，新興国は，3 段階の発展を経るなかで，キャパシティを構築することにより国内の状況に対応する可能性がある。この結果，新しい技術を応用し設計して，バリューチェーンの差別化を支えられるようになる。技術は，競争力で他国を凌ぐための内生的な経済要因である。

　産業レベルでは，研究開発の集約度（Corona, 1997; OECD, 2007），ローテクとハイテクの活用（Tidd et al, 2005），産業における技術の活用（Sarason and Tegarden, 2001）に影響する手段として，イノベーションと技術が応用される。組織は，技術とイノベーションにどれだけ投資し，技術とイノベーションを業務でどれだけ活用しているかによって，グループ化することができる。このレベルでの戦略は，国のイノベーション体系と呼ばれる学習プロセスを促進（または阻害）する環境，制度，メカニズムを確立することに重点を置く。

　事業レベルのイノベーションとは，プロセス，製品，サービスをデザインして提供する手順のなかで生じるあらゆる「変化」や「改変」を意味する。生産メソッドの実践方法の変更（Tidd et al, 2005），人的あるいは技術的な仲介役の介入（Damanpour,

6.4 イノベーション

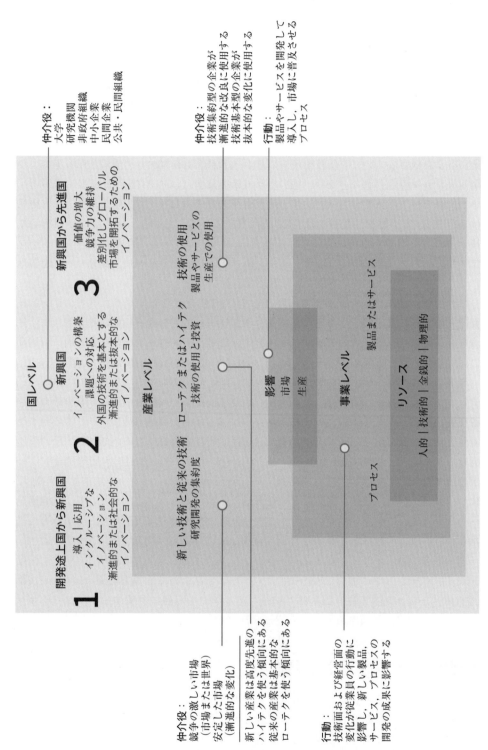

図 6.2 イノベーションの様々なレベル

1987），管理プロセスの応用（Kimberly and Evanisko, 1981），さらには知識の具体化，組み合わせ，合成（Harvard Business Review, 1991）などが，これに含まれる。さらに，事業レベルのイノベーションには，新しい製品，サービス，プロセスの創造と開発（Birchall et al, 1996），その導入と商業化（Tidd et al, 2005），生産と市場に及ぼす影響（Schumpeter, 1942），市場での普及（Zaltman et al, 2004）も含めることができる。組織が確実に知識を生成するには，技術的，金銭的，物理的，人的なリソースが必要となる。

メキシコは，このイノベーションの3段階において2番目の段階にある。資源採掘産業に多くを依存していて，新技術産業のサポートが不足しており，学界と産業界のコラボレーションは行われていない。国の科学技術協議会（CONACYT, 2007）によると，専門知識を持った人材は増えていて，専門分野のある人は1万2,890人，修士号取得者は3万7,832人，博士号取得者は2,101人となっている。しかし，メキシコが研究者や技術者の数を増やすために行っている投資は，GDPの0.36％に留まっている。ラテンアメリカ初のクリエイティブなデジタルシティをはじめ，イノベーションのハブを各地にもたらすような人的能力を開発する戦略と行動は実践しつつある。

これまでに知識移転を促進する部局としてUVTCを設置して，イノベーションと技術開発の分野で官・民・学の連携を促進するプロジェクトを実行している。さらに，知識を行き渡らせ（研究者のデータベースを作成して，イノベーションを分野別，用途別に記録している），知識とソリューションに対する需要を高めるための努力も講じている。

産業レベルでは，メキシコは，コンピュータ，エレクトロニクス，バイオテクノロジー，テレコム，空間技術，新素材，エネルギー，環境技術など，競争が激しい業界の企業を積極的にサポートしてきた。例えば，メキシコは3番目に大きなITサービスのサプライヤと見なされており，32の専門分野に4,000以上の企業がひしめいている。公的な研究センターは72か所あり，イノベーションの全般的なセンターが116か所，研究センターが26か所（CONACYT），技術開発センターが15か所ある。一方，安定市場の組織は，化学，製薬，機器，機械，農業などの従来型の業界にグループ化されていて，研究開発への投資は非常に少ない傾向にある。これら企業の業績は平均以下で，人口100万人当たりの特許取得件数はわずか83.9件だ（IMPI, 2011; WIPO, 2011）。

国の調査では，デザインがイノベーションに及ぼすポジティブな影響（0.8％），国際的なイノベーションの開発（8.8％），イノベーションをめぐる協力関係（1.6％），技術的イノベーションの実現（12.7％），マーケティングや組織に関係するイノベーションの導入（51.9％），品質や環境などの認証（21.2％）の重要性を企業が重視していた。

6.5　デザイン：教育と産業

デザインはこれまで長年にわたり，能力や専門性，およびその実践に伴う結果を理論的に見極めるために研究されてきた。学界の研究者や産業界の実践者は，デザインとは反復的なプロセスであり，仮説的な可能性とそのプロセスの結果を観察し，統合し，生

成し，分析し，評価するためのものと見なしている。その定義は幅広い。言語や語源ごとにそれぞれの意味と形式があるためだ。

　ロマンス諸語のひとつであるスペイン語の「diseño」は，イタリア語の「disegno」（もしくは「dissegno」や「disigno」）から語義上の影響を受けていて，その語源はラテン語の「designare」にある。この「de」は「to come（来る）」を意味し，「signare」は「to mark（印を付ける）」を意味する。つまり，この言葉は，未来の写実的な表現を意味していて，その過程で望ましい解決策に至るための模索のプロセスが行われることを前提としている。このため，その動詞と名詞は，建物や形状の描写や図解を意味する。プロジェクト，計画，大量生産する物体のオリジナルのコンセプト，あるいは口頭の説明やスケッチなどである。

　英語の「design」は，「焼印」，「印」，「表示」などを意味するラテン語の「signare」という動詞に接頭辞の「de」で構成されている。Terzidis によると，この接頭辞は，「反対」や「投資」の軽蔑的な意味では使われておらず，「派生」，「演繹」，「推論」といった建設的な意味で使われている（Terzidis, 2007, p 66）。ゆえに「design」という言葉は，事実，条件，または品質の存在を示唆するものの派生物を意味する。計画や設計図を作成して外観と機能を示すこと，具体的な目的を念頭に置いて何かを計画すること，あるいは建物，衣類，そのほかの物体の外観と機能を決定すること，といった意味がある。このため，デザインの理解とその応用方法は，歴史的・社会文化的な背景によって異なってくる。

デザインの能力

　デザインは，様々な学問を本質的に統合することで幅広い専門分野をカバーする知識の領域である。図 6.3 に示したように，デザイナーは，科学的アプローチの論理的，客観的，具体的な特性を，クリエイティブな活動の主観的，芸術的，かつ短命な性質に組み合わせる。これらのアプローチの交差するところが，デザイナーに特有の専門領域，リサーチの伝統，方法論，実践，社会的影響力をもたらす（Alexiou et al, 2010）。Mitleton-Kelly は，芸術家と科学者には共通の性質があると論じている（Mitleton-Kelly, 2010, p 97）。可能性を模索し，創発を使用し，作品や科学とともに進化し，新しい秩序を創造し，協働作業を通じて開発を進め，クリエイティブな知覚プロセスを使う点などである。このため，デザイナーは，多岐にわたる能力を操って認識し，視覚化し，アイデア化し，プロトタイプやモデルを制作し，操作し，刺激し，不確定性やリスクを受容し，両面から思考する責任を負っている。

　デザイナーは，実践するなかで能力を開発していくことができる。作品は，制作者と使用者の文化に関する情報を提供するために作られた表現物あるいは有形な物体であるためだからだ。デザインはまた，問いに答えるための意識的かつクリエイティブなプロセスとして使うこともできる。このため，デザイナーは，振り返りと改良を好奇心旺盛に続けるプロセスを通じて，今まで見たことのない現象をリサーチし問題を解決するた

126　第6章　成長とイノベーションのための道具としてのデザイン

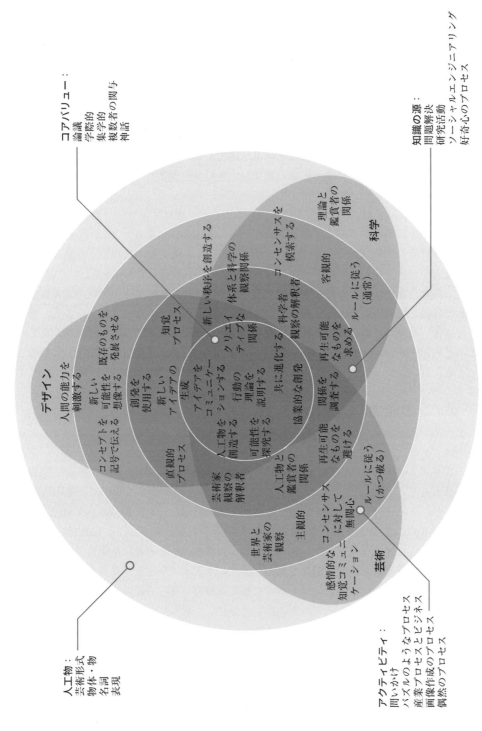

図 6.3　デザインの能力

めの道具とスキルを様々に持ち合わせていなければならない。これらの結果が，新しい可能性を模索するコラボレーションとなる。

　また，デザイナーが，（経済，環境，社会の）サステナビリティやインクルージョン，アクセシビリティ，社会的責任，人権といった国レベルの幅広い問題の議論に参加することも珍しくはない。デザインは，産業，都市，国家の未来を想像（または再想像）することによって，より良い世の中を作るうえで重要な役割を果たす。デザイナーの役割は，政府や政策立案者，実業界や社会の指導者との間で現行のシステムの機能に関するオープンな対話を行って，世の中に対する理解，習慣，認識，行動を問いかけることにある。

　産業レベルのデザインは，様々な業界における人間の能力開発を刺激し，業界の連携の可能性を視覚化することで，市場価値と市場シェアを確保し増大させることができる。デザイナーの役割は，一連のコアコンピタンスを現実化して知的財産と輸出品を増やし，製品やサービスのライフサイクルについての認識を高め，環境，社会，経済の次元を考慮することにある。デザインは主に，次の業界の原動力として用いられてる。クリエイティブ業界（メキシコ），エクスペリエンス業界（スウェーデン），カルチャー業界（フランス，米国，日本），コピーライト業界（カナダ，米国，オーストラリア），メディアおよびエンターテインメント業界（香港），テクノロジーおよび科学業界だ。企業は，象徴的かつ視覚的なコミュニケーション素材を開発するため，物質的なものを生産するため，アクティビティやサービスを企画制作するため，暮らしと遊びと学びの環境を考案するため，また複雑なシステムを開発するために，デザインを使用している（Buchanan, 1997; Johnson et al, 2010; Wood, 2010）。

　これらの行動を通じて達成できることには，財務業績を向上させる，ブランドを顧客に訴求する，価値観と業務の現実を融合させた事業モデルを開発する，従業員のスキルと能力を開発する，製品またはサービスの性質や収益性に影響する，といったことが挙げられる。そしてデザイナーは，クリエイティブに思考する人，問題を解決する人，意思決定を下す人，各方面の調整を図る人，集団を率いる人，未来のビジョンを描いてみせる人として行動する。

国，産業，事業のレベルでのデザイン

　国，産業，および事業のレベルでのデザインの影響を測定する方法はいくつも存在する。国レベルでとらえる指標には，ブランディングの範囲，イノベーションの能力，プロダクトデザインの独自性，生産プロセスの洗練度，マーケティング活動の範囲，人的資本の開発，知的財産の開発，輸出や売上高への影響，デザインへの総投資，総売上高などがある。

　産業レベルと事業レベルでのデザインの評価には共通する発展段階があることが，これまでの研究で示されている（図6.4）。最初の段階は，デザインが活用されていない非デザインの段階で，組織内で意識的なデザイン行動が取られていないことを意味する。

128　第 6 章　成長とイノベーションのための道具としてのデザイン

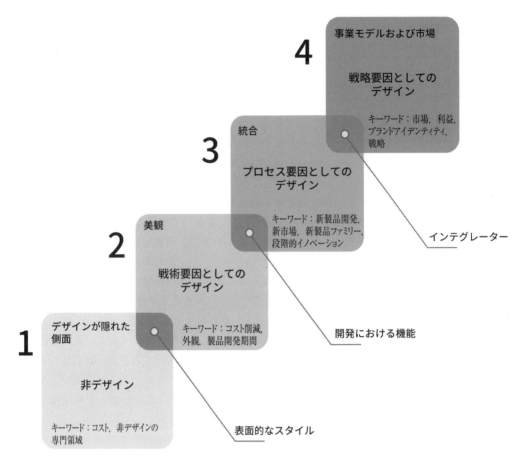

出典：DMI（2003）

図 6.4　デザインの価値のモデルに含まれる 4 つの段階

　この段階では，デザイン以外の専門領域が機能性と美観を開発し，意思決定を下す。次の段階は，スタイルや表面的な活動としてデザインを活用する段階である。ここでは，最終的な成果の一部に美観を統合する道具としてデザインをとらえるが，もう少し進化すると機能に融合させるための道具にもなる。3 番目の段階は，新しい製品やサービスの開発システムの中核をなす内在的な要素としてデザインを位置付ける。様々な専門領域の方法論を使用してアイデアを結合し，組織全体に浸透させる（デザインがインテグレーターとなる）。そして最後の段階では，戦略的差別化を達成するうえで欠かせない側面としてデザインをとらえ，斬新かつ画期的なイノベーションを用いて新しい事業モデルを開発し，市場を再定義していく。

　メキシコは，他の新興国と同様に，国レベルと産業レベルのデザイン研究が不足している。しかし，デザインがクリエイティブ業界に及ぼす影響を評価・記録しようとする

試みは行われている。

　一方，デジタルコンテンツ，アニメーション，ビデオゲーム，ソフトウェア，テレビのコンテンツと制作には参加していて，これらの産業はメキシコのGDPの7％を占めている。デジタルコンテンツの輸出国としては世界で6位の地位にあり，1,500社以上が携わっているほか，エンターテインメントと広告の制作国としては世界13位で，年間10万時間以上が制作されている。広告業界は2014年の市場規模が推定270億ドルで，エンターテインメント業界で最も急成長中のセグメントとされた。

　デザインの専門性から恩恵を受けているほかの業界としては，テキスタイルおよびアパレルと家具がある。2013年の輸出高はテキスタイルおよびアパレルが6兆9,090億ドル，家具が6兆4,330億ドルだった。また，デザインは，販促という点から観光業にも寄与すると見られている。観光業は，将来的にGDPの8.4％に達することを目標としている。人口100万人当たりの商標登録は514.19件，意匠登録は23.61件，実用新案は1.59件だ（IMPI, 2011; WIPO, 2011）。これらの数値は，国レベルでのデザインの潜在性を物語っている。

教育の影響力

　教育は，未来の社会人に知識とスキルと手段をもたらし，産業やひいては社会全体に影響を及ぼすうえで重要な役割を果たす。前述したとおり，デザインの能力は，文化的，社会的，歴史的な背景によって異なる。メキシコの教育はヨーロッパの思想と深いつながりがあるが，これには16世紀の征服だけでなく，第一次・第二次世界大戦や内戦の最中に多数の移民が流れ込んだ歴史が影響している。教育課程では，作品を制作する芸術の伝統のほか，デザインの実践と経済と理論に関する正式な用語，理想的な作品の構成，新しい知識分野についての議論，社会と環境の要請に応える可能性などが指導されている。デザインの学位は，文系と理系の両方に設けられている。文系の学位では，全般的な知識よりも職業的な知識のほうが多くを占め（25％対75％），プロダクトデザイン，コミュニケーションデザイン，インテリアデザイン，グラフィックデザインなどの能力にかかわっている。この25％対75％を逆にして職業的な知識よりも全般的な知識に重きを置く課程も，デザインの職業に関する議論を広げるためとして擁護されている。理系の学位では，職業的な知識と全般的な知識がほぼ50％ずつでバランスが取れていて，インダストリアルデザインが専門特化した分野として存在している。

　国の政策と教育基準を策定し導入しているのは，公教育省である。同省は，教育機関の認可，科学技術研究機関の設立，教育開発センターの設立などを司っている。この公教育省と並んでデザイン教育課程認可協議会が，デザイン分野の教育機関の認可を管轄している。教育関連のほかの組織としては，グラフィックデザイン学校協会，インダストリアルデザイン学校協会，インダストリアル・グラフィックデザイン大学，国立文化芸術協議会，国立科学技術協議会，高等教育機関認可協議会などがある。

　メキシコ全土でデザイン教育課程の認可を受けた大学は47校，教育機関は224校あ

り，これらは学部および大学院レベルの教育を提供している。提供されている学位の数は学士号が最も多く（134件），続いて修士号（77件），博士号（13件）となっている。表6.3に示されているとおり，教育課程の過半数は人文科学系の学位だが，社会科学系の課程もある。

学士レベルで最も多いのはグラフィックデザイン，インダストリアルデザイン，マルチメディアデザインの課程で，逆に最も少ないのはエンジニアリングデザイン，ビジュアルデザイン，ビジュアルアーツの課程である。学士レベルで最も好まれているデザイン分野がその後の教育機会をあまり多く提供していない点は，非常に興味深い。事実，この点で圧倒的に多いのは，エンジニアリングデザイン，デザイン，マネジメント，イノベーション，情報デザインなどの理系の課程である。

修士レベルの機会が比較的少ない課程は，ドキュメンタリー，ビジュアルアーツ，ファッション，マーケティングなど，芸術に根ざした課程といえる。博士レベルでは，芸術，エンジニアリング，社会科学の過程がほぼ同数を占めている。科学とデザインアーツは，課程数が最も多く，逆にドキュメンタリー映画，インダストリアルデザイン，ビジュアルアーツが最も少ない。このことは，継続的な教育開発や大学院レベルの高度なトピックの振興という点で抜けている点があり，大学院レベルでは理系の課程が優勢になることを示唆している。

基本理論や技術的スキル，成果物という観点から共通点のあるデザインの専門分野を大局的にグループ化したのが図6.5である。15のグループがあり，全体としては科学とデジタルに偏りがあることが分かる。ただし，最も多くのグループ（6つ）が集中しているのは，芸術と科学の中間，アナログとデジタルの中間だ。課程数の多いグループは，

表6.3　メキシコの学位別デザイン課程

学士号 学位名	件数	修士号 学位名	件数	博士号 学位名	件数
グラフィックデザイン	30	情報デザイン	12	グラフィックデザイン	2
インダストリアルデザイン	25	インダストリアルデザイン	6	インダストリアルデザイン	1
マルチメディアデザイン（デジタル）	21	ドキュメンタリー	2	ドキュメンタリー映画	1
ファッション，イノベーション，トレンド	15	ファッションおよびマーケティング	1	デザインおよび芸術	2
デザインおよび芸術	13	デザインおよび芸術	10	ビジュアルアーツ	1
ビジュアルアーツ	4	ビジュアルアーツ	2	科学およびデザインアーツ	4
インテリアデザイン	8	インテリアデザイン	4	情報テクノロジー	2
エンターテインメントおよびビジネス	8	デザイン，マネジメント，イノベーション	13		
エンジニアリングデザイン	6	エンジニアリングデザイン	13		
ビジュアルデザイン	4	インタラクションデザイン	4		
		デザインおよび出版	3		
合計	134	合計	70	合計	13

グラフィックデザインとインダストリアルデザインで，逆に少ないのは，プロダクトデザインおよび製造，ソフトウェア，エンジニアリングおよびマネジメント，ドキュメンタリーおよび映画となっている。科学とデジタルに近いグループは，ソフトウェア，エンジニアリングおよびマネジメント，情報・ビジュアルデザイン，そしてデザインとマネジメントおよびイノベーションだ。反対に，芸術とアナログに近いグループは，芸術およびデザイン，ドキュメンタリーおよび映画だ。成果物という点では，製品，サービス，戦略，プロセス開発，知識体系があるが，科学とデジタルに近いグループはこれら

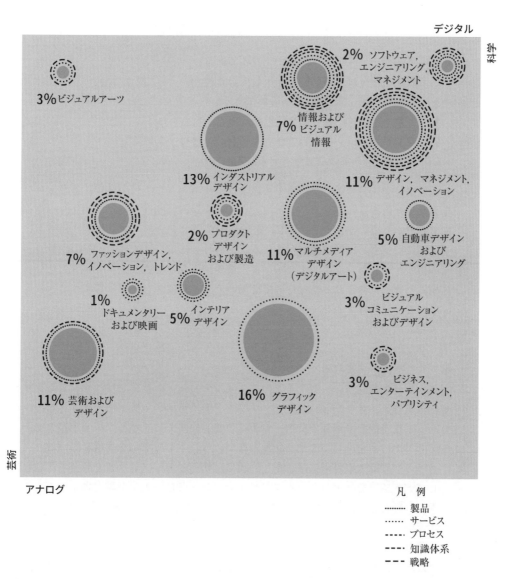

図6.5　メキシコの教育市場におけるデザインの専門分野

5つの成果物すべてをもたらすのに対し，芸術とアナログに近いグループが製品，サービス，知識体系に偏っていることは興味深い。

6.6　産業におけるデザイン

　ここからのセクションでは，デザインについての認識を向上させ，産業におけるデザインの役割を高め，インクルーシブな国のアイデンティティを定義する効果があったいくつかのケースを考察していく。

　これらの事例を選ぶに当たっては，次の規準を適用した。

1　オーナーとスタッフがメキシコ人である。
2　デザインを日々の活動で応用している。
3　従業員数が1人から50人の間である。
4　デザインの専門性の開発に積極的である。
5　産業界または学界とのコラボレーションを行っている。
6　設立から10年以上経っている。

　この狙いは，デザインが経済をどのようにサポートし，社会全体に恩恵をもたらすかを示すことにある。市場参加者と国の行動および教育制度が及ぼす相互作用を4段階の枠組みで示したのが図6.6である。市場参加者には，結果，プロセス，戦略としてのデザインに投資する民間組織が含まれる。国の行動には，独立的な立場の団体，政府省庁，国のデザインカウンシル，デザイン賞，業界団体などを盛り込んでいる。ただし，この枠組みとそこに含まれる情報だけでは国のデザイン政策を必ずしもすべてとらえきれていないことに注意する必要がある。

　最初の段階の非デザインには，職人や技師を介してデザインを使用している中小企業，またはデザイナー以外のスタッフがデザイン関連の意思決定を下している非政府組織や政府機関が含まれる。

　戦術レベルの段階は，デザインのコンサルティング会社やフリーランスのデザイナーまたはアーティストを雇い入れて，ブランドアイデンティティをデザインしている企業である。政府機関や個別の芸術・デザイン関連機関では，コミュニティがアーティストやデザイナーと交流してデザイン意識を高められるような場を提供している。

　第三のプロセスの段階には，新しい製品，サービス，プロセスを開発する際の方法論としてデザインを使用しているコンサルティング会社や大手企業が含まれる。この段階の国の行動としては，地域開発のための触媒としてデザインを振興するフェスティバル，ビエンナーレ，イベントなどが挙げられる。

　最後の戦略的な段階では，企業が価値観を創造するための中心的な側面として，あるいは政府が持続可能な開発を行うための重要な競争要因として，デザインが位置付けられる。この段階においては，産業界，デザインコミュニティ，教育コミュニティの間の

6.6 産業におけるデザイン 133

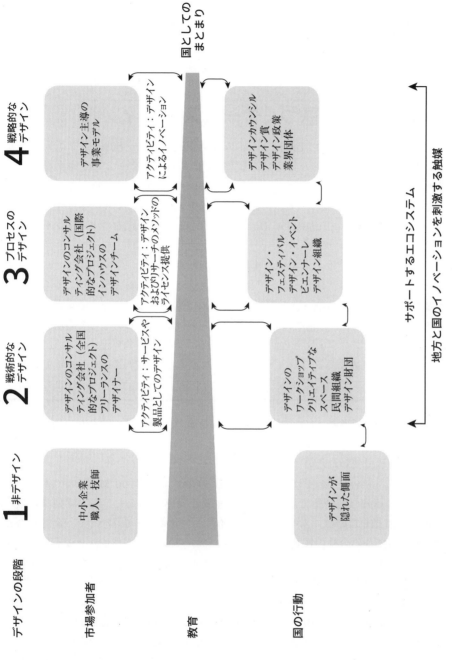

図 6.6 デザインの枠組み

対話を促し，国レベルの実践と影響力を実現するようなエコシステムがサポートされていなければならない。

戦術レベルでは，有形および無形の結果をリサーチし，設計し，生産するためのプロセスとして，かつ国の市場を反映した視覚的手段として，デザインが使われている。

6.7　4つの段階に基づくケーススタディ

Ideogramaは2009年にJuan Carlos FernándezとJosep Palauがクエルナバカで設立したブランドデザインの会社である（今ではモントリオールにも事業を拡大している）。ブランド開発とエクスペリエンス開発という2つの基本原則に基づく方法論を統合させ，これまでにメキシコ政府（México 2010），大手企業（Volaris），中小企業（iögo, intec），非政府組織（Fundación Dondé）など200以上の組織のアイデンティティをデザインしてきた。

このセクションでは，メキシコ連邦政府が発注した「二百年祭2010」のプロジェクトを紹介する。このプロジェクトでは，独立から200年，メキシコ革命から100年という2つの記念を祝うユニークなデザインが開発された。2つの記念をまとめるひとつのアイデンティティが，1年間にわたってグラフィックデザインとして各所で用いられたのである。このプロジェクトの狙いは，メキシコの歴史，独自性，多様性，そして国としての結束を象徴するグラフィックを2つの記念という枠組みのなかで開発することだった。アルゼンチン人の書体デザイナー，Ruben Fontanaが，Andraliというフォントを提供した。このフォントにより全体的なトーンがもたらされただけでなく，既存の型を破る姿勢が示され，2つの出来事が社会をどれだけ激動させたかを伝えることができた。制作されたロゴは，看板，紙幣，硬貨，ポスター，垂れ幕，旗，ウェブサイトなど，多数の場で使われたのである。

2000年にLaura Gomezが設立した会社，Guia de Diseño Mexicanoは，デザインについての認識を国全体で高めるうえで重要な役割を果たし，国の行動に貢献した。Gomezが目指したのは，メキシコのデザインとデザイナーを国内外にPRすることだった。その後，この会社の役割は拡大され，ニュースレターの作成，デザインを専攻する学生や非デザイナーのためのアクティビティ企画，プロフェッショナル育成のためのワークショップ提供などが含まれるようになった。Gomezの努力によってメキシコは，デザイナーのデータベースを構築し，デザイン関連イベントを多数企画し，デザイン業界団体やデザイン関連のプロジェクトを開発して国の政策へと成長させていくようになった。Guia de Diseño Mexicanoは，最近ではデザインのワークショップを告知・提供するプラットフォームを立ち上げており，例えばMasiosare Studioと協力するワークショップ「起業家のための戦略的クリエイティビティ」（アイデアを生成しそれに価値をもたらすためのツールや方法論を学習するワークショップ）などを提供している。

プロセスのデザインの段階にある組織は，複雑な科学と芸術の伝統を統合して，実験

的なデザインの活動を可能にしている。Cristina Pineda と Ricardo Covalin は，1996 年に Pineda Covalin を設立した。メキシコとラテンアメリカの伝統，文化，自然の美しさをファッショナブルな製品として共有することを目指す会社である。彼らのデザインするアクセサリーやファッション製品は，新しいテクニックや生産プロセスを実験的に用いることで，色，柄，形状を通じてストーリーを語っている。今では国際ブランドに成長して，ギリシャ，ロシア，イギリス，スペイン，南アフリカ，ナイジェリア，ペルーなどの 100 以上の小売店で取り扱われているほか，米国とメキシコに自社の旗艦店も所有している。また，Epson のデジタル捺染印刷機の早期導入デザイナーとしても知られていて，この技術によりデザインに無限の可能性がもたらされた。高品質のオリジナルプリントが可能になり，デザイナーが生地上で独自のスタイルを定義できるようになったのである。

　国レベルでは，連邦政府の各地の出先機関と民間組織によって 1994 年に設立された Centro Promotor de Diseño がある。このデザイン振興センターは，中小企業が国内外の市場での競争力を付けられるよう支援していて，企業に対して総合的な技術サポートを提供することで，新製品開発プロセスでデザインを活用できるようにしている。特にコンサルティングに重点を置いているのが，食品，飲料，クラフト，ギフト，繊維，アパレル，レザー，靴，観光，店舗，金属，樹脂，家具，アクセサリーなどの業界のインダストリアルデザイン，プロダクトデザイン，グラフィックデザイン，およびマーケティングである。モレロス州の観光庁とクエルナバカ市の観光局は，このコンサルティングを利用して観光地としてのイメージアップを図った。グラフィックアイデンティティの手順に従って，州と市のアイデンティティをデザインし直し，さらに広告のキャッチコピーも開発した。

　戦略的なデザインの段階では，国の競争力を支える産業としてデザインを積極的にサポートしていく。このレベルで活躍しているのが，Luis Arnal と Roberto Holguín が設立したデザインイノベーションのコンサルティング会社，INSITUM だ。2002 年にメキシコシティで小さな会社としてスタートしたが，今ではアルゼンチン，ブラジル，コロンビア，ペルー，米国，スペインに事業を拡大している。グローバルなブランドがラテンアメリカ市場を開拓しようとする際の戦略を定義するという点で，ラテンアメリカ地域の草分け的なコンサルティング会社となっている。同社が得意とするのは，顧客企業の製品やサービスを人々がどのように使用しているか，購入しているか，流通・販売しているか，インタラクションしているかといった知識体系を構築するための戦略手段としてデザインを使用できるようサポートすることである。

　INSITUM はこれまでに，ブランド開発，戦略リサーチ，デジタルインタラクション，組織改革，製品戦略，サービス改革のプロジェクトを 180 件以上手がけている。顧客の業界は，B2B，教育，金融サービス，食品・飲料，政府・行政，医療，メディア，エンターテインメント，不動産・都市開発，小売，テレコム［電気通信］などにわたっていて，例えばサービスデザインのための戦略を策定した世界カカオ財団とのプロジェクト

などがある。

このプロジェクトでは，コートジボワールのカカオ農園に関する定性的調査を行った。その目的は，成功を収めている農園の特徴と意思決定のプロセスを理解して，ほかのカカオ農園に対して伝えるべき戦略と洞察，また介入行動を特定することだった (INSITUM, 2015)。

メキシコには，国のデザインと芸術，そしてそれらの作り手を認識しようとする団体や取り組みが多数存在する。Diseña Mexico は，デザイン専門家の諮問委員会が率いる市民団体で，メキシコのデザイン政策を形成することを目指している。これまでに，経済・ビジネス，サステナビリティ，科学・技術，教育，文化とアイデンティティという5つの分野でデザインを活用する行動を提案してきた。また，デザインがどのように競争力を高め，サステナビリティの認識を向上させ，イノベーションとテクノロジーの進歩を後押しし，学習のプラットフォームを構築し，メキシコ文化のイメージを創造し守るかを考察してきた。また，デザイナーの Alvaro Rego García de Alba が発案して2002年初めに設立されたメキシコ初のデザイン美術館と MUMEDI AC 財団も特筆に値する。国内外の両方に向けてインダストリアルデザインとグラフィックデザインをアピールしていくことを目指し，一貫性のあるプロジェクトを手がけることを，Alvaro は構想した。メキシコのデザインの歴史とその進化を紹介する常設展のスペースに加え，メキシコのデザインに対する認識向上を図るためのスペースが設けられている。これらの取り組みはすべて，2018年の世界デザイン首都にメキシコシティが選ばれることにつながった。

6.8 まとめ

この章では，イノベーション主導型の経済へと移行しつつあるメキシコにおいて，デザインが果たしている役割を簡単に紹介した。デザイン業界と国の行動および教育制度が国としてのデザインのまとまりを創り出すうえで相互にどのように絡み合っているかを枠組みにして示した。そして，デザインが主にクリエイティブ業界，すなわちファッション，カルチャー，メディア，エンターテインメントで活用されていることを特定した。教育におけるデザインは，科学とデジタルを重視する専門領域へと向かいつつある。デザイナーのコアバリューは，製品とサービスのデザインや戦略の定義に集中しているが，デザインの活用が知的財産の生成や国の競争力にどのように影響していくかは，今後注目されるところだ。

全体としてメキシコは，政府，企業，メディア，専門家，教育機関の間のダイナミックなコラボレーションを通じてデザインをサポートし，デザインの役割と応用に関する未来のビジョンを打ち出していかなければならない。この作業においてはデザインについての認識を向上させるための調査や探究が必要とされるが，その範囲や有効性，全般化にはいくつかの限界があることも強調しておくことが重要である。

〈著者略歴〉

　Beatriz Itzel Cruz Megchun 博士は，ソチミルコ自治都市大学でインダストリアルデザインの学位を取得した．その後，イギリスのサルフォード大学でデザインマネジメントの修士号を取得し，さらにスタッフォードシャー大学で新産業における技術主体企業の振興手段としてのデザイン活用をテーマにした論文で博士号を取得した．

この章のおさらい

主なポイント

1. メキシコは，国全体が抜本的な変化を遂げつつあるが，なおも米国への輸出に大きく依存している．
2. エレクトロニクス，バイオテクノロジー，テレコムなどの業界では，イノベーション活動が盛んに行われている．
3. メキシコのクリエイティブ業界をサポートする姿勢が認識され，メキシコシティが 2018 年の世界デザイン首都に選ばれた．

チェックリスト

- メキシコは，クリエイティブ業界を非常に重視している．
- 主要業界がイノベーション活動を率いている．
- 戦略的成長を促す手段として国の政策レベルでデザインが認識されている．

復習の問い

Q1　メキシコは，米国との経済関係から恩恵を受けているが，これに内在する脆弱性もある．その潜在的な弱さとは何か．

Q2　メキシコ政府は，主要業界のイノベーション活動を支援・奨励しているが，そうした活動を広めるうえでは課題を抱えている．その課題とは何か．

Q3　デザイン業界は，メキシコの幅広い社会問題に取り組んでいる．この章に記載されているそれらの社会問題とは何か．

プロジェクト用の課題

Q1　メキシコは現在，世界のデザインセンターとしてリブランディングを進めている．これを念頭に置いて，その野心を盛り込んだ国際的な広告会社のためのデザインブリーフを開発する．

Q2　メキシコのデザイン業界の強みと弱みに焦点を当てた SWOT 分析を行ったうえで，戦略的開発領域を提案する．

Q3　メキシコの国のルーツを反映している大手ブランドを特定したうえで，国のア

イデンティティを反映するデザイン要素のビジュアル分析と監査を行う。

参考文献

Alexiou, K, Johnson, J and Zamenopoulos, T (2010) Embracing complexity in design: emerging perspectives and opportunities, reprinted in *Designing for the 21st Century: Interdisciplinary methods and findings*, ed. T Inns, Gower, London, pp 87-100

Black, J (1998) *Latin America: Its problems and its promises: A multidisciplinary introduction*, Westview Press, Boulder

Birchall, D, Chanaron, J and Soderquist, K (1996) Managing innovation in SME's: a comparison of companies in the UK, France and Portugal, *International Journal of Technology Management*, 12 (3) pp 291-305

Buchanan, R (1997) Education and Professional Practice in Design, remarks presented at the plenary session of the International Council of Graphic Design Association XVII World Congress, Uruguay, October

CONACYT (Consejo Nacional de Ciencia y Tecnología) (2007) Información Estadística e Indicadores [オンライン] http://www.siicyt.gob.mx/index.php/estadisticas/informe-general/informe-general-2007/270-indicadores-2007/file

CONEVAL (Consejo Nacional de Evaluacion de la Politica de Desarrollo Social) (2012) Pobreza y derechos sociales de niñas, niños y adolescentes en México, 2010, *UNICEF* [オンライン] https://www.unicef.org/mexico/spanish/UN_ BriefPobreza_web.pdf

Corona, L (1997) *Cien Empresas Innovadoras en México*, Miguel Angel Porrúa, México

Corona, L (2005) *Centro de Investigación y Docencia Económicas*, Fondo de Cultura Económica

Damanpour, F (1987) The adoption of technological, administrative and ancillary innovations: impact of organizational factors, *Journal of Management*, 13 (4) pp 675-88

DMI (2003) Design value model ladder, DMI [オンライン] https://dmi.site-ym.com/?13244RAE30

Harvard Business Review (1991) *Innovation Management*, Harvard Business Review, Boston

IMPI (Instituto Mexicano de la Propiedad Mexicana) (2011) Datos Estadisticos [オンライン] https://www.gob.mx/cms/uploads/attachment/file/61617/IA2011.pdf

INSITUM (2015) Qualitative farmer economics study, World Cocoa Foundation [オンライン] http://www.worldcocoafoundation.org/wp-content/uploads/files_mf/1476454716Insitum_WCFFarmerEconomicsStudyFinalReportwithREVISIONS.pdf

Johnson, J et al (2010) Embracing complexity in design, reprinted in *Designing for the 21st Century Interdisciplinary Methods and Findings*, ed T Inns, Gower, London

Kimberly, J and Evanisko, M (1981) Organisational innovation: the influence of individual, organisational and contextual factors on hospital adoption of technological and administrative innovations, *Academy of Management Journal*, 24 (4), pp 689-715

Kirby, P (2003) *Introduction to Latin America: Twenty-first-century challenges*, Sage, London

Larrain, J (2000) *Identity and Modernity in Latin America*, Polity Press, Cambridge

Mitleton-Kelly, E (2010) Identifying the multi-dimensional problem space and co-creating an enabling environment, *First International Workshop on Complexity and Real-World*

Applications, 21-23 July 2010, Southampton, UK

OECD (Organization for Economic Co-operation and Development) (2007) Economy Policy Reforms: Going for Growth 2007 - Mexico Country Note［オンライン］http://www.oecd.org/LongAbstract/0,3425,en_33873108_33873610_38088703_1_1_1_1,00.html

Oxford Analytica (1991) *Latin America in Perspective,* Houghton Mifflin, Oxford

Paunov, C (2012) *Innovation for Development,* OECD, Paris

PBR (Population Reference Bureau) (2014) World Population Data Sheet 2014［オンライン］http://www.prb.org/Publications/Datasheets/2014/2014-world-population-data-sheet/data-sheet.aspx

Porter, M, Sachs, J and McArthur, J (2008) Executive summary: competitiveness and stages of economic development, *WEF*［オンライン］http://sdnbd.org/sdi/issues/economy/ExecSumm-competitiveness-ranking-2001.pdf

Sarason, Y and Tegarden, L (2001) Exploring a typology of technology-intensive firms: when a rose is a great rose? *The Journal of High Technology Management Research,* 12 (1) pp 93-112

Saunila, M and Ukko, J (2012) A conceptual framework for the measurement of innovation capability and its effects, *Baltic Journal of Management,* 7 (4), pp 335-75

Schumpeter, J (1942) *Capitalism, Socialism, and Democracy.*Harper and Brothers, New York ［邦訳］『資本主義、社会主義、民主主義1 & 2』、日経BP社、2016

Skidmore, T and Smith, P (2001) *Modern Latin America,* Oxford University Press, Oxford

Terzidis, K (2007) The etymology of design: Pre-Socratic perspective, *Design Issues,* 23 (4), pp 69-78

Tidd, J, Bessant, J and Pavitt, K (2005) *Managing Innovation: Integrating technological, market and organisational change,* 3rd edn, John Wiley and Sons, Chichester

WEF (World Economic Forum) (2014, 2 Mar 2014) The Global Competitiveness Report 2014-2015［オンライン］http://www.weforum.org/reports/global-competitiveness-report-2014-2015

WIPO (World Intellectual Property Organization) (2011) World intellectual property indicators 2011, *WIPO*［オンライン］http://www.wipo.int/edocs/pubdocs/en/intproperty/941/wipo_pub_941_2011.pdf

Wood, J (2010) Metadesign: the design practice that designs itself, reprinted in *Designing for the 21st Century Interdisciplinary Metods and Findings,* ed T Inns, Gower, London

Zaltman, G, Duncan, R and Holbeck, J (1973) *Innovation and Organization,* John Wiley and Son, New York

推薦文献

Sanders, E and Stappers, P (2008) Co-creation and the new landscapes of design, *CoDesign,* 4 (1), pp 5-18

Sudjic, D (2009) *The Language of Things.Design, luxury, fashion, art: how we are seduced by objects around us,* Penguin, London

Van Abel, B, Evers, L, Troxler, P and Klaassen, R (2014) *Open Design Now: Why design cannot remain exclusive,* BIS Publishers

ウェブリソース

Design Week Mexico
  建築家，インダストリアルデザイナー，グラフィックデザイナー，インテリアデザイナー，学生，および一般市民を対象としたデザイン文化関連の各種イベントを1週間にわたって開催することで，メキシコにおけるデザインのプラットフォーム開発を目指す非営利団体。
  http://www.designweekmexico.com

World Design Capital - Mexico 2018
  世界で6つ目，南北アメリカで初の世界デザイン首都に選ばれたメキシコシティは，世界と共有できるすばらしいストーリーを有している。デザインを活用して都市化の課題に取り組み，住みやすい街を作ろうとしている世界各地の大都市に良い見本を示している。
  https://www.wdccdmx2018.com/

Design Sponge
  メキシコシティ在住のElisa IturbiとKate Newmanが運営する興味深いブログ。デザインとの強いつながりがある市内のスポットを紹介している。
  http://www.designsponge.com/2010/08/mexico-city-guide.html

デザインの未来
変化のイネーブラーとしてのデザイン

CHAPTER 第7章

この章の狙い
- 組織において技術導入とイノベーションの実践の間にどのような関係があるかを考察する。
- 「ミレニアル」と「グレーパウンド［主にイギリスで使われる表現で，「シニア世代」のこと］」という2つの人口統計学的グループが頭角を現している現象を議論する。
- 消費者を取り巻く環境が変化している現状を解説し，企業の社会的責任の重要性について議論する。
- イギリスの著名デザインストラテジストへのインタビューを紹介し，デザインの実践とデザインマネジメント全般の様々な側面について議論する。
- 中小企業が製品を海外に輸出できるよう支援することを主眼としたニュージーランドのデザイン支援制度について議論する。

7.1　はじめに

　この章は3つのセクションで構成し，デザインの性質の変化に影響しつつある新たなテーマをそれぞれ取り上げる。まず最初は，デザインと技術の変化についての議論だ。次に，イギリスの著名デザインストラテジストへのインタビューを紹介し，デザインの実践に関する興味深い洞察と観察を共有する。そして最後に，ニュージーランドのデザイン支援制度についてのケーススタディを通して，デザインの向上によって中小企業の経済成長がどのようにサポートされているかを見ていく。

7.2　デザインと技術の変化

　社会，技術，政治の展開が，ビジネスと世の中に変化を起こしている。これを受けて，私たちが製品やサービスを考案し，デザインし，開発する方法も変わらなければならない。この状況に前向きに対応していくために，次世代のデザイナーは，単にデザインを提供する人ではなく，拡大するオーディエンスの主体的なクリエイティビティを引き出

す「イネーブラー」になりつつある。この新しいデザイン環境では，馴染みのない新しい概念も次々に登場して，重要性を高めている。例えば，新知識経済，デジタルに明るいマルチスキルのデザイナーの登場，サステナブルなチェンジマネジメントなどである。この章では，大きなテーマとそれに含まれる多数のサブテーマを広範にとらえて概説していく。これらは緩やかに2つのセクションに分けることができる。技術と社会である。ここでいう社会とは，かなり狭義で，人口構成の変化と倫理意識の高い消費者が企業責任を要求するトレンドに特化している。ただし，取り上げるテーマの多くは，変化やトランスフォーメーションを起こしているテーマに密接に関係している。つまり，原因と結果を簡単に分けることができず，それには詳細な議論と分析が必要になる。この技術と社会の環境変化に加えて，高い成長潜在性を持った経済国が出現し，輸出を増やしているだけでなく，独自の文化的アイデンティティを表現するようになっている。これらの変化が組み合わさった難しい市場で効果を示すには，デザイナーがローカルな文化のニュアンスとそれに内在する微妙な価値観を理解しなければならない。

　技術進歩は，革新性のある組織や個人にとってかつてないほど多くの機会をもたらしている。新しい技術のコストが下がったことで，投資コストが非常に重要な要因となる小さな組織でも手に入れやすくなっているためである。例えば，3D印刷は，製品やサービスのデザイン，生産，流通を民主化する。また，クラウドサービスやモバイルインターネットも，これまで成長の原動力とは縁遠かった開発途上国などに機会をもたらす可能性がある。高度なロボティクスを利用した製造機械は，生産プロセスを効率化するが，開発途上国が強みとする低コストの労働力に対するグローバルな需要を縮小させる可能性もある。開発途上国と先進国の間の不均衡をもたらすさらなる要素には，不釣り合いな機会共有がある。技術進歩は，それを利用する財力がある人にとっては大きな価値をもたらす。マサチューセッツ工科大学の経済学者，Erik Brynjolfsson と Andrew McAfee は，次のように観察している（Brynjolfsson and McAfee, 2011）。

　　　知識作業の自動化や高度ロボティクスなどの技術進歩は，一部の高度熟練労働者と資本家に不相応なほどの有利な機会をもたらす一方で，機械を使い慣れていない一部の非熟練労働者は職を失う可能性がある。

　新しい技術はメディアで大きく取り沙汰されていて，これらが世界をどのように「永遠に」変えるかについて，大衆もすっかり魅了されている。しかし興味深いことに，これらの技術が価値創造に寄与すると明らかに証明する証拠は，依然として限られている。新しい技術の影響を測定するうえでもうひとつ問題となるのが，それらの技術が実際に全世界で，とりわけ開発途上国で人々の暮らしをどのように向上させるかだ。クラウドコンピューティングとモバイルインターネットがもたらす幾多のメリットは，データ保護やプライバシー保護の脆弱性というリスクによって相殺されている。

　これらの技術が時間とともに進化していくのに伴って，ビジネスリーダーやイノベーター，デザイナーがこの機会を最大限に活用しながらも課題に対応していくことが，重

要かつ時宜にかなった行動といえるだろう。組織のデザインマネジャーや最高デザイン責任者は，これらの展開の「勝ち組」になる必要がある。この目標を達成する当面の方法のひとつが，技術を早々に導入して，破壊的な脅威を商業機会に変えることである。技術はもはや，会社の財務上「経費」として扱われるのではなく，会社の戦略を可能にするデザイン主導のイネーブラーとなっている。企業の戦略に関係する新しい技術は，様々な形態で現れる可能性がある。例えば，詳細なデータとその分析によって，新しいオーディエンスとつながる斬新な方法が見えてくるかもしれない。デザインの担当者は，新しい技術が広く普及するのを待ってから自社でも導入し戦略的ビジョンに活用することを検討すべきではない。しばしばこれが現実になっているが，それでは新しいアイデアと事業機会を利用するイノベーターには遅すぎる。技術をデザインと生産のプロセスに組み込むことにより，クリーンで効率的なオペレーションに向けて大きく前進できるだけでなく，はるかに技術的に進んだオペレーションに移行できるようになる。また，多くの技術は，きわめて競争の激しい消費者市場，特にインターネット上で成熟していくだろう。McKinseyが行った調査では，創造される経済的余剰の過半数を消費者が手にすることが示された（McKinsey, 2011）。

ただし，これが組織の従業員に及ぼす影響もある。従業員が日々の業務のなかでそれぞれの知識スキルを強化するよう求める流れだ。企業は，新しい技術を取り入れて活かしていくことのできる高いスキルを持った人材を雇い入れなければならないだろう。その方法のひとつが，政策立案者と地元コミュニティに働きかけて高等教育を整備し，人材開発と教育研修に投資することである。政策立案者がデザイン政策を策定するに当たっては，経済をどのようにサポートすればデザイン主導のイノベーションから技術的なメリットを得られるかについて，十分に情報を得て総合的な見地に立つのが有益だろう。技術の引き起こす「破壊」を意味のある変化に変える新たな方法を見つける一方で，国や地方の経済にとってより重要性の高い技術を取り入れるようにすることができる。多くのケースでは，破壊的な技術を前進させるよりも前に，適切な規制の枠組みを確立し導入する必要が生じるだろう。また，政府が標準を開発したり，アイデアを実用化するためのリサーチに補助金を拠出したりする必要もあるかもしれない。さらに，進歩と個人の権利の間で微妙な線引きをするという難しい課題についても，慎重に検討しなければならない。

7.3 人口構成の変化：「ミレニアル」と「グレーパウンド」

人口構成に見られる大きな変化のひとつが長寿命化だ。これは特にEU加盟国で顕著である。この結果，昨今の製品とサービスに大きな変化が見られるようになった。第一に，人々が長生きするようになり，生産的な独立した暮らしを送りながら，楽しみや余暇の活動を謳歌するようになっている。人口が着実に高齢化するのにつれて，製品やサービスには心身の限界を克服することが求められる。例えば，住宅はその好例である。ア

クセシビリティやモビリティの配慮がデザイン開発のプロセスで重視されるようになっている。サービスという点では，社交やレジャーの活動，例えば50代以上を主なターゲットにした「体験」のパッケージツアーなどを提供する組織が増加している。

イギリスのSaga Holidaysは，旅慣れた年配の顧客層に向けて様々な旅行製品を提供して業界での地位を築いている。しかし，ミレニアル世代［2000年以降に成人を迎える世代］の台頭もあることから，小売店はどちらをターゲットにすべきかを慎重に検討しなければならない。つまり，小売店は，以前のようにあらゆるタイプの客にあまねく訴求することはできなくなっている（スーパーのTescoは，1990年代にこの種の緊張関係においてうまくバランスを取り，高所得層と低所得層，および老若両方の客にアピールした。しかし，この黄金期は過ぎ，今では戦略の見直しを迫られている）。そこで問うべきは，「お金に最も余裕があるのは誰か」だ。KPMGのイギリス小売業界責任者，David McCorquodaleは，次のように示唆している。「若い層は学資ローンの多額の負債を抱えているうえ，エントリーレベルの住宅価格の高騰という現実に直面していることから，この市場セグメントで成功を勝ち取ろうとするのは賢明でないように見えるかもしれない」。一方で，「グレーパウンドは，若々しく長生きして勤労生活を続けているうえ，年金所得もあり，技術も使いこなしている。このため，小売店はこの層を開拓することに注意を傾けたほうがよい」（Retail Think Tank, 2016）。ミレニアルとグレーパウンドのどちらか，または両方をターゲットにすることには，それなりの長所と短所が伴う。

まずは，グレーパウンドにアピールしようとするメリットを考えてみよう。イギリスでは16〜24歳の人口よりも65歳以上の人口のほうが多く（ONS, 2015），グレーパウンドの総支出額ははるかに大きい。しかし興味深いことに，小売業界のコンサルティングを手がけるHarper Dennis HobbsのJonathan De Melloは，次のように指摘している。

> この世代は可処分所得が高く，短期的には間違いなく最大の機会をもたらす。小売店は，この世代に特化した製品ライン，マーケティング，デザインに注力することで良い結果を出せるだろう（Retail Think Tank, 2016）。

ただし短所として，年配の顧客はどこかの時点で高齢ゆえに必然的に製品やサービスの消費をやめることが挙げられる。このため，若い層（ミレニアル）を取り込んで顧客層を入れ替えていかないかぎり，小売店の利益はやがて消滅する。これは，Marks and Spencerのアパレル小売事業で常に行われている議論である。同社は，ファッション支出が高い傾向にある若い層をないがしろにして，年配の愛用者をあまりにも重視しすぎていると，多くの人から見なされている。

ミレニアルは，小売業界に深遠な影響を及ぼしている。特に，この人口層に特徴的な製品やサービスの購入方法が，長年にわたって確立してきたマーケティングやブランディングの戦略を覆しつつある。伝統的な形式の広告に影響されるミレニアルはわずか1％しかおらず，逆に30％以上が購入前にブログや他の購入者のレビューを見ている。

小売店がミレニアル世代の消費者，とりわけ女性の支持を獲得して維持していくことができれば，事業を支える重要な要因となるだろう．逆に，今後20年にわたってこの世代の愛顧を得ることができなければ，未来の消費者を失う可能性がある．Accentureが行った調査では興味深い洞察がもたらされ，小売業界全体に確立していた前提が覆された（Accenture, 2013）．

- オンラインショッピングがすべてである — 実際にはそうではなく，ミレニアルはオンラインでのみショッピングするよりも実店舗に行くことを好んでいる．「触れて，匂いをかいで，手に持ってみたい」と，ある回答者は答えた．
- ミレニアルは非常に気紛れだ — 実はそうでもない．小売店の最大の懸念は，ミレニアルがどの店にもブランドにも忠誠心を抱いていないという点である．しかし実際には，「95％がブランドに積極的にアプローチしてほしいと考えている．テキストメッセージのようなほかのチャネルは，購買動向という点で回答者の半数強に対して影響力を有している」．
- 小売店やブランドに対し，ソーシャルネットワークの友達のように接する — そうではない．ソーシャルメディアを介したブランドや小売店との関係は，あくまで便宜的なものと見なしていた．ソーシャルメディアの推薦に基づいて購入するとした回答者は28％にすぎなかった．

この報告書の結論では，ミレニアルが自分たちだけでなく親たちの購買動向も変化させていることを示している．親の世代も，デジタル学習曲線を進むにつれてシームレスな体験に対する要求を高めつつある．

7.4 消費者の変化：倫理意識の高まり

エネルギー消費は増加の一途をたどり，その多くが化石燃料に依存している．これを背景に，消費者は今まで以上に自分の生活が環境に及ぼす影響を懸念するようになっている．業界は，法令と消費者からの圧力を受けて，現行の標準的なプラクティスを見直し，製品やサービスの生産，流通，および使用後のリサイクルに関して効果的かつ経済的な代替を提供することを余儀なくされている．また，国や各地の活動団体が，地元コミュニティをサポートする環境にやさしいサステナブルな消費方法への回帰を目指し，社会全体に対する責任を訴えるようになっている．消費者の態度や期待は，企業や組織が適応できないほどの速度で変化している．倫理意識の高い消費者は老若男女，所得の高低を問わずあらゆる人口層に見られ，その全員が環境と企業責任への懸念を共有していることは，特筆に値する．

顧客やエンドユーザーは，企業の行動が社会，経済，環境に及ぼす影響をますます気にするようになっている．このため，組織は責任ある行動のリーダーシップをあらゆる業務で発揮し，説明責任を今まで以上に透明にしなければならない．環境と社会全体に

貢献していると「見られる」企業を大衆が好む傾向は，多数の調査結果で示されている。優れた評判は企業にとって最も貴重な無形資産のひとつであり，それを維持することは責任ある事業経営の主な動機となる。組織が思いやりのある行動を取り，あらゆるステークホルダーに対して社会的責任を果たす姿勢をコミュニケーションするうえで，デザインは重要な戦略的ツールになる。

CSRとデザイン

　今日のグローバル化された市場では，民間セクターが世界全体への責任を負うという認識が広まっている。環境への影響を最小限に留めるだけでなく，人権，フェアトレード，地元の経済開発，差別のない雇用慣行といった取り組みに従事する企業が増えている。CSR（企業の社会的責任）は，昨今非常に活発に議論されているトピックで，組織の役割と責任，ステークホルダーとの関係にまつわる理念的な問題に光を当てる。CSRが何を意味するのか，その真の価値は何かについての議論は深まりつつあるが，なおもまだ長い道のりが残されている。体裁の良い年次報告書と表面的なPRにすぎず，組織がこれを厄介物や脅威と受け止めていることを示唆する事例も見られる。一方，健全な事業慣行以上の何ものでもないと見る向きや，ここに事業機会があり競争力の源になると見る向きもある。

　CSRは実際，大小すべての企業にとって非常に重要である。事業展開が地域的であれ，全国的であれ，はたまた国際的であれ，それは変わることがない。CSRは事業を遂行する際の考え方ということができるかもしれない。そして，この種の考え方があらゆる業務で主流化され，会社の戦略に織り込まれなければならない。デザインは，この考え方においても不可欠な構成要素となる。これは広報部門だけがする業務ではなく，事業開発，マーケティング，財務，デザインなど会社のすべての側面に浸透しなければならない。CSRの潜在能力を真に開花させるには，事業パフォーマンスのあらゆる部分に戦略的に導入する必要がある。

　CSRの課題を企業がどのように取り入れるかは，基本的にそれぞれの置かれた状況によって異なる。イギリス国内でのみ事業展開している小さなソフトウェア会社とBPやShellのような石油業界の大手多国籍企業とでは，アプローチも課題も機会も違ってくるだろう。また，CSRの日々の実践とコミュニケーションの間の区別も，これまでよく議論されてきた。責任ある企業かどうかを報告書や公開情報からどこまで判断すべきなのだろうか。この議論にも，必ずしも明確な答えはない。例えば，消費者と接する企業にとっては，コミュニケーションがCSRの実践において非常に重要である。消費者は，選択を下すに当たって明確な情報を必要としている。社会責任投資（SRI）の製品は，市場シェアは小さいものの増えつつあり，この種の要求を反映している。

　CSRが成熟するにつれ，コミュニティに根ざした慈善活動という領域を超えて，ビジネスケースが重視されるようになってきた。個々の組織に現実にメリットをもたらす，または潜在的なメリットがあることを示す強力な証拠は存在しているが，競争力と

の直接的なつながりは定量化するのが難しい。とはいえ、多くの企業が、事業への直接的な好影響を示してきた。どんな企業にとっても最大の優先課題は、製品やサービスに付加価値をもたらして利益を計上することである。このため、価値の創造が商業的な最重要課題となる。規模の大小を問わず、企業や組織が環境問題を優先するには、競争力を有していなければならない。付加価値を創造できなければ、商業市場からすぐに消え去ってしまうだろう。CSRは、クリーンで安全な製品を要求する「グリーン市場」に合わせて製品やサービスを慎重に調整する優れた機会をもたらす。この市場は堅調に伸びていることもあり、環境に良いことは事業にとっても良く、さらに社会全体にとっても良いことになる可能性がある。

　多くの組織にとってグローバルなリーチが重要性を高めているのを背景に、CSRの国際的な次元も多くの議論を呼んできた。グローバル化に伴う複雑かつ繊細な問題に対応するうえで、CSRにどれだけの価値と限界があるかについての議論である。しかし、一般に責任ある事業慣行やサステナビリティの活動は、最貧層や開発途上国に恩恵をもたらすようなグローバル化を進めるうえで欠かせないと理解されている。CSRは、多岐にわたるステークホルダーの利益に目を向けるよう組織に働きかける。この結果、事業に伴う潜在的なリスクと機会を幅広く理解するようになり、社会や環境に全体的なメリットをもたらす。組織は、消費者と近しい関係を築くことで、そのニーズをよりよく認識するようになり、結果として製品の品質という点で競争力を高められる可能性がある。

　場合によっては、CSRが効率化を招き（ゴミ削減のベストプラクティスを実践することでコスト削減が達成される）、それがひいては価格面での競争力につながることもある。ただし、万人に当てはまる画一的なアプローチは存在しない。事業活動の規模、性質、場所などが異なるため、企業が社会と環境の目標にどのように貢献し、競争力の課題をどう克服するかは異なる。BTやCo-operative Bankのように、CSR活動が競争力にもたらす影響をすでに定量化している企業もある。

デザインにおけるCSRの課題
インクルージョン
　CSRの活動をフルに実践するには、オープンな対話、積極的な奨励、そして透明性が欠かせない。あらゆるステークホルダーが相互理解とコンセンサスを形成して様々な貢献をすることによって、意義のあるデザイン開発の活動が実現する。具体的には、顧客やエンドユーザーだけでなく、サプライヤ、製造委託会社、小売店などにも働きかけて、様々な方法で巻き込んでいくことで達成できる。CSRへのコミットメントを育むなかで、組織の態度やスキルが大きく変化し、事業のあらゆる側面に新しい責任感を植え付けていくことができるだろう。

　デザイン開発のプロセスとはインクルージョン［関係者を取り込み、一体となって進めるスタイル］の活動であり、そこでは対話と共感が重要な役割を果たす。CSRの実践と責任は、インクルーシブでホリスティック（全体的・包括的）なデザインの価値観

と重なり，より良い意思決定と問題への幅広い理解を刺激していくだろう。インクルージョンを通じてデザインのプロセスを民主化すれば，責任ある企業行動へのコミットメントを示す有意義な成果の開発へとつながる。

モチベーション

　CSRの態度と思考は，新しい目的意識という起爆剤を導入して，活気の失せた市場のオーディエンスに新たな息吹を吹き込むことができる。CSRの主な長所は，それまでの慣行や成果をホリスティックな視点で見直し，財務業績に留まらない影響と反応を刺激することにある。様々な部署が共通の理解を持つことで，新しい発想やエネルギーが組織に浸透し，既存の製品とサービスに新しい市場が開拓されたり，新しい製品とサービスが開発されたりするだろう。事業活動のなかですべてのステークホルダーに権限をもたらすと，組織とその周囲の間に強力なつながりや相互理解が生まれ，情報交換が活発化することから，将来のパートナーシップにつながる可能性がある。「責任の再生」は，顧客だけでなく社会を広く巻き込むことで実現する。この結果，市場主導でデザインされた実用的なソリューションが作られ，当初予期したよりも幅広いオーディエンスに恩恵をもたらすだろう。

価値観

　デザインの「価値観」を早期の段階から構築することは，CSRの考え方を組み込むベストの方法だ。デザインの実践において最大の影響力を達成できるだろう。デザインプロセスの初期に発想されたアイデアやコンセプトは，後期に発想されたアイデアやコンセプトに比べてコストが安い。特にフルスケールの生産が必要になるアイデアの場合はそれが当てはまる。デザインカウンシルが実施した調査では，デザイン開発のコンセプト段階に割く15%の時間とエネルギーによって，その後の85%のコストが決まってくるとされた。つまり，問題を正しく特定してソリューションを考案し，それらを生産へと進めていくうえで，プロジェクトの初期の活動を厳密かつ真剣に行うことが重要である。これをCSRの考えに応用するのであれば，原材料の調達と使用，エネルギー効率の高い生産メソッド，そして最終製品の環境パフォーマンスが長期的にどのような影響を及ぼすかを見極めたうえで，初期の段階で価値観を組み込んでいくことが，責任あるアプローチへの真のコミットメントといえる。戦略的なデザインマネジメントの思考法は，CSRとデザインへのコミットメントを引き出すために用いるのがベストである。これにより，できるかぎり早期の検討段階でオープンかつ建設的な対話を通じて認識を向上させることができる。

コミットメント

　インクルージョン，モチベーション，価値観を重視し，これらの要素を賢明かつ有意義な方法で前進させて，CSRに対する真のコミットメントを伝えるような環境を育む

ことが重要である。CSR の目標達成に関して非常に限られた表面的な「リップサービス」をしていて，「実践」することよりもむしろ「報告」することにエネルギーを傾けている企業があることは，すでに説明した。一般市民が企業に対して CSR の実績をもっとコミュニケーションしてほしいと感じていることは，調査の結果で示されている。しかし，世間が無関心だからといって CSR が重要でないというわけではない。認識の高まりを受けて社会が注目するようになり，結果として批判される可能性が生じることがある。このため，報告よりも実質的な行動のほうが優先順位が高くなるかもしれない。そして，組織は選択を迫られる。とはいえ，説明責任と信頼性を向上させる手段としての透明性はなおも追求されていて，例えば任意の報告ガイドラインの開発などに現れている。

イギリス政府は，行動を可能にし，奨励し，認識するうえで重要な役割を果たしてきた。コミュニティの再生に企業が貢献するよう働きかけたほか，自主的なベンチマーク測定を推奨し，「カイトマーク［イギリス規格の認証マーク］」や諸々の表彰制度を通じて成果を認めてきた。何よりも，イギリスの貿易産業省は CSR を競争力と結び付けている。イギリス企業がグローバル市場での競争を優位に進めるうえでこれが重要なプラクティスになることは，疑いの余地がない。

Design Rally のディレクター，デザインストラテジスト，Lynne Elvins へのインタビュー

Lynne Elvins は，イギリス・ブリストルにあるデザインマネジメントの会社，Design Rally のディレクターである。過去 15 年以上にわたり，中小企業，非営利団体，デザイン会社など多岐にわたる顧客の仕事に携わってきた。

David：これまでのキャリアを振り返って，デザイン業界でどのような重要な変化を経験してきましたか。

Lynne：過去 15 年の間にデザイン業界に起きた大きな変化は 2 つあると思います。ひとつは，デジタルの主流化です。それ以前から始まっていましたが，今ではあらゆるものがデジタル的に機能しなければならなくなり，大きな影響を及ぼすようになりました。もうひとつは，サービスデザインの黎明が議論されるようになったことです。この 2 点は大きな変化です。

David：デザイン戦略のコンサルティング会社を成功させていますが，これまでにかかわった典型的な顧客やプロジェクトはどのようなものでしたか。

Lynne：私が手がけるプロジェクトのタイプは，主に 3 つに分けられます。まずは，直接の企業顧客のプロジェクトです。製造業のこともあれば，サービスを提供している会社もあり，様々です。第二のタイプは，デザイン会社のプロジェクトです。この場合も内容は様々で，社内のプラクティスやプロセスを見直そうとしている場合や，サービスの価値をどのように説明するか，すなわちマーケティングに目を向けている場合などがあります。そして第三のタイプは，デザイン会社の顧客のプロジェクトです。ですから，企業やデザイン会社のプロジェクトに直接かかわるか，あるいはデザイン会社の顧客のプロジェクト

で戦略が形成されつつある初期段階にかかわるかのどちらかです。

David：組織がデザインにどのように価値を見出し，どのように活用しているかに関して，変化は見られますか。事業活動の主流になりつつあると思いますか。

Lynne：企業はデザインよりもむしろマーケティングに精通していると思います。デザインの意識も以前よりは高まっていて，特にデザイン思考についての議論のおかげで，この「デザインなるもの」を意識するようになりました。が，現場レベルでは，特に中小企業の場合，今もマーケティングのほうが優先順位が高く，デザインに対する理解もマーケティングの視点から来ています。

David：顧客との仕事でよく使っているデザイン思考のツールはありますか。例えば，顧客が新しい顧客層や事業機会を視覚化しようとしている際などに，何を使いますか。

Lynne：2種類あります。そのなかには，どちらかというと伝統的なデザインマネジメントのツールと見なされるものもあるかもしれません。まずは，デザイン監査が，今でも大きな効果を発揮します。総合的に評価して，会社のデザイン戦略とデザインの使い方を視覚化することです。デザインのプロセスを顧客に見せることは，なおも非常に重要です。顧客が常に理解しているわけではないからです。ですから，これが私にとってはデザインマネジメントの必需品のようなものです。あとは，比較的最近になって普及したペルソナやユーザージャーニーです。これもやはり，サービスデザインの考え方から来たものです。

David：ペルソナは，誰もが避けたがる最新の問題でははないですか。

Lynne：はい。ただ，考えてみれば，以前からよく使われていて，最近になって違う名前で呼ばれるようになっただけのようにも思えます。

David：デザインに対してしばしば懐疑的な顧客に対して，そのメリットをどのように伝えますか。デザインの価値について話す際，顧客にとって馴染みのある言葉を使って話していますか。

Lynne：デザインの価値について話す際は，やはり顧客の言葉を使わなければなりません。顧客が「ブランディング」という言葉を嫌うようなら，私は使いませんし，それでいいのです。マーケティング用語を好むようなら，それでも構いません。ただし，本当に重要なのは，顧客の言葉で話すことではなく，顧客の視点に立つことです。私の会社が何をするのか，デザインが何をするのかには，あまり興味を持っていないかもしれません。デザインが自分の会社に何をしてくれるのかに関心を寄せているのです。つまり，顧客がどのような状況，どのような問題に直面しているかを理解することによって，顧客の言葉が分かるようになるのです。

David：サービスデザインが，業界の活動として注目されるようになっています。事業計画や戦略の活動に目に見える大きな変化はありますか。

Lynne：サービスデザインがもてはやされていますが，しばしばほかのものと混同して理解されていると思います。ひとつの大きな課題は，サービス経済が成長していて，だからサービスデザインが必要になり，結果として企業のサービスに対する考え方が変わりつつあることです。これは大きな変化です。

David：倫理的なデザインの実践を提唱していらっしゃいますが，これについてもう少し詳しく説明してください。

Lynne：倫理については，2つの点が重要だと思います。サステナブルなデザインのことが

最近よく議論されていますが，私はイギリスに今でもある2つの非常にすばらしい組織の仕事に関わったことがあります。サステナブルな事業をテーマにしていて，ひとつはSustainability，もうひとつはForum for the Futureです。このため，サステナビリティには常に関心を持ってきました。サステナビリティとは，単にエコデザインというだけでなく，社会的責任を果たすデザインだと思っています。このテーマに関してデザインプロジェクトで使えるツールは多数あります。原材料の使用量を減らすこともそうですし，サービスや製品が社会にどのように影響するかを考えることもそうです。でも，私がこの種のことに関与しようと思う理由，あるいは関与したくないと思う理由は，倫理の領域にあって，要は選択です。責任という言葉に尽きるのです。私にとって倫理とは，デザイナーやデザイン業界に対して，どれだけの選択の余地が与えられていて，それらの選択にどれだけの責任が伴っているかを説くことです。デザイン業界の多くの人が，顧客の要望で動いているという話し方をよくしますが，顧客の大多数は商業分野の顧客です。そのことは，まったく問題ではありません。実際私も事業を経営する立場で，事業とは利益を計上することです。デザイン会社は雇用を創出することで社会に貢献しているということも事実です。でも，21世紀には新しい問題もたくさんあり，これまでに見たことのなかった問題です。そうした問題に私たちはもっと時間を費やして，特にデザイン業界が果たせる役割を考えるべきだと思うのです。

David：デザインとその実践にとって，次なる大きな課題は何だと思いますか。

Lynne：デザインは非常に大きなトレンドになっています。デザイン思考やデザイン戦略についての議論も多々行われていて，企業が関心を示しています。このため，デザイン業界がうかうかしていると，事業セクター，すなわち経営コンサルティング会社などがこの分野を席巻してしまい，熟練のデザイナー以上に大きなパイを取ることになると思うのです。デザイン思考の価値という点では，これがリスクです。また一方で，デザイン戦略とデザイン思考についての議論が盛んに行われていることから，デザイナーがデザインを実践するという事実を見失わないようにしなければなりません。私自身も，デザイン戦略やデザイン思考，デザインの価値について顧客と話すことは躊躇しませんが，私のいうことをフォローアップして優れたデザインでサポートしてくれるデザイナーがいてこそです。つまり，フォントデザイナーやプロダクトデザイナーが違いを知って，原材料の選択や人間工学，色の理論といったことすべて，すなわちデザインの職人技といえるような部分を押さえていなければなりません。デザインがもたらす力や戦略的価値を皆に分かってもらうのと引き換えにこれらの部分を手放してはなりません。つまり，違いを知って，バランスを取る必要があります。そうしなければ，デザイナーの仕事が今後も誤解され続けるリスクをはらみます。

David：この世界に入って成功したいと考えている若手デザイナーやデザイン専攻の学生にアドバイスはありますか。

Lynne：2つあると思います。ひとつは，顧客との接し方に秀でてほしいということ。これは戦略的な側面で，プロジェクトをどう管理するか，難しい顧客にどう対応するかなどの，人間関係の側面です。この種のスキルがもっと重視されるべきです。この側面に上手に対処できるデザイナーは，成功する確率も高くなると思います。もうひとつは，専門を持つことです。今やデザインはとても広い業界になっていて，デザインを専攻する学生も多数います。非常に明確な専門分野を持っていないと，認められるのに苦労するでしょう。

ケーススタディ　ニュージーランド：デザイン統合プログラム

　ホームオフィスの小企業をサポートすることで外国市場向けの新製品開発を活性化しようとする野心的な国の制度について，「ベター・バイ・デザイン」のプログラム責任者，Suzie Marsden が説明する。その影響力が指標として見事に示されていて，自宅での活動からスタートする企業が国際的な舞台で競争し成功できるようになるためにニュージーランド政府が提供している継続的なサポートを物語っている。その中心に置かれているのがデザインだ。

国	ニュージーランド
資金拠出	ニュージーランド貿易経済促進庁
投資額	年間 210 万ユーロ
期間	8 年（継続中）
デザインのサポート	ベター・バイ・デザイン

背景

　ニュージーランド政府は 2003 年，デザイナー，学者，ビジネスリーダーからなるタスクフォースに対し，国の経済成長を加速させる戦略を策定するよう依頼した。その結果として作成された報告書『Success by Design』は，輸出に携わる会社がデザインの活用度を高めることにより，収入を大幅に拡大できると論じた。この勧告に刺激されたニュージーランド貿易経済促進庁は，2004 年に「ベター・バイ・デザイン」チームを結成して，輸出を主とする企業のサポートを目指した。2006 年，ベター・バイ・デザインは，6 段階のプロセスで企業のデザイン活用を促進し，革新力と効率を高め，国際的な競争力を付けられるようにする制度，「デザイン統合プログラム」を導入した。

デザインの効果

　このプログラムは，企業がデザインを活用して魅力的な製品やサービスを開発し，成長を加速させるとともに，企業文化や顧客ロイヤリティ（忠誠心）を向上させるよう支援するものである。企業にコーチングを提供して，具体的な問題や機会に取り組む。それぞれの会社が直面している問題に対応することを主眼として，実践的なコラボレーションのアプローチで学習を促進する。デザイン統合のコーチは，各社に対して慎重に選ばれる。コーチは一般に民間セクターの実践者で，デザインとビジネスの両方の専門知識と経験を持っている。これらのコーチが CEO とそのチームをサポートし，知識とスキルを共有して，イノベーションを阻む組織内の垣根を取り除いていく。社員が自信とデザイン能力を身に付けるのに伴って，コーチが促す課題も複雑度を増していく。

　コーチングの初期段階ではニュージーランド貿易経済促進庁が 100％資金を提供し，その後は会社との折半になる。企業にデザインを統合していく過程は時間のかかる歩みだが，そのことはサポートの構造に反映されている。デザイン統合プログラムでは，各社が 6 つの段階を進んでいくにつれニーズが変化するのに合わせて，コーチングを提供

している。このサポートは，会社が希望する進歩の速度と，このプログラムから具体的に何を得たいと考えているかによって決まってくる。

1　**登録**　デザインに価値を見い出し，デザインが事業にどう役立つかをもっと知りたいと考えているCEOを，ベター・バイ・デザインが発掘する。
2　**デザイン思考の体験**　「デザイン思考の体験」と題した1日のワークショップで，各社の課題に合わせてカスタマイズしたデザインプロセスを集中的に導入する。
3　**発見・定義・デザイン**　これは3か月にわたる共同発見のプロセスで，その間に2回のワークショップと一連の実践的なアクティビティが盛り込まれている。これらを通じて，デザインというレンズを通して事業を眺めていく。その成果として，主な商業目的についての共通の理解が企業とコーチの間で確立する。
4　**デザイン活動**　社内の部署横断的なチームが一連の活動を実践しながら，デザインを具体的な課題に応用する方法を学んでいく。確立したテクニックを使用して，企業が直面する真の問題点を検討し，解決を目指す。
5　**評価**　学習したことを共有し，どれだけ進歩したかを評価する。デザイン行動が組織のあらゆるレベルに組み込まれていくのに合わせて，社内の複数のチームが協力して新しい形態のコラボレーションを実験する。
6　**完了**　企業は最高2年にわたってコーチングを受けてデザインスキルを構築したうえで，プログラムを卒業する。この時点では，デザイン主導の有効な組織として前進していく力ができたと感じられるようになる。卒業した企業はベター・バイ・デザインの学習コミュニティのメンバーとなり，その後もイベントやリソースにアクセスすることができる。

　デザインというと多くの人がプロダクトデザインを連想しますが，実際にはもっと幅広いものです。デザイン統合の歩みは，全体的な考え方であり，今までとは違うやり方でコラボレーションすることを意味します。理念であると同時に，実践方法でもあります。（EsceaのマーケティING責任者，Mark Cowden）

　ベター・バイ・デザインは，最初の5年間で50社が輸出額を計3億ユーロ拡大させるという野心的な目標を設定した。2010年時点で，トップ50社が伸ばした輸出高は約4億5,000万ユーロに達した。
　優れたデザインのサービスに共通することだが，デザイン統合プログラムも時間をかけて進化し，使い手のニーズを反映させてきた。今ではバージョン3になっていて，伝統的なコンサルティングのモデルから，社内でのコーチングを重視するモデルに進化している。これまでに卒業した企業は約150社，現在参加している企業は約80社である。参加企業はすばらしい成果を挙げていて，最新の評価では平均15％の年間売上高拡大，24％の年間輸出高拡大が報告された。

　当社はニュージーランドの製造会社でしたが，今では国際的なブランドを持つグ

ローバル企業と自社を位置付けています。(Actronic Technologies の最高技術責任者，Paul Corder)

主な結果		
40：1	150 社	24%
政府投資のROI(投資収益率)	プログラム参加企業数	年間輸出高の平均成長率

この章のおさらい

主なポイント

1. 新しい技術は，新しいデザインの機会をもたらす。
2. デザインの主体者は，新しいアイデアを積極的に追求する。
3. グレーパウンド［シニア世代］の市場は，小売業界に大きな潜在的チャンスをもたらす。
4. 消費者が企業に CSR の実践を要求している。
5. CSR の実践は，インクルーシブなデザインの核心である。

チェックリスト

- 社会，技術，政治の展開を受けて，規模を問わずすべての組織が大きな変化に直面している。
- 技術が既存の市場を破壊し，起業家に新しい事業機会をもたらしている。
- グレーパウンドの増加により，製品とサービスの両方において，未開拓の事業機会が多数生まれている。
- CSR とは，倫理について考え，倫理的に事業を行うことを意味する。
- 低成長の市場は，倫理意識の高い消費者が要求する新しい CSR のプラクティスを通じて活性化することができる。

復習の問い

Q1 急速な技術進歩の結果として組織は大きな変化に直面していて，特に新製品の着想法や開発法に影響が及んでいる。デザインは，これらの外部要因にどのように反応することができるか。

Q2 物事を抜本的に変える新しい技術によって，既存の事業モデルが日々崩されている。この種の状況展開を特定し，そのための計画を策定するために，組織はどのような備えをするのがベストか。

Q3 社会の変化を受けて，明確に定義された市場が分散するようになっている。そうしたなかで，人口構成の変化に見られる流れを理解するために，規模の大小

を問わず組織はどのようにデザインを活用できるか。

- **Q4** デザインの民主化が昨今のデザイン活動のキーワードとなっているが，実践的な応用において有意義な変化を起こすには，なおも未開花の潜在性が大きく残されている。このことを念頭に置いて，意思決定プロセスに大きな変化を起こすためにデザインの民主化をどこで使用できると思うか。
- **Q5** ミレニアルは人口構成の大きな部分を占めるようになっているが，この層は一般に，大手小売店がこれまで用いてきた伝統的なマーケティングとブランディングの戦略には反応しない。そこで，この難しいオーディエンスと結び付くために小売店はほかのどのような戦略を使用できるか。
- **Q6** グレーパウンド市場は，ニッチな製品とサービスを提供する企業に魅力的な機会をもたらす一方で，長期的な戦略としては本質的な欠点を内在している。この戦略の主な短所は何か。
- **Q7** CSR の価値観と実践を導入することは，企業にとって巨大かつ複雑な取り組みとなる。これは主に，事業によって影響される人々や環境との関係を改善することを意味する。この活動のどこでデザインが役に立つか。
- **Q8** CSR ガバナンスにおけるデザインの役割を特定したうえで，CSR の価値を認めることが，革新的なアイデアの開発にどのようにつながるか。
- **Q9** Lynne Elvins は，事業計画活動におけるデザイン思考とデザイン戦略にかかわる意思決定プロセスを最終的に事業セクターが掌握するようになると，インタビューで述べている。この重要な役割において中心的な存在であり続けるために，デザイナーには何ができるか。
- **Q10** ニュージーランドのデザイン統合プログラムは，6 つの主な段階にわたって企業を育成した後，終了となる。これに 7 つ目の段階を追加して企業がプログラム卒業後もサポートされるようにするのが正しいやり方だと思うか。

プロジェクト用の課題

- **Q1** CSR の価値観と実践によって，組織に大きなメリットが多数もたらされる。付加価値の創造，企業イメージの向上，既存のプロセスの改善，生産能力の改善において，CSR がそれぞれどこで寄与するかを示した分類図を作成する。
- **Q2** CSR 重視の姿勢を打ち出している大手組織がどのように高度なレベルで CSR の価値観を取り入れているかを示す枠組みを作成し，CSR のプラクティスを導入したいと考えているほかの組織に対して CSR の価値観をどのように導入すべきかを考察する。
- **Q3** 新製品開発の活動における「段階的」なイノベーションと「抜本的」なイノベーションの主な違いを示す簡単な分類図を作る。
- **Q4** 「破壊的」なイノベーションとは，新しい市場の形成に役立つイノベーションや既存の市場を崩壊させるイノベーションである。例えば，Uber は，マーケッ

トメイク方式のような既存の事業モデルを崩す交通手段を提供した。この種のイノベーションの5大事例をリストアップして，なぜそれらが市場を破壊したかを説明できるか。

Q5 50代以上のグレーパウンド市場に対して最近発売された製品のなかで，最初から全国的に発売された製品ひとつと段階的に導入された製品ひとつを特定する。それぞれに対して，なぜその具体的なアプローチが選ばれたと思うか。

Q6 ヘアアイロンとヘッドフォンを購入するに当たって情報源となるソーシャルメディアの主なソースを概説する。

Q7 特定の人口層に大きく依存している製品の例を4つ見つけ，グレーパウンドとミレニアルの両方に向けた製品の例を少なくともひとつ入れるようにする。

Q8 今日の組織，特に多数の国外市場で事業展開している大きな組織にとって，CSRはどの程度欠かせないと思うか。

Q9 「倫理観」を前面に打ち出したミレニアル向けのアパレルブランドが広告キャンペーンを展開するに当たって，コアメッセージを伝えるうえでデザインが大きな役割を果たせる主な領域を特定する。

Q10 今日の組織にとって，国際化はどの程度欠かせないと思うか。この野心的な戦略を効果的に実行するうえでデザインをどのように活用できるかを考察する。

参考文献

Accenture (2013) Who are the Millennial shoppers? And what do they really want? *Outlook* ［オンライン］https://www.accenture.com/us-en/insight-outlook-who-are-millennial-shoppers-what-do-they-really-want-retail

Brynjolfsson, E and McAfee, A (2011) *Race Against the Machine: How the digital revolution is accelerating innovation, driving productivity, and irreversibly transforming employment and the economy*, Digital Frontier Press

McKinsey Global Institute (2011) Internet matters: The Net's sweeping impact on growth, jobs, and prosperity ［オンライン］http://www.mckinsey.com/industries/high-tech/our-insights/internet-matters

ONS (2015) Annual mid-year population estimates, *Office for National Statistics* ［オンライン］https://www.ons.gov.uk/peoplepopulationandcommunity/populationandmigration/populationestimates/bulletins/annualmidyearpopulationestimates/2015-06-25

Retail Think Tank (2016) Millennials v Grey Pound: Who holds the key to future retail success? ［オンライン］http://www.retailthinktank.co.uk/whitepaper/millennials-v-grey-pound-who-holds-the-key-to-future-retail-success

推薦文献

Arnold, C (2009) *Ethical Marketing and the New Consumer*, John Wiley & Sons, Chichester

Chapman, J (2005) *Emotionally Durable Design: Objects, experiences and empathy*, Earthscan

Publishers, London
DeVries, M J (2006) Ethics and the complexity of technology: a design approach, *Philosophia Reformata, the International Scientific Journal of the Association for Reformational Philosophy*, 71 (2), pp 118-31
Gobe, M (2009) *Emotional Branding: The new paradigm for connecting brands to people*, Allworth Press, New York
Grönroos, C (2006) Adopting a service logic for marketing, *Marketing Theory*, 6 (3), pp 317-33

ウェブリソース

Lucky Attitude: Generation Change
ミレニアル向けのマーケティングと職場のブログを専門とするイギリスのコンサルティング会社。実用的な情報と発想のヒントを提供して，この分野にかかわっている人や興味のある人にとって優れたリソースとなっている。
http://luckyattitude.co.uk

McKinsey Global Institute
McKinsey Global Institute（MGI）は，McKinseyが1990年に設立したビジネスと経済のリサーチ部門で，進化するグローバル経済についての深い理解を開発している。MGIのミッションは，商業，公共，社会セクターのリーダーに対し，経営や意思決定に役立つ事実と洞察を提供することである。
http://www.mckinsey.com/mgi/overview

nowhere foundation
破壊的創造性という角度から世界を探究するためのコミュニティ的なアプローチを育んでいる非営利団体。独自の活動とコミュニティパートナーの活動に基づいた各種のリソースを提供している。
http://www.now-here.com

Foundation for Corporate Social Responsibility
在ポーランド企業のCEOの国際的なネットワークで，的の絞れた慈善活動を通じて社会にポジティブな変化をもたらすことを目指している。事業展開するコミュニティにCSRの価値観を浸透させるための実践的な研修の場を，多国籍企業に提供している。
http://fcsr.pl

Design Rally
Lynne Elvinのデザイン会社のホームページ。デザインマネジメントに関する同社の考え方と洞察が説明されていて，一見の価値がある。
http://www.designrally.co.uk

今後の展望とデザインマネジメントの未来についての議論

CHAPTER 8 第8章

この章の狙い
- 消費者主導の市場，組織構造，そして公共セクターの特に医療サービスを大きく変化させつつあるデザインの新しい側面を幅広く解説する。
- 破壊的なデザイン思考が認知症患者の生活をどのように向上させ得るかをケーススタディで考察する。
- 都市の未来を考察し，デジタル時代の市民生活を保障する都市の形成や変化においてデザインが果たす役割を考える。
- 中国におけるデザインとデザインマネジメントの発展について考察し，さらにこれらの状況が戦略的応用に関する理解を国レベルと組織レベルでどのように変化させているかを考える。

8.1 はじめに

　デザイン，特にデザインマネジメントという専門領域は，多様ながらも相互に密接に関係する2つの世界の間に存在している。「今現在の世界」と「将来到達することのできる世界」だ。つまり，現在の知識に基づいて将来のための計画を作る。短期的な戦略策定は，グローバル化や国際的なビジネスという刻々と変化する環境の長期トレンドと慎重にすり合わせるかぎり，大きなメリットをもたらすことができる。今日のデザインマネジャーは，もはや過去の制約を受けることはなく，明日のための方向性を担うことができる。つまり，未来を創造し，形作る。

　この章の焦点は，未来を予測しようとすることではない。実際，それからは程遠い。むしろ，デザインの応用によって大きなメリットが得られる可能性のある重要な検討領域を予測することにある。本書ではこれまでに，私たちの生活を変えつつある社会面と技術面の展開を幅広く取り上げてきた。これらの変化は，大小様々な組織に新しい機会をもたらしている。特にこの章では，デザインの最新の側面とその効果的なマネジメントに重点を置いて，ますますグローバル化する世界でこの専門領域をさらに前進させるために考える必要のある点を検討していく。

まずは，組織が長期的・短期的な競争力を維持するうえで特に注意を要する最近のテーマを幅広く概説する。そのうえで，デザインの問題点に目を向け，公共セクターの医療サービスにデザインがどのように有意義な影響を及ぼせるかを考えてみる。昨今の行政は緊縮財政を余儀なくされており，財務リソース不足がイノベーションを焚き付ける大きな要因になっているという背景がある。

さらに，Paul Rodgers教授が提供してくれた短いケーススタディで，「破壊的」なデザインがどのように認知症患者の生活を向上させ得るかを見ていく。これに続いて，デザインとマクロ都市環境の側面に着目し，都市生活や社会基盤，犯罪予防活動などにデザインがどのように使われているかを考察する。

人間同士のインタラクションや人間と社会のインタラクションは，技術によって変わりつつある。特にデジタル技術は，サービス提供のあり方やリソースの使い方を変える重要な要因となっている。スマートシティの本質は，人がオープンかつ自由に自分のデータをデータ収集者や組織などと共有しようとする意思に根ざしている。ゆえに，技術に関する意思決定を誰が下すのか，技術がどこでどのように責任ある方法で使われるのかという問題が浮上する。

この章では最後に，活発な活動が見られる有力国として中国に目を向ける。「メイド・イン・チャイナ」から「デザインド・イン・チャイナ」に経済を変える動きは，中国の戦略的展望と野心の大きな変化を意味し，ほかの組織や国家が注意を払うべき展開といえる。

8.2　柔軟性と順応性：未来に備えるための変化

社会と技術の複雑な作用により絶え間ない変化が起きている。これを背景に，組織は，新しいアイデアや実験的な方法論に順応し，積極的に取り入れることで，グローバルな舞台で競争し繁栄していかなければならない。変化を引き起こしている大きな要因のひとつが，刻々と変わる政治環境である。躍進する新しい経済圏と，劇的に再編されつつある経済圏が存在している。東南アジアと中国を見れば，そのことは明らかだ。世界の製造業の大部分がこの地域で起こっているだけでなく，技術関連業務のアウトソーシングも行われている。新しい市場機会が毎日のように開けているのを背景に，人口調査の専門家やマーケッターは，人口層をますます細かくセグメント化して，ライフスタイルや個人的な人生の目標などに基づく小さなグループに分けるようになっている。この結果，デザイナーは，様々なタッチポイントすべてにわたって顧客やエンドユーザーを理解し，彼らを魅了するデザインソリューションを作り出さなければならない。

世界情勢の変化に加えて，ほかの要因も，単体あるいは複数がまとまる格好で事業環境を様変わりさせつつあり，やはり無視できない状況にある。技術の進歩が非常に速いため，今日の新製品が明日には旧式に見えることも多い。携帯電話の世界は，まさにその好例だ。Blackberryを見れば，大手多国籍企業が技術変化にどれだけ影響されるか

は明らかである。

　次に，社会の変化が予測しにくくなっている。人口統計学的なグループが，マイクログループといえるほどに細分化していることから，定量化するのはほぼ不可能に等しい。社会科学者やマーケッターは，本質的な価値観の体系によって社会的なサブグループを特定していて，その結果，製品やサービス，さらに重要な点として「体験」を，高いレベルでパーソナライズする必要が生じている。組織が早急に注意しなければならない重要な課題として最近登場したもの，さらに浮上しつつあるものを，以下に簡単に紹介する。このなかには，技術主導の変化や市場主導の変化といえるものもあれば，グローバル化などの大局的な社会情勢の変化といえるものもある。とはいえ大半は，これらの要因すべての組み合わせで起きている。トレンドの底流にある要素が複雑なため，この種の作用を分解して整然と定義するのは，多くの場合，不可能である。

　時間は貴重な財産だ。あちこちの店を回ってショッピングするような時間は，今や誰も持ち合わせていない。消費者は，小売店が自分に代わって意思決定を下してくれることを要求している。プレミアム感のある製品やサービス，低脂肪の食品，ヘルシーな食生活，多忙な生活をサポートしてくれる「おあつらえ向き」の携帯電話プランなどを求めている。種々混在のライフスタイルをきちんと計画して楽しむような時間が欠乏しているため，多くの消費者は，お金で時間が買えるならぜひとも買おうという態度を持つようになっている。さらに重要な点として，現代社会では実際に貴重かつ希少な資源であるかのように時間を扱うことが，暗黙の前提となっている。近年のトレンドとして，「余暇のカナッペ」なるものも指摘されるようになった。時間貧乏な人々が，様々な余暇活動にちょこっとずつ手を付けて，限られた自由時間を最大限に活用しようとする傾向である。

　IoT（モノのインターネット）の出現を受けて，組織構造の進化は，バーチャル世界へと大きな一歩を踏み出した。バーチャルな組織は，今後10年以内に実組織と同じぐらい普通のことになり，標準的な事業慣行といえるほどになるだろう。バーチャルな組織は，専門的な知識をサイバースペースのパートナーと共有し出し合うことで成果を挙げていく。これが成功するには，4つの特徴が必要である。第一に，パートナーの専門性やコアコンピタンスが，ネットワーク内のほかの組織の専門性やコアコンピタンスと補完し合うこと。第二に，状況にすばやく反応して行動することで，時間の重要性が高まっている現状の要求を満たすこと。第三に，地理的に離れた組織が情報ネットワークによって結ばれた協力関係を築くに当たって，信頼感を構築できること。信頼関係がなければ，必要なリソースをすばやく集めて，新しく形成されつつある市場機会をとらえることはできないだろう。そして第四に，コミュニケーション技術を巧みに使いこなして関係を強化し，確実に成功を導くことである。これら4つの要因が理解され満たされれば，バーチャルな組織は，有力な競争者になることができる。時間や距離の境界線を越えて，新しく興りつつある市場で付加価値のある革新的な製品やサービスを提供できるようになるだろう。

「万人受け」を目指す事業モデルは，決定的に過去のモデルとなった。大量生産で気の抜けた一般的なもの（製品もそうだが，それ以上にサービス）を供給しても，市場から拒否される。今や差別化は，あらゆる産業と商業のお題目になっていて，このためにテクノロジストやデザイナーが，マイクロニッチなオーディエンスに向けてユニークかつ秀逸な製品を作ろうとしている。マスカスタマイゼーションとは，消費者が自分の要求に完ぺきにかなうものだけを，望む価格で手に入れる状況を意味する。この新しいパラダイムが既存の製造モデルの変化を強いていることから，組織は業務慣行のあらゆる側面を再構成して，「1人のための製品」を開発しつつ，なおも現実的な予算内で大量に生産して流通させなければならない。

8.3 デザインと医療

医療環境のデザインと開発が癒しのプロセスを左右する重要な要因であることは，近年広く認識されるようになった。イギリスでは過去10年ほどにわたり，医療制度に大きな投資が行われ，新しい病院や診断治療センター，さらには医療と社会福祉の幅広いコミュニティサービスなどが開発された。

この結果，医療の世界は，大きな変化を遂げつつある。また，これらの状況に加えて，高齢化，エンドユーザーの期待の高まり，技術進歩といった要因が，デザインの専門家にこのダイナミックな医療環境で能動的な役割を果たす機会を新しくもたらしている。これだけでも難しい要求だが，医療機関が提供するサービスの種類にも影響が見られる。技術進歩を考えれば，新しいトレンドの予測に多大な不確定性が伴うのは否めないが，変化と移行の速度が今までにも増して加速していくのはほぼ間違いないだろう。

医療サービスが未来に向けて備えるうえで重要な課題のひとつとなるのが，すべての業務とサービス提供にわたって体系的に計画を立て，ほかの補助的なサービスとも慎重に整合させていくことだ。社会の変化という幅広い文脈のなかで，医療サービスをどのように効果的に提供するか，もっというならばコラボレーションの関係を通じてより戦略的に提供するかは，変わりつつある。前述したとおり，人口構成の深遠な変化は，特に公共セクターが今すぐ対応を考え始めなければならない様々な難しい要因を突き付けている。イギリスでは今や高齢者が，最も急速に増加しつつある人口層である。2007年には65歳以上の人口が980万人だったが，2032年までには1,610万人に達すると予想されている。この間，「最高齢者層」と呼ばれるグループ（85歳以上）は2倍以上に伸び，2007年の130万人から2032年には310万人となる見通しだ（ONS, 2008）。

エンドユーザーの期待が高まり，個人のニーズに合ったサービスが求められるようになっているのを受けて，医療サービスの文化，品質，文脈は，大きな変化の波にさらされている。その結果，以下のように多岐にわたる課題が浮上している。

1 医療環境の品質向上：患者（エンドユーザー）は，プライバシーや尊厳を今まで

以上に期待している。男女別の病室や個室，明るく快適なインテリア，健康と回復をイメージさせる雰囲気などである。患者だけでなく病院の訪問者も，カフェや売店などのホスピタリティのサービスを当然のように期待している。このため，医療環境を慎重にデザインして，あらゆるステークホルダーからの高い期待と未来の要求に応える必要がある。

2 情報コミュニケーションの改善：情報技術は今や生活の一部である。患者とエンドユーザーに情報をコミュニケーションする方法としても，広く普及していく。医療の現場でも新しいテクニックが開発・導入され，短期と長期の両方において，これらのコミュニケーション技術が利用されていくだろう。この結果，職業訓練（医療従事者向けの継続的なトレーニング）や医療の提供場所，アクセス場所にも，文化的な変化が求められるようになる。

3 パーソナライズされたケア：健康は個人の責任という認識の高まりを受けて，多くの患者がパーソナライズされたケアや治療を期待するようになっている。自らの治療の決定において，もっと役割を果たしたいと考えている。

ただし，医療サービスを受けるエンドユーザーだけでなく，それを提供する医療従事者のことも考慮しなければならない。サービスの品質は，その提供者に大きく依存していて，これは提供者の仕事がどのようにサポートされているかによって左右される。この面でも課題があり，以下のようにまとめることができる。

1 医療環境の変化：医療従事者は，勤務先の組織が高い品質のケアを提供することを期待している。患者と自分たちの健康や幸福を高める効果的かつ効率的な職場環境を求めている。

2 革新的なサービスの提供方法：大病院はますます高度かつ効果的な治療を提供するようになっているが，あまり要求度の高くないケアは自宅の近くで受けられるようにし，他のコミュニティサービスに統合的に組み入れようとする政策の流れがある。

3 生産性の向上：よくデザインされた職場環境は生産性を高め，それが引いてはエンドユーザーの体験を高める。今では多くの病院や保健関連の建物が，健康回復の実績やスタッフのパフォーマンス，統合型のサービス提供といった面での効率を向上させる主な要因として患者とスタッフの環境の品質を認識し，その認識をデザインに反映させている（CABE, 2004）。

次のセクションでは，ウィッティントン病院の薬剤部で行われたサービス改革のケーススタディを紹介する。デザイン思考をどのように実践して顧客体験（CX）を向上させたかを見てみよう。

ケーススタディ　ウィッティントン病院薬剤部

処方箋薬を管理する大病院の薬剤部がデザイン思考を活用して患者のユーザー体験を向上させようとした野心的なプロジェクトについて，デザインカウンシルの元サービスマネジャー，Pauline Shakespeare が紹介する。

国	イギリス
顧客のタイプ	公立病院
投資額	5万ユーロ
期間	24か月
デザインのサポート	デザインカウンシル
デザイナー	Studio TILT

背景

ウィッティントン病院は，イギリスで最も来院者数の多い病院のひとつだ。スタッフ4,000人を擁し，人口50万人以上のノースロンドンのコミュニティに医療を提供している。同病院の薬剤部長，Helen Taylor 博士は，処方箋薬を受け取るプロセスが患者にとって快適な体験ではないことを認識していた。多くの患者は，健康を害して不安を抱えた状態で薬局を訪れる。そのうえ長く待たされ，その間のコミュニケーションもないため，不安がさらに高まる。この状況を改善するため，ユーザーのアンケート調査などの努力を講じてきたが，患者の回答率が低く，明らかな洞察が得られずにいた。

> 薬局の体験に改善の余地があることは分かっていました。そのプロセスに患者を巻き込む必要があることも認識していました。（Helen Taylor 博士）

デザインの効果

Taylor 医師はデザインカウンシルにアプローチし，デザインアソシエイトの Sean Miller がこの案件を担当することになった。20年以上のデザイン経験を有する Sean は，ウィッティントン病院薬剤部と緊密に連携し，サービスの現状を分析して改善すべき点を具体的に特定することにした。最初に行ったのは，コアデザインのコンセプトを患者，スタッフ，医師，そして経営陣に提案することだった。そこから調査の参加者を増やしていき，問題についての共通の定義を確立させた。これによって，改善点の優先順位にコンセンサスをもたらすことができた。

こうして，以下の3つの目標が固まった。

- 患者体験（PX：Patient eXperience）を向上させる。
- ヘルスケアのメッセージを訴求する空間の利用方法を開発する。
- 薬剤部の売上高を拡大することで，支出を埋め合わせる。

Sean は病院のチームと協力して，これらの優先課題を詳細なデザインブリーフに

落とし込んだ．その後，デザインカウンシルが，2つのデザイン会社選びを手伝った．建築の共同デザインを専門とする Studio TILT，そしてサービスデザイン会社の commonground である．共同デザインというアプローチは，コラボレーションを通じて薬局のユーザーに最も合った空間を自分たちで創造してほしいと考えたデザイナーの姿勢の表れだった．手始めとして，患者の代表者，スタッフ，経営陣向けのワークショップが策定された．皆で一緒になって空間がどのように機能すべきかについての新しいアイデアを出し，その後，それらのアイデアを何度もテストした．最初は模型から始め，次に実物の半分の縮尺，そして最後に薬局内のフルサイズの空間で試験した．

薬局スタッフの情熱とコミットメントは，このプロセスを支える重要な要因となった．同時に患者も，薬局内の新しいプロトタイプ要素に実際に触れて使いながら，リアルタイムでフィードバックや反応を返した．

　　薬局のデザインに使用したコラボレーションのアプローチは，空間に置かれた物や家具やデザイン，そして体験や行動への影響を関係者が自ら探究するよう奨励するアプローチでした．これらの要素は，患者やスタッフとのワークショップやプロトタイピングを経て作られました．使う人すべてにとって薬局の体験をより良いものにすることが，私たちの狙いでした．(Studio TILT のクリエイティブディレクター，Oliver Marlow)

結果

このプロジェクトには驚くほどポジティブな反響があり，薬局の空間をどのように使うべきかについての新しい洞察と教訓をもたらした．

この結果，登録エリアの患者の列が短くなり，処方箋薬のトラッキングが導入されたほか，内密の相談ができる新しいエリアが作られた．このプロジェクトによって，患者の体験とスタッフの士気が大幅に向上し，薬剤部の売上高も伸びた．また，病院内のほかの空間にも応用できるデザインモデルが作られた．Taylor 博士という，このプロセスの真の理解者が組織内に存在したことは，なかでも非常に大きな成果だった．病院内の政治的な人間関係にうまく対処してスタッフを説得し，共同デザインのプロセスへの参加を働きかける Taylor 博士の能力ゆえに，プロジェクトに信頼性がもたらされ，結果として効果的な空間が完成したのである．

その後，ウィッティントン病院は，さらなるプロジェクトを Studio TILT に再度発注した．このプロジェクトでも同じ共同デザインのプロセスを使用し，建築設計事務所の Levitt Bernstein と協力して新しい大型緊急医療センターが設計された．

　　病院の経営陣は，この種のプロジェクトをさらに推進すべきだと確信しています．患者にすばらしい効果をもたらしているからです．(Helen Taylor 博士)

主な結果
38 人
共同デザインのワークショップに参加した患者とスタッフの数

次のケーススタディでは，認知症患者がアクティブな日常生活を送れるようにするための革新的なデザイン介入をテーマとした最近のリサーチプロジェクトについて，Paul A Rodgers 教授に説明してもらう。

ケーススタディ　医療と社会福祉の文脈における画期的なサービスと製品のデザイン

このケーススタディは，イギリス・ランカスター大学の現代芸術研究所，イマジネーションランカスターの Paul A Rodgers 教授に提供してもらった。

はじめに

デザインは常に，現代生活のあらゆる側面をとらえるものであり続けてきた。国家の経済的な福祉からグローバルな環境問題まで，多岐にわたる問題に切り込む手段として，デザインは日常的に用いられている。デザインされた製品やデザインのプロセスは交通機関や通信手段に介入し，デザインは文化生活や市民生活に大きな変化をもたらしている。デザインとは，社会，心理，医療，物理，環境，政治の問題をとらえるものだ。しかも，デザインプロジェクトにおいては，クリエイティブな製品，サービス，技術，イノベーションを必要とするあらゆる形態の社会組織に対して未来の好ましいビジョンが描かれる。この複雑さがあるために，デザインとは，過去，現在，そして未来をテーマにすることを意味する (Rams et al, 1991)。

しかし近年では，デザインの性質が大幅に変化し，製品，インテリア，テキスタイル，グラフィックなどの有形なものから，サービス，体験，インタラクションなどの無形なものへと，重点が移りつつある。しかも，デザインプロセスも変化していて，1 人のデザイナーや複数のデザイナーのチームよりもむしろ，多数の専門領域にわたるチームで担当することが重視されるようになっている。こうしたチームには，医療，コンピュータ，エンジニアリング，事業経営などの専門領域が含まれる (Cooper, 2017)。

このため，今日の行動現象としてのデザインは，レベルが高く，広い範囲に及ぶ。デザインの領域は引き続き拡大していて，今では私たちが毎日使うものから，都市，景観，国，文化，身体，遺伝子，政治の制度まで，そして食べものの生産方法から，旅行の方法，車の製造方法，ヒツジのクローン方法にまでに至っている (Latour, 2009)。21 世紀のデザイン活動が加速するにつれ，多岐にわたる専門領域のますます多くの実践者が，デザインプラクティスに端を発するメソッド，あるいはデザイナー風と見なされ得るメソッドを使用していると自負するようになっている (Cross, 2006)。また，専門領域の枠組み，概念的，理論的，方法論的な枠組みをデザインが押し広げて，今まで以上に広範な活動とプラクティスを含むようになっていることも明らかだ。

以前からデザインは，経済成長の推進力と見なされてきた。例えば，イギリスでは，戦後の経済復興を支援する目的で1944年にカウンシル・オブ・インダストリアルデザインが設立されて以来，70年以上にわたり，代々の政府がデザインをサポートしてきた。その当時からデザインは競争力の源であり，組織が製品やパフォーマンスやサービスを大きく向上させるのに役立つと考えられてきた。デザインはこれまで常に，ユーザーリサーチ，新素材，新しい生産プロセスや技術を利用して未来のビジョンを実現しようとしてきた。

　しかし最近になって，社会的イノベーション，サービスデザイン，オープンデザインなどの新しいフィールド，また医療と健康のためのデザイン，犯罪予防のためのデザインといった具体的な領域のデザインが，世界中に浸透しつつある（Cooper, 2017）。新しい形式のサービス提供が可能になったのを受けて，物体ではなくサービスとシステムに着目するデザインの新しい重要な専門領域が躍進し，私たちの持ち物よりも行動を映し出すようになった。革新的なサービスのデザインとは，ユーザーのニーズを理解して，本質的に無関係なものに貴重なリソースを費やさないようにすることである（Design Council, 2013）。

　社会的イノベーション，サービスデザイン，オープンデザインといった新しいデザイン領域は，より少ないリソースで市民に多くのことをもたらす，またより少ない行動で大きな効果を生むことを重視している。高まる現代の要求に応えると同時に，経済成長や生活水準の向上といった幅広い長期目標の達成をサポートできる可能性がある。実際，世界中の多数の政府が，デザインのもたらす様々な価値を認識し始めている。それは多くの場合，国の実権者にとって見逃せない能力である（Design Council, 2013）。

　これらを背景として，またデザインされた物体からサービスやシステムのデザインへという社会の移行を考慮に入れたうえで，このケーススタディでは，デザイン思考とその行動が認知症患者向けのデザイン主導のサービスと製品にどのように寄与したかを紹介する。このリサーチは，100人以上の認知症患者の協力を得て行われた。これらの人々に対する医療と社会福祉のあり方は今もおおむね旧態依然の傾向にあるが，その確立した意見や戦略，マインドセット，物事の進め方のサイクルを打ち崩すための破壊的なデザイン介入を多数導入して行われた。その目的は，認知症患者が診断を受けた後もイギリス社会に大いに貢献できると示し，認知症患者に対する認識を変えることにあった。

医療と社会福祉の文脈におけるデザイン

　イギリスでは人口構成が大きく変化していて，高齢者の増加が社会全体に大きな課題をもたらしている。長寿命化により，イギリスの人口の平均年齢は着実に上がってきた。イギリスでは今や，65歳以上の人口が16歳未満の人口を上回っている。この高齢化のトレンドは，1946年から1964年の社会が激動した時代に生まれたベビーブーマー世代の引退によって，さらに悪化している。高齢化が社会の各種サービスに影響する結果，国民保健サービス（NHS），医療・社会福祉サービス，公共支出，さらにイギリス社会

全体が，以下のような劇的な変化に直面することになるだろう。

- 2007年以降に生まれた人の半分は，100歳以上まで生きると期待されている。
- 2010年から2030年の間に，65歳以上の人口が51％増となる。
- 85歳以上の人口は，同じ間に2倍に増える。

これらの変化は大きな潮流となって，イギリス全体の医療および社会福祉サービスに巨大な圧力をかけている。このためイギリス政府では，アクティブな生活を送り，定期的に運動して，健康を害するような行動は慎むよう国民に働きかける政策を継続してきた。Nuffield Trustが最近発表した予測では，中度から重度の障害を患う65歳以上の人口が32％増，慢性疾病を患う65歳以上の人口が32〜50％増になるとされた。しかも，治療や処置が改善しないかぎり，65歳以上の人が最もよく患う慢性病（関節炎，心臓病，脳卒中，糖尿病，認知症）は2020年までに25％，2030年までに50％以上増えると予測されている。これは，NHSの年間予算1,100億ポンドでは280〜340億ポンドの赤字が出ることを意味する（Jowitt, 2013）。

このリサーチでは，認知症患者が診断を受けた後も独立したアクティブな生活を送り，尊厳を保てるようにすることを目指す革新的なデザイン介入を考察した。特に重点を置いたのは，認知症患者を地元のコミュニティに結び付け，自然なサポート体制を構築して，認知症が進行するなかでもインフォーマルな支えとなるようにすることである。初期の認知症患者に自信を持って参加してもらうようにするためにダイナミックなアプローチを使用することで，孤立や疎外感ゆえに公的な支援制度に早期から依存するようになるという悪循環を招かないようにした。

認知症の特徴

認知症とは，徐々に進行していく慢性的な脳の病の総称だ。症状としては，認知機能の低下，行動変化，機能的な限界などがある。認知症は，患者だけでなく社会全体に深遠な影響を及ぼす。認知症患者は世界全体に4,440万人いて，2050年までに1億3,500万人に増えると見積もられている（Alzheimer's Disease International, 2013）。イギリスでは現在，認知症患者が約80万人いて，そのコストは230億ポンドと見積もられている（Alzheimer's Society, 2013）。高齢者が介護を必要とする理由として認知症は最大の要因であり，他の慢性疾患や障害と比べてはるかに大きい（Prince et al, 2015）。医療と社会福祉サービスへの需要は，人口変化に伴ってさらに拡大するだろう。

この課題に対応するには，認知症患者が初期の段階からより良い生活を送れるようにするための革新的な方法が欠かせない。診断を受けた時点から，この出来事を落ち着いて受け入れ，社会とのつながりを保ち，長期にわたって快適な生活を送られるようにするためのサポートが必要になる。しかし，多くの人は，症状がもっと進行して危機的な状況に至らないかぎりサポートを受けない（Alzheimer Scotland, 2008）。このパターンは，医療・社会福祉予算に圧力がかかっている結果として，いっそう明確になりつつあ

る。そこでこのリサーチでは，認知症患者の尊厳と独立をサポートする革新的なデザイン介入を重視することにした。

デザインの価値

デザインが，それを活用する組織に多大な価値をもたらすことは，すでに周知の事実である。最近の研究では，大多数の企業がデザインをプロセスや戦略として活用していて，大きなメリットを手にしていることが報告された（Cooper et al, 2016）。このリサーチでは特に，企業でデザインが少なくとも3つの役割を果たせられると考えている。

1　デザインは，革新的な製品，サービス，システムの開発に直接的に寄与する。
2　プロセスとしてのデザインは，イノベーションを加速し，そのリスクを低減するのに役立つ。
3　活動としてのデザインは，製品とサービスのマーケティングやブランドの構築をサポートする。

最近では，医療，高齢化，福祉などのあまり商業的でない文脈においてもデザインの価値が強調されている（Crossick and Kaszynska, 2016）。医療や社会福祉のサービスにデザインを活用することで，医療の環境が著しく改善すること（Preti and Boyce-Tilman, 2015），デザインの介入により社会へのインクルージョンと精神衛生が改善すること（Daykin and Byrne, 2006），デザインプロセスに高齢者や認知症患者が協力する結果として社会参加のメリットがあること（Rodgers, 2015）などが，数々の証拠で示されている。

このためデザインは，新製品やインテリア，グラフィックなどの有形なものの開発であれ，サービス，体験，インタラクションなどの無形なものの開発であれ，社会にポジティブな影響を及ぼす力を持っている。しかも，参加型，コラボレーション型のデザインプロセスによって，エンドユーザーや他のステークホルダーの声が聞かれ，意思決定に直接関与する機会がもたらされる。最近では，より社会的なデザインのアプローチがイギリス全体で見られるようになっている。このデザインの「社会化」は，戦後の緊縮財政や1970年代のオイルショックのように社会経済が大きな危機に直面する際に勢力を強めてきた。そして今，2008年の金融危機とその後の緊縮財政政策を受けて，社会的なデザインが再度浮上している。

革新的な製品の開発とそのプロセスの両方の意味で，デザインは，医療と社会福祉が抱える課題に対応できる。デザインは，私たちが共に暮らし，互いをいたわり支えていく未来のあり方を，先頭に立って描いてみせることができる。プライドを持って共有したくなるような未来のビジョンを想像する機会を，あらゆる方面のデザイン（教育，実践，研究）が今こそ活かさなければならない。次のセクションでは，私がアルツハイマー患者向けサポート提供団体のアルツハイマー・スコットランドと協力して開発した2つのサービスと製品のデザインについて紹介する。いずれも，認知症にまつわるネガティ

ブなイメージを取り除くために開発したものである。

サービスと製品に対するデザインの介入

ここで紹介するサービスと製品は，アルツハイマー・スコットランドと芸術・人文リサーチカウンシルの協力による大きなプロジェクトの一環としてデザインされた。「Perfect Day」と呼ばれるサービスは，介護者をはじめ認知症患者の日々のケアに携わる人のためにデザインされた。患者を研究に巻き込むという，スコットランド認知症作業部会の原則に基づいている（SDWG, 2013）。つまり，認知症患者と協力する研究者は，以下のことをしなければならない。

- 研究にどのように携わりたいかを必ず認知症患者に尋ねる。どの時点で参加し，どのように結果報告を受けたいかなど。
- 研究の優先課題を設定する過程に認知症患者を巻き込む。例えば，研究の成果としてどのようなことを知りたいかなど。
- 研究に参加する人全員，特に認知症患者の身体的・感情的な安全を確保する。
- 認知症患者が他人の言葉に傷付く可能性を認識して，患者をサポートする言葉を使用する。
- 認知症のことを正しく認識し（同情ではなく共感する），思いやりと知識を持ち，対等な立場に立って，寛容に理解し，尊敬を示す。
- 認知症患者ならではの時間感覚に配慮する。それぞれの患者にとって最も都合の良い時間を見つけ，個人差を理解する。

これらの原則に従うことで，認知症患者が研究に参加して価値をもたらせるようになり，結果として認知症に対する知識と理解が構築される（Williams, 2005）。

「Perfect Day」

「Perfect Day」は，アルツハイマー・スコットランドがスコットランド各地で運営しているデイケアセンター20か所以上を私が訪問したことから始まった。研究を目的としたこれらの訪問中には，認知症患者とその家族，およびアルツハイマー・スコットランドの介護サポートスタッフと直接かかわり，話をする機会を得た。この経験から，介護サポートスタッフの日々の仕事が非常にきつく難しい仕事であることはすぐに分かった。特に，介護サポートスタッフには，しばしば矛盾する性質のアクティビティやサービスを提供することが求められていた（個人個人に合わせてパーソナライズしながらも全員に対してオープンでなければならない，柔軟性を持たせながらも焦点を絞り込む必要がある，など）。また，サービスやアクティビティが様々な認知症患者にとって適切であることも確認する必要があった。患者は必要な介護のレベルも異なれば，身体能力や認知能力も様々である。アルツハイマー・スコットランドの介護スタッフをサポートするようなサービスデザインが真に歓迎されるであろうことは，非常に明らかだった。

そこで，認知症患者にとって理想的な一日，すなわち「Perfect Day」がどのような

一日かを探究することにした．その一日に見ること，感じること，味わうこと，聞くことなどを割り出す作業である．アルツハイマー・スコットランドの介護サポートスタッフと協力して，スコットランド全域の認知症患者から，この理想的な一日の例を集めた．これに際しては，介護サポートスタッフおよび認知症患者とのコラボレーションを重視した．私は，アルツハイマー・スコットランドのデイケアセンターを訪れて，患者およびスタッフの協力者全員と直に接し，その人なりの理想的な一日を作っていった．全員に対して一定の質問をする緩やかな構造のインタビュー調査を行って，認知症患者に以下のような点を尋ねた．

- 今までどこに住んだことがありますか．
- どんな仕事をしましたか．
- 理想的な一日とは，どんな一日ですか．
- その日に何をしますか．
- どこでそれをしますか．
- その日にはどんなことが関係しますか．
- あなたには何が必要になりますか．
- なぜそれが理想的な一日なのですか．

　こうして，両面に情報を書き込んだ「Perfect Day」のカードがこれまでに76枚作成された．これらは，介護サポートスタッフが使用して，認知症患者のための毎日のアクティビティやセッションを計画するのに役立てられている．
　このカードに対する初期のフィードバックからは，認知症患者にとっての理想的な一日がどのような一日であるかをもっと深く探究できる可能性が示された．また，自分にとっての理想的な一日を，他の認知症患者がどう思うかを調べてみる可能性も浮上した．このサービスデザイン介入が目指しているのは，イギリス全土の認知症患者から数百というストーリーを収集して「Perfect Day」を作成し，このサービスを全国，やがては国際的に広めることである．グラスゴーに住む人の理想的な一日が，ロンドンに住む人の理想的な一日と重なることもあるかもしれない．男性の患者と女性の患者の両方に適した「Perfect Day」のアイデアもあるかもしれない．介護サポートスタッフが今まで思い付きもしなかったようなアクティビティが企画されるようになることが，私の願いだ．

「認知症の打破」を象徴するタータン

　認知症患者に商業製品のデザイン能力があるなどとは，今まで思われてこなかった．しかし，このプロジェクトは，最初からそうした先入観を打破することを目的としてスタートした．認知症患者と「ライブ」で商業製品（スコットランド伝統のタータン織物チェックを用いた）をデザインすることで，それを実践したのである．ここでのプロダクトデザインとは，認知症患者のために特別に開発されたタータン「Disrupting Dementia」であり，それに付随するタータンデザインのプロトタイピングのキットを

作成することだった。このプロジェクトによって先入観を打破したオーディエンス，ステークホルダー，参加者には，認知症患者の家族と友人，アルツハイマー・スコットランドのディレクター，理事，マネジャー，介護スタッフなどが含まれた。認知症患者が示した可能性は，サービスや製品を共同デザインするというアプローチに秘められた未来の可能性でもある。

　タータンを共同デザインするためのワークショップでは，このプロセスで守るべき基本ルールを最初に説明した。例えば，使う色は6色までとし，そのうちひとつは紫（アルツハイマー・スコットランドのブランドアイデンティティの主な色）とする，といったルールがあった。各参加者のタータンのデザインは，まず最初にアセテートの試作版から始まり，その後，リボンを使った実際のプロトタイプ，そして最後にインターネットで公に提供されているタータンデザインのツールを使ったデジタルプロトタイプへと進んだ。このデザインプロセスの段階を経ながら，参加者それぞれが自分のデザインを自由に決めることができる。

　物理的なリボンのプロトタイプができた後は，認知症患者がリサーチャーに指示して，ひとつずつデジタルデザインの色を選んでいった。ワークショップ参加者の多くは，認知症診断前は仕事で重要な地位にあった人たちである。眼科医，建築家，経済学者などの経歴を持つ人たちも多く，共同デザインを成功させるには敬意を忘れないことが重要だった。

　近年になって，共同デザインをする際に，エンドユーザーだけでなく，そのデザインから影響を受ける人たちにも発言権を与えようとする動きが見られるようになった（Ehn, 2008; Tunstall, 2013）。今では，そのプロセスに貴重な知識，アイデア，能力を提供できる人がプロセスの参加者と見なされている（Manzini and Rizzo, 2011）。このプロジェクトでは，土地柄や地方色が表れたタータンの特徴についての知識，織物工芸のスキル，タータン業界で働いていた経験などを参加者が持ち寄ったことが，大きな価値をもたらしたのである。プロジェクトのクリエイティブな段階では，参加者がしばしば，「過去の人生」との真のつながりを感じ，多くの人とかかわった状況についての良き思い出を語ってくれた。

　最終的にこのタータンのプロジェクトは，認知症患者による130以上のユニークなタータンのデザインを生み出した。その後，タータンデザインと製造関係者の審査パネルが，130以上のなかから7つを選定した。

　7つの最終候補デザインは，アルツハイマー・スコットランドのウェブサイトで披露され，サイトのビジターの人気投票にかけられた。スコットランド全域から8,000票以上が投じられた後，インヴァネスに住むNanのデザインが選ばれた。Nanの受賞デザインは，現在工場で生産されている。ゆくゆくは，いくつものタータンデザイン製品を開発して，世界中で販売する計画である。認知症患者がわずかな介添えだけでタータンの新製品を開発したこのプロジェクトは，社会に多大な貢献ができる可能性を示している。

　最近では，Disrupting Dementiaタータンの共同デザインプロジェクトの作品が，ダ

ンディーのヴァーダント・ワークス（スコットランドの国立ジュート族博物館）とスターリング・スミス・アートギャラリー＆ミュージアムで公開展示され，認知症患者がイギリス社会にいかに貢献できるかを誇示して認知症に対する認識変化に寄与したのである。

まとめ

　デザインが医療と社会福祉の改善に役立つことが，最近の研究で示されている（Crossick and Kaszynska, 2016）。その効果は，医療の環境が改善すること（Preti and Boyce-Tilman, 2015），社会へのインクルージョンと精神衛生が改善すること（Daykin and Byrne, 2006），デザインプロセスに高齢者や認知症患者が協力するため社会参加のメリットがあること（Rodgers, 2015）などである。このためデザインは，私たちが共に暮らし，互いをいたわり支えていく未来のあり方を，先頭に立って描く役割を果たすことができる。

　ここで紹介した2つのサービスと製品に対するデザインの介入は，多数の貴重な結果を生み出した。共同デザインの体験は，参加したすべての人にとってポジティブな体験だった。皆が興味を示し，積極的に参加し，共同デザインのワークショップを楽しみ，そのプロセス全体に明らかに情熱がみなぎっていた。共同デザインの活動は，参加する人にメリットをもたらす。クリエイティブな作業やグループのなかに入って他人と交流する過程，何かの一員になる所属意識から満足感を得られるだけでなく，デザイン活動を完成させた時に達成感を味わうことができる。また，共同デザインの活動から古き良き思い出に立ち返ることができた人もたくさんいた。

　この2つのサービスと製品のデザインプロジェクトは，もっと新しいことに挑戦してみようという自信を与えたという点で，後々にまで残る影響があった。なかには，参加することを躊躇していたにもかかわらず，いざセッションが始まると非常にリラックスして見えた人もいたのである。また，スピンオフともいえるプロジェクト，ディスカッション，テーマ活動，外出のアクティビティなども多数派生した。参加者が自分のデザインに対して抱いたプライドは，非常に明らかだった。地元のアートグループに参加する気になった人も多数いた。

　デザインは今や，正当かつ重要な研究領域と理解されている。政府だけでなく，サービスのユーザー，資金提供団体，文化組織などが，大きな社会改革をサポートするクリエイティブかつダイナミックなツールと見なすようになっている。しかも，全般にデザインは，一国の社会，経済，文化の開発を促す中核的な要素と見られている。近年では，国民の健康と幸福を高めるうえでデザインが重要な役割を果たせることを示す証拠も，十分に見られるようになった（Crossick and Kaszynska, 2016）。これからは，デザイン分野の研究者が，グローバルな課題や問題に取り組むに当たってポジティブな影響を及ぼせるよう，努力していかなければならない。グローバル経済は，知識もさることながら創意工夫を求める経済になりつつある。このなかで成功するには，物質的な資源をどれだけ持ち合わせているかではなく，むしろそれをどのように活用するかが重要になっ

てくる。イノベーション業界に携わる多くの人がすでに認めていることだが，デザインは，「付加的」に行う活動ではなく，社会と経済と文化の健全な発展に構造をもたらす手段として，非常に重要な役割を果たす。

8.4　都市の未来 — デザインのアジェンダ

　過去10年以上にわたり，デザインが都市の未来をどのように形成できるかに対して多くの関心が寄せられてきた。ただし，現時点で「都市の未来」という統一的な構想が存在するわけでないことに注意が必要である。都市にはそれぞれの特徴があり，成長と発展の過程で積み重ねてきた気質やアイデンティティが存在するためだ。世界の様々な場所に，規模も発展段階も異なる多数の都市があり，多数の未来形の組み合わせが見られる。そのすべてが，変化の激しい時代にあって，暮らしやすさや社会経済の目標を達成するうえで様々な課題に直面している。しかし，都市の変化に寄与している要因が多様であるとはいえ，（規模や場所を問わず）ほぼすべての都市が今後遭遇するであろう主な課題，しかもデザインが重要な役割を果たせる課題を，幅広くカテゴリー分けすることは可能である。

- **社会と環境の課題**：これらの課題は，広範で多岐にわたり，あらゆる都市に何らかの影響を及ぼす。気候変動は，あらゆる指導者や行政機関が一定程度の注意を払わなければならない問題だ。また，犯罪予防と住民の安全確保など，非常に慎重な取り扱いを要する課題がほかにもある。洪水や火災から，テロや産業事故に至るまで，様々な自然災害と人災の脅威も，都市プランナーや都市の指導者にとって重要課題であり続けている。さらに，サステナビリティと暮らしやすさは，どの都市にも共通するアジェンダである。
- **都市のインフラストラクチャ**：成長と発展の段階によっては，修理や改修が継続的なニーズとなる。都市の変化に応じて既存のインフラを大々的に刷新する必要があるかどうかは，都市の指導者が直面する課題のなかでもとりわけ大きな課題である。変わり続ける住民のニーズに合わせてインフラを効果的に管理し予算を適切に投下するために，その手段と先見の明を持つことがすべての都市に求められている。
- **成長とトランスフォーメーションの管理**：グローバル化を受けて，都市の経済は常に変わっていく。しかし，どのような種類の変化であれ，グローバル市場の変化に合わせて経済モデルを順応させ再編して競争力を保つことは，都市にとって必須の課題である。つまり，柔軟性と敏捷性を持たなければ，絶え間ない変化の時代に生き残ることはできない。

　2050年までには，世界人口の70％近くが都市部に住むようになると予想されている

(UN Habitat, 2013)。また，国連では，世界の都市の数が2010年には1,551だったが，2030年までには2,000を超え，2050年までさらに成長していくと予測している。人口1,000万人以上の巨大都市は現在28だが，2030年までには40を超える見通しだ。デリー，上海，東京は，2030年までに3,000万人都市となり，世界最大の都市圏になると目されている（UN, 2014）。

アフリカは，2014年から2050年の間に最も急速に都市化する大陸だ。都市人口は16％増となり，全人口の56％を占めるようになる。しかし，この状況でも，アフリカは世界で最も都市化されていない地域のひとつであり続ける（UN, 2014）。

東へ目を向ければ，中国政府が2014年3月，「国家新型都市計画」を発表した。これは，「人間中心で環境にやさしい」都市化に対する中国のコミットメントを再確認するもので，これまでの輸出依存型ではなく国内のサービスと消費に基づく新しい成長モデルを打ち出している。この計画では，2020年までの6年計画で，国が主導する輸送交通とインフラストラクチャの建設により1億人を都市に移動させるとした。また，人口20万人以上の都市（中国には600以上ある）がすべて2020年までに全国的な鉄道網と道路網に接続され，人口50万人以上の都市がすべて高速鉄道で結ばれるという目標を掲げている（Anderlini, 2014）。

スマートシティ

スマートシティとは，端的に説明するならば，住民をコミュニティの中心に据えるという理念に基づく都市開発である。スマートシティの絶対的な定義があるわけではなく，むしろ暮らしやすく災害に強い街づくりのプロセスをとらえている。スマートシティでは，官民の両方にわたるすべての都市サービスに住民が能動的に，かつ個別のニーズに合った方法で参加する。

インフラストラクチャのハードウェアと，スキルやコミュニティ組織などの社会資本，そして（デジタルな）技術を組み合わせて，サステナブルな経済開発を刺激し，すべての人にとって魅力的な環境を実現する（BIS, 2013a）。

イギリスのビジネスイノベーション・技能省の依頼を受けてOve Arup and Partnersが実施した調査（BIS, 2013b）では，以下の6都市がスマートシティとして世界をリードしているとされた。

1 シカゴ
2 リオデジャネイロ
3 ストックホルム
4 ボストン
5 バルセロナ
6 香港

これらの都市に共通するのは，情報開示を積極的に行っていること，市政の指導者に

優れたリーダーシップがあること，スマートシティ関連のプロジェクトが進行中であること，技術革新を活用して市民へのサービスを向上させる姿勢を打ち出していることだ。調査では，特にこれらの6都市が，新しいデジタルな行政サービスを提供するために組織をどのように順応させているかに重点を置いた。

犯罪予防のデザイン

都市化と人口密度の高まりによってもたらされる特徴のひとつが，犯罪活動の発生とその影響を抑止しようとする継続的な取り組みに市政の重点が置かれることである。犯罪予防のデザインは，空間デザインや都市計画といった専門領域でとりわけ重視されてきた。建築家や都市プランナーは，犯罪を怖れる市民の感情をよく理解したうえで，デザイン活動を通じてこの点に対応するための新しい方法を開発し始めた。

公共交通機関や他の移動と輸送の手段も，犯罪予防という観点から注目されており，以前よりも進んだ考え方が採用されるようになっている。自動車製造業のように成熟度が高い産業は，犯罪予防に考慮して，車両盗難をしにくくする機能などを重視している。車両が絡む犯罪は，イギリスの警察が記録した全犯罪の20％近くに達している（ONS, 2016）。デザインとデザイナーが役割を果たすことで，犯罪の影響を低減することができる。犯罪予防のデザインは，建造環境，プロダクトデザイン，パッケージデザイン，ニューメディア，繊維などの様々な文脈で活用することができる。犯罪予防という考え方はすでにデザインの一定の分野で考慮されていて，特に建造環境ではデザインプロセスの欠かせない一部となっている。

環境デザイン，とりわけ建築設計は，状況的犯罪予防に大きく貢献する可能性がある。状況的犯罪予防という概念は，1970年代終わり頃から特に発展するようになった。犯罪は状況によって発生するものであって，おおむね日和見主義的であり，加害者の性向に影響されているとする考え方である。そして，日和見主義的な犯罪を予防するため，任意の状況のなかに「統制」手段を導入して，犯罪が成功する確率を下げることができる。状況的犯罪予防の手段は主に建造環境に応用されていて，特に不法侵入，器物破損，万引きの発生確率を下げるために使われている。状況的犯罪予防は，日和見主義的な犯罪や窃盗犯罪だけでなく，あらゆる種類の犯罪に用いることができ，用意周到に企てられた犯罪や深い動機に基づく犯罪，またハイジャック，殺人，セクシュアルハラスメントなどの常習犯による犯罪に対しても効果を示した例がある。

この犯罪に対する認識を克服するため，デザイナーは，デザイン提案の開発方法をこれまでとは異なる視点からとらえる必要がある。具体的には，「ユーザーフレンドリー」ではなく「ミスユーザーアンフレンドリー」，すなわち悪用する人にとって使いにくいデザインを考えることだ。これはつまり，デザイナーの理解やデザイン問題の特定方法・解決方法のパラダイムシフトを意味する。

防犯環境設計は，状況的犯罪予防の幅広い枠組みのもとで犯罪の機会を減らすための効果的なアプローチとして広く認識されている。これをMcKayは次のように説明して

いる（McKay, 1996）。

　　　　建物とその周辺の適切なデザインと効果的な使用を通じて，犯罪を予防し生活水準を向上させるための犯罪予防のテクニックと定義されている。

　また，Ekblom および Tilley は，次のように説明している（Ekblom and Tilley, 1998）。「犯罪者は，潜在的な犯罪機会を利用するためのリソースを持ち合わせている場合のみ，それを利用できる」。このため，「状況的犯罪予防では，犯罪者のリソースとその流通状況，および社会・技術的な変化を考慮しなければならない」。防犯環境設計は，犯罪のターゲットや製品を強化するのではなく，具体的な状況に重点を置くことで，機会を減らそうとする。つまり，文脈に特定される犯罪予防のアプローチといえる。

　犯罪が発生する際の人間の行動は単にその人の基本的な性格に影響されるのではなく，その時にその人が置かれた物理的・社会的な状況にも影響されているという見方が，状況的犯罪予防の根幹にあることを，Ekblom は指摘している（Ekblom, 1991）。環境デザインとは，そもそもが幅広いデザインプラクティスを融合する学際的な分野であるため，建築家，都市プランナー，法律家，およびデザインされた空間の機能と使用方法に携わるステークホルダーからの要望を汲み上げる必要がある。ゆえに防犯環境設計が真の犯罪予防効果を発揮するには，様々なステークホルダー全員を巻き込み，コラボレーションしなければならない（McKay, 1996）。防犯環境設計の原則は柔軟なため，デザイン活動の初期に組み込むこともできれば，デザインが完成した後に適用することもできる。

　デザインとデザインマネジメントについて，ここまでは西洋の視点から考察してきたが，次のセクションでは，中国でデザインがどのように開発され，都市，地方，マクロ経済を発展させるための戦略的ツールになっているかを，Yujia Huang に説明してもらう。

ケーススタディ　中国におけるデザインとデザインマネジメントの現状および将来の方向性

　このケーススタディは，イギリス・ランカスター大学の現代芸術研究所で博士号課程に在籍する Yujia Huang に提供してもらった。

はじめに

　中国経済の加速度的な発展に伴って，文化，科学，技術の面でも劇的な変化が生じている。結果として，デザインに対する理解とその応用も，経済成長の戦略的ツールとしての役割やアイデンティティを変えつつある。デザインは，単なるスタイルの活動ではなく，審美的かつ実践的なツールとして専門領域の垣根を越えるようになった。また，文化やクリエイティブの業界を飛び出して，より幅広い事業活動とパフォーマンスを向上させ，国の経済成長と社会革新を支えるようになっている。

国のデザイン政策

　中国は，世界のほかの先進国に仲間入りして，クリエイティブ産業によって支えられる経済開発をしばらくにわたって謳歌してきた。中国共産党が第11次五カ年計画（2006〜2010年）で産業界の独立的な革新力向上という目標を打ち出してから，すでに10年になる。国レベルでは，経済・社会開発のための第13次五カ年計画（2016〜2020年）が多数の多様な産業の開発を指導していて，デザインは今や，組織に競争力をもたらし長期的な革新を可能にする主な要因と見なされている（Shan, 2014; Lee and Chan, 2008）。2014年のGDP統計では，文化・クリエイティブ業界が2兆3,940億元を計上し，GDPの3.76％を占めたとされた。前年比12.1％の成長で，GDP全体の3.9％という成長率を大きく上回っている（Ling and Zhang, 2012）。デザインが重要であるという認識から，独立したデザイン開発の国家政策も策定されていて，デザインイノベーションのための具体的な方策に明確なガイドラインをもたらしている。例えば，2014年に発行された「文化的クリエイティビティおよびデザインサービス関連業界との統合的開発を奨励するための国務院の複数意見」，さらに2015年に発行された「中国製造2025」がこれに当たる（China State Council, 2015）。

　中国におけるデザインの進化（図8.1）を評価する際に大きな要因となるのが，品質向上を目指す業界の要求と新世代の消費者の購買力拡大である。第一に，1980年代半ば以降，多数の非熟練労働者が寄与する格好で，製造業の企業が外国貿易からすばやく利益を手にするようになった。当時，「新しいデザイン」を考案することは，リスクを取る行動と見なされていて，デザインは製品の表面的なスタイリングに主に使われていた。しかし，非熟練労働者が急速に雲散霧消しつつあり，中国経済は，もはやこの労働市場に依存することができない。しかも，持続可能な開発と知識経済が主流になり，軽工業が重工業に取って代わりつつある。デザインは，中国が「世界の工場」の地位を返上し，「メイド・イン・チャイナ」から「クリエイテッド・イン・チャイナ」へと移行するのに役立ってきた。

　第二に，生産性の向上を受けて，消費者製品が入手しやすくなった。昨今の消費者は付加価値のある製品を要求していて，それが小売業界の新たなターゲットになりつつある。しかも，中国のミレニアル世代は非常に多様性があり，個人の表現や個人主義，趣味でつながる仲間との活動，インターネットへの情熱，モバイルな製品とサービスなどを重視している（Yip, 2016）。このため，これら消費者の潜在的な特徴を理解するという点においてデザインがもたらす価値が，新市場を開拓し確保しようとする企業にとって非常に重要な戦略になりつつある。

中国に見られる様々なレベルのデザイン活動

　中国全体を見渡すと，デザインの発展度は地域によってまちまちで，決して均質ではない。中国に見られる様々なレベルのデザイン活動を理解するため，測定の枠組みとしてデザインラダーを使用してデザインの活用度を調査したところ，産業界におけるデザ

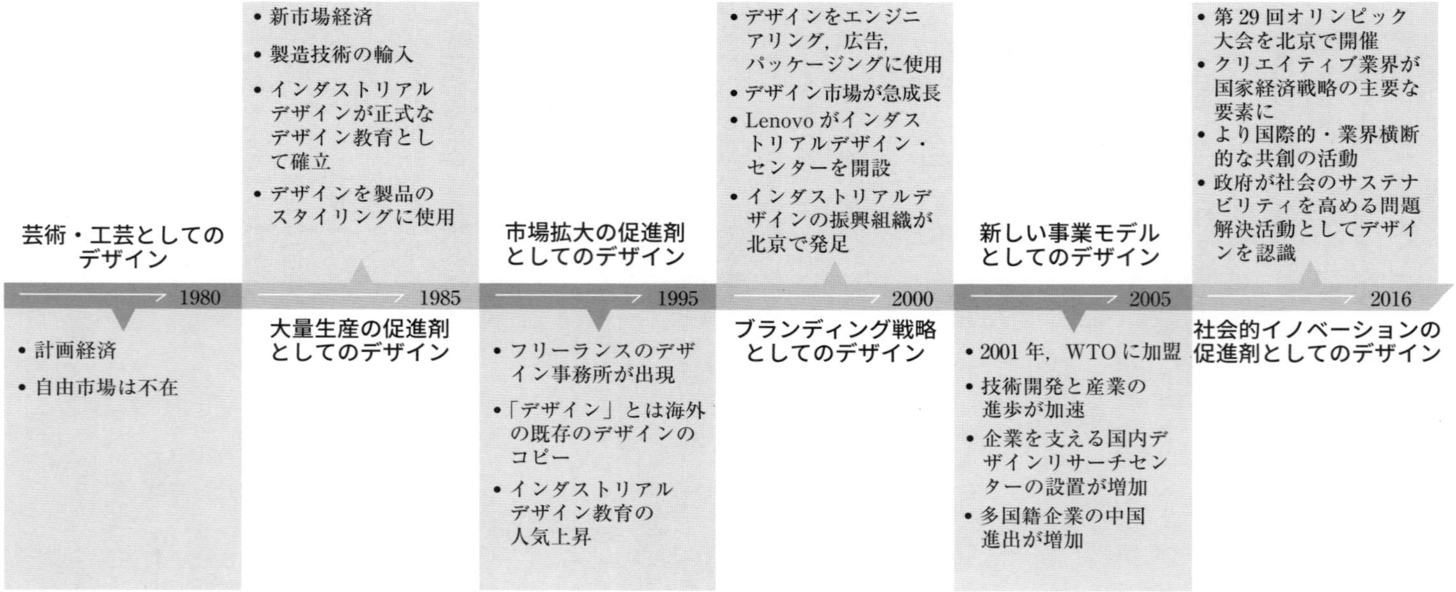

178　第8章　今後の展望とデザインマネジメントの未来についての議論

1980	1985	1995	2000	2005	2016
芸術・工芸としてのデザイン	大量生産の促進剤としてのデザイン	市場拡大の促進剤としてのデザイン	ブランディング戦略としてのデザイン	新しい事業モデルとしてのデザイン	社会的イノベーションの促進剤としてのデザイン
・計画経済 ・自由市場は不在	・新市場経済 ・製造技術の輸入 ・インダストリアルデザインが正式なデザイン教育として確立 ・デザインを製品のスタイリングに使用	・フリーランスのデザイン事務所が出現 ・「デザイン」とは海外の既存のデザインのコピー ・インダストリアルデザイン教育の人気上昇	・デザインをエンジニアリング、広告、パッケージングに使用 ・デザイン市場が急成長 ・Lenovoがインダストリアルデザイン・センターを開設 ・インダストリアルデザインの振興組織が北京で発足	・2001年、WTOに加盟 ・技術開発と産業の進歩が加速 ・企業を支える国内デザインリサーチセンターの設置が増加 ・多国籍企業の中国進出が増加	・第29回オリンピック大会を北京で開催 ・クリエイティブ業界が国家経済戦略の主要な要素に ・より国際的・業界横断的な共創の活動 ・政府が社会のサステナビリティを高める問題解決活動としてデザインを認識

図8.1　中国におけるデザインの進化

出典：Cai (2011)

インの活用度が最も進んでいるのは北京，上海，深セン，広州の4大都市であることが分かった（図8.2）。これらは，中国の金融，ビジネス，科学・技術イノベーションのハブといえる都市である。しかも，深セン（2008年），上海（2010年），北京（2012年）は，ユネスコのデザイン創造都市に認定されている。

戦略としてのデザインは，中国の大手企業，特に多国籍企業では一般的に見られる。デザインが高度なレベルで活用されるようになるうえで重要な要因となっているのが，イノベーション部門を設置する西洋のモデルに準じて大手企業が社内にデザインリサーチセンターを開設している事実だ。

また，地方政府のレベルでも，政策策定のプロセスでデザインが検討され，財務支援を受けるようになっている。さらに，非常に生産性の高い「クリエイティブデザイン産業パーク」が多数開発されてきた。これらの地域デザインセンターは，それぞれに独自の特徴を持っている。例えば，北京では，デザインコンサルティング業界が急速に伸びている。上海では，最も高水準のクリエイティブデザイン産業パークが開設された（Zhang, 2011）。深センには，インダストリアルデザイン業界のトップ企業の3分の2があり，2万人以上のデザイナーが勤務している（Liu and O'Connor, 2014）。

2つ目のレベルのデザイン，しばしばプロセスとしてのデザインと定義される活用度のレベルは，産業が発達した東海岸の7省に主に見られる。イノベーションが重要な役割を果たす技術製造業で，生産工程を最適化し，新しい技術製品の価値を特定して消費者に伝えるために，デザインが使われている。トップレベルの都市と同様に，ここでも多くの地方政府が，街のイメージ作りと外国投資の誘致にとって重要な手段としてデザインを活用している。これに続く中国の内陸平野部は，（全般に）経済・社会開発が平均的なレベルである。デザインは主にスタイルと認識されていて，見た目や人間工学的な側面を良くすることが，大半のデザイン活動の主な目標とされている。最後に来るのが，残りの中国西部である。これらの地域では，生活水準が今も国の最低基準を下回っていて，表面的なレベルを超えてデザインの使用を考えることはほとんどない。全体として，意識的・計画的なイノベーション活動としてのデザインの認識や理解が中国で戦略的に事業に導入されるようになるには，まだ長い道のりが残されている。

インダストリアルデザインを超えるデザインとデザインマネジメント

過去30年以上をかけて，インダストリアルデザインの世界ではデザインの理論とメソッドが応用されるようになり，製造業界の大手企業がOEM（Original Equipment Manufacturing）からODM（Original Design Manufacturing）やOBM（Original Brand Manufacturing），さらにOSM（Original Strategy Manufacture）へと移行するうえで大きく貢献してきた（Cai, 2011）。

最近では，デザイン原則が中国の情報経済時代でさらに大きな役割を担い始めていて，モバイルインターネット，クラウドコンピューティング，ビッグデータといった業界の開発を促進している（Shen, 2016）。特にインターネットは，現在中国で最も開

180　第 8 章　今後の展望とデザインマネジメントの未来についての議論

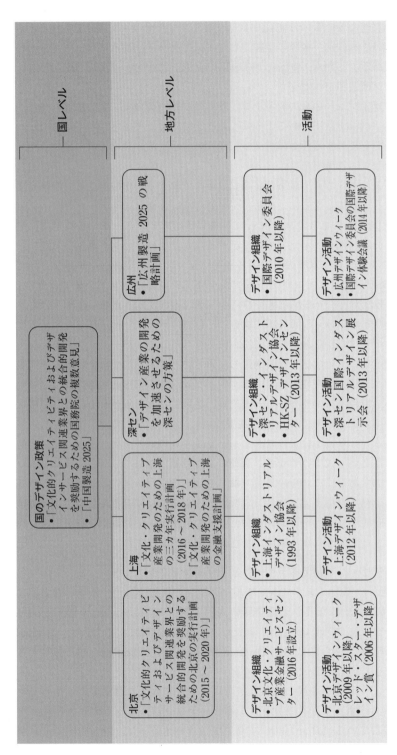

図 8.2　デザイン政策の実行体制（北京，上海，深セン，広州）

発が活発な分野だ．インターネットとIoT（モノのインターネット）は，様々な地域，産業，組織間の自由な情報交換を実現し，境界線をまたいだイノベーションを可能にする（China Industry Development Research Institute, 2016）．クリエイティブなツールとしてのデザインは，インテリジェントなウェアラブル製品や効率的で暮らしやすいスマートシティの開発に使われているだけでなく，中国農村部のインターネット経済の新たな活況も刺激している．

さらに，デザインは，国と非営利の機関によって，全体的な社会福祉を改善するための問題解決の活動としても使われている．中国におけるこのデザインの新しいステータスは，ソーシャルネットワークのコミュニティをひとつにまとめ，インターネット上またはインターネットを中心とした産業エコシステムの形成も導いている．これにはインダストリアルデザインを超える大きな価値があり，それが社会から幅広く認識されて，有形なもの（製品）と無形なもの（サービス）の革新的な使用を促す結果，新しい事業モデルと雇用機会を創出している．また，多様化する消費者の要求も満たされ，生活水準の向上にもつながっている（Chen and Liang, 2015）．

1980年代にはプロフェッショナルなグラフィックデザインが人気を博し，それが1990年代には広告デザインへ，さらにプロダクトデザインへと広がった．その後，21世紀初めにインテリアデザインとブランドイメージデザインが注目され，2000年代初め以降は建築デザインも開花するようになった．現在では，インターフェースデザイン，ユーザーエクスペリエンス（UX）デザイン，ゲームデザインといった分野が，ユーザー中心のインタラクティブな体験に対する要求の高まりとともに隆盛している．共有経済や知識経済の浸透，それにゲーム業界の成長を受けて，これらすべてがソーシャル体験を高める目的でデザインを活用するようになった．デザイン思考とデザインメソッドは，業界の垣根を越える共創のバリューチェーンで使われて，新旧の産業エコロジー間での効率的なエネルギーの交換を可能にしている．結果として，デザインの専門家は，産業のイノベーション活動にとって今まで以上に重要なリソースとなっている．

ブランドマネジメントからデザインマネジメントへ

中国では，国際的な視野を持った大企業とデザインサービスを提供する国際的なコンサルティング会社が中国経済におけるデザイン業界の成長を要求したことから，デザインマネジメントが確立するようになった．2014年以降，国の経済体制や科学技術イノベーションの体制が改革され，起業ブームが最高潮に達した．以来，中国は，起業家の活動が世界で最も活発な国になった．このことは，毎年のスタートアップ企業の統計に現れている．北京のシリコンバレーとも呼ばれる「中関村」には3万社のスタートアップ企業がひしめいているが，実は米国のシリコンバレーは1万5,000社だ．また，中関村の会社による新規株式公開の件数は，過去5年にわたりシリコンバレーの3倍だった（Wang, 2016）．この結果，これまでのピラミッド型の市場リソースの分配モデルは崩壊し，今では平たいクモの巣のような構造が見られる．ブランディング戦略は，企業が

新規市場を開拓して確保するうえで不可欠な生存のためのツールになっている。あらゆる規模の企業が，マーケティング主導の戦略をデザイン主導の戦略に変え始めた。

戦略的デザインとデザインマネジメントは，スタートアップ企業が投資を獲得するうえで必須の事業活動である。中小企業が差別化するうえで，また大企業が世界中で長期的に成功していくうえで，きわめて重要と見なされている。

今日の中国に見られる広大かつ多様な事業環境においては，西洋のデザインプロジェクトを「カット＆ペースト」して中国のデザインプロジェクトに入れ込んでも，成功する可能性はまったくないだろう（Voices, 2016）。中国企業は，イノベーションにおけるデザインの価値を認識するようになっている。また，戦略的リソースとしてデザインを管理することの重要性も理解している。デザインは，管理可能なほかのリソースと同じように統制し，基本方針に従って管理していくことができる。デザインマネジメントの理論と新しいデザインの方法論を西洋から学びたいという欲求は，2つの狙いから来ている。ひとつは，社内にデザインセンターやユーザーリサーチセンターを開設するため，もうひとつは，専門のデザイン会社を雇い入れてデザインのプロセスやほかのデザイン活動を実践するためだ。

デザインマネジメントの社内モデルと社外モデルの両方を活かすかたちで，Huaweiは1994年にモデリングデザイン・センターを設立した後，2014年にカスタマーエクスペリエンス・トランスフォーメーション・センターを開設した。また，中国最大のソーシャル・ネットワーク，Tencentは，2006年にカスタマーリサーチ＆ユーザーエクスペリエンスデザイン・センターを設立した。同社は社内の管理構造もプロジェクト主導に変化させ，それぞれのプロジェクトに社内デザインチームを付けている。デザインは今や会社の管理責任のひとつとされていて，経営トップにも浸透して，戦略的ポリシーを策定する際の重要な検討項目となっている。伝統的なインダストリアルデザインと広告会社も進化し始めていて，ユーザーリサーチの担当チームを設置して，プロジェクトのプロセス全体に参加するようになっている（Murphy, 2011）。戦略策定から，ユーザーリサーチ，モデル制作，量産，そして最後の商業化まで，プロジェクトの全段階に関与している。

しかし，デザインマネジメントの導入と実践に関しては，まだ改善の余地が多々あるというのが大方の見方である。企業にしてみれば，デザインマネジメントの現在の役割は，主にデザインのリソースマネジメントであって，プロジェクトマネジメントに非常に似通っている。中国企業の大多数がデザインマネジメントを戦略レベルには据えていないのが実情である。確立したデザインマネジメントのメソッドを借用して実践している企業が，意思決定プロセスのDNAに完全に組み込んでいるわけではない。つまり，デザインマネジメントは，単なる形式的な行動になっている。

さらに，トップダウンで独自のイノベーションプロセスを導入してクリエイティブな文化を醸成していない企業も多々ある。このため，すべての部門の共通認識となっている整合性のある事業目標が存在せず，結果としてデザイン活動がバラバラに細かなレベ

ルで導入されている。デザイン分野の有能な人材を育てるという点において，中国の現在の高等教育制度は，具体的なデザインスキルの習熟に注意を払っている。このため，デザイナーの大半が，会社のビジョンやターゲット層に対する理解を欠いている。戦略的デザイン思考を使用して会社の事業目標に沿ったデザインを作るために必要となる事業運営体制のことも理解していない。中国の最も優秀なデザイナーのなかには，外国（特に西側諸国）でデザインマネジメントを勉強して，デザイン思考の能力を高めている者もいる。しかし，中国のデザイナーのほとんどは，日々の実践を通じてこれらの能力を開発することはできない。デザイン分野の人材はデザインマネジメントの中核を支える要素であることから，この現状は，デザインマネジメントが完全に浸透するうえで大きな障害となるかもしれない。

デザインマネジメント教育の奨励

中国でデザインマネジメントを今後発展させていくうえで，おそらく最も基本的かつ効果的な方法は，高等教育レベルでの導入を促進することだろう。プロダクトデザイン，インダストリアルデザイン，グラフィックデザイン，マルチメディアデザイン，デジタルデザイン，建築，ファッションなどのデザイン関連のコースは，多くの大学にすでに導入されている（Keane, 2013）。しかし，デザイン思考を養い，その学際的な能力を実際の問題に応用することは，まだそれほど行われていない。

これまでのところ，デザイン思考の講義は，インダストリアルデザイン専攻の1コース（最終学年の大きな履修単位のモジュール）としてのみ開講されている。現時点では，デザインマネジメントという具体的な専門領域はほとんど存在しない。とはいえ，デザイン教育で知られる比較的少数のトップレベルの大学は，この点で進歩を示している。例えば，清華大学美術学院は，2010年に芸術・科学リサーチセンター内にデザインマネジメント研究ラボを開設した。北京の中央美術学院は，パリ・ソルボンヌ大学，ケッジ・ビジネススクール，国立高等装飾美術学校，オルセー美術館との間で2016年に「中国芸術・フランス芸術・デザインマネジメント学校協力合意書」を結び，2017年に上海に共同デザイン学校を開設するとした。さらに，湖南大学デザイン学部は，大学院の研究課程にデザインマネジメントのコースを開発している。

デザインマネジメントのことが分かる人材の需要が拡大していることから，多くの大学がデザインマネジメントを独立した専門領域と見なし，キャリアに対する学生の希望に合わせて順応していかなければならない。同時に，戦略的な事業ツールとしてのデザイン思考を普及させるには，デザイン思考と戦略的デザインマネジメントの支援制度や研修制度も，国レベル，地方レベル，さらに一般の組織レベルで導入していかなければならない。

まとめ

中国の巨大な市場リソースとイノベーションを求める欲求が，デザインマネジメントの今後の発展のための基礎をもたらしている。西側諸国（特に欧米）とは異なり，中国

はデザイン分野における豊かな文化的伝統を持ち合わせていない。しかし，国全体で維持可能な開発を進めていく必要があることから，社会と産業がデザインに注目するようになっている。

また，中国共産党は，地方政府からのサポートも得て，企業，大学，研究機関の戦略的提携を積極的に奨励することで，クリエイティビティ，デザイン，科学，技術を通じたイノベーションを刺激し，デザインの知的財産管理能力を高め，デザイン理論を重視するデザイン教育を強化して，より学際的かつ国際的なデザインの人材を輩出しようとしている。近い将来には，デザインおよびデザインマネジメントの価値をフルに理解しているほかの国と肩を並べるかのように，インダストリアルデザインの小さな一部という役割を超越して，この活動が実践されるようになるだろう。

この章のおさらい

主なポイント

1　デザインは，公共セクターでも盛んに導入されるようになっている。
2　医療制度は，デザインを積極的に活用している。
3　デザイン思考は，日和見主義的な犯罪の予防に役立つ。
4　技術によって都市のインフラが変わる可能性がある。
5　中国は，デザインを通じた成長という野心的な目標を掲げて政策を打ち出している。

チェックリスト

- 公的な医療制度は，サービスを受けるエンドユーザーの体験を高めるという点で，デザイン思考の活動から大きな恩恵を受けられる可能性がある。
- 認知症患者が通常の日常生活を送れるようにするうえで，「破壊的」なデザイン思考は有意義な役割を果たすことができる。
- 犯罪予防のためのデザインは，これまでの犯罪予防のアプローチとは異なる新しいアプローチで，慎重に導入すれば大きな効果を発揮する。
- グローバル化を背景に，都市は常にインフラを改良・刷新することで，住民が幸せに暮らせるサステナブルな未来を導いていく必要がある。
- 中国は，国と組織の両方のレベルでデザインのメリットを活用する政策を策定して，「メイド・イン・チャイナ」から「クリエイテッド＆デザインド・イン・チャイナ」への移行を遂げようとしている。

復習の問い

Q1　事業モデルの継続的な調整や修正を組織に余儀なくしている外部要因には，ど

のようなものがあるか。

- Q2 時間は貴重な財産になりつつある。これによってどのような機会がスタートアップ組織にもたらされるか。
- Q3 バーチャルな組織の成功を支える4つの特徴とは何か。
- Q4 公的医療制度はなぜ，エンドユーザーへのサービス提供のあり方を常に変化させていかなければならないのか。
- Q5 Disrupting Dementia タータンのプロジェクトで，デザイン思考のどのような要素がプロジェクトの成功に寄与したか。
- Q6 都市を「スマート」にするうえで，デジタル技術はどのような役割を果たすか。
- Q7 状況的犯罪予防の方策を実践するに当たっては，「文脈」に慎重に配慮する必要がある。それはなぜか。
- Q8 犯罪予防のデザインのどのような特徴が，デザイン思考と異なるか。
- Q9 世界中の製造を請け負う立場から移行しようとする中国の野心の基本には，どのような戦略的動機があるか。
- Q10 中国に見られる様々なレベルのデザイン活動には，どのようなものがあるか。

プロジェクト用の課題

- Q1 耐久消費財市場の未来のトレンドを予測するために，どのようなツールとテクニックを使用することができるかを考察する。
- Q2 変化についていくことができなかった大手企業を5社特定し，それらの企業がどのように市場シェアを失ったかを詳細に説明する。
- Q3 時間は実際に貴重な財産である。そこで，「時間」を実際に商品化して成功を収めた企業をケーススタディとして分析する。
- Q4 公的な医療サービスの一側面を取り上げて，そのエンドユーザー体験を高めるためにどのようにデザイン思考が役立つかを考える。
- Q5 利益が主な目的ではない公共セクターに民間セクターからデザイン思考のテクニックを転移するうえでの主な課題を特定し説明する。
- Q6 認知症患者の生活に画期的なデザインが及ぼす影響を，どのように測定できるか。
- Q7 スマートシティの分類図を作成して，スマートシティと呼ばれるための主な特徴を特定する。
- Q8 主な犯罪の種類（駐車車両からの窃盗など）を特定し，デザイン思考がこれらの発生をどのように減らせるかを説明する。
- Q9 中国ではデザインの理解と活用が大きく変化しつつある。どのような要因が，この変化を促しているかを考察する。
- Q10 中国の著名ブランド5つを取り上げ，それぞれの製品・サービス市場で有力な地位を保つためにデザインをどのように戦略的なレベルで使用しているかを

説明する。

参考文献

Alzheimer Scotland (2008) Let's get personal: personalisation and dementia ［オンライン］ http://www.alzscot.org/assets/0000/1820/Lets-get-personal.pdf

Alzheimer's Disease International (2013) World Alzheimer Report 2013: an analysis of long-term care for dementia ［オンライン］ https://www.alz.co.uk/research/world-report-2013

Alzheimer's Society (2013) Dementia 2013: the hidden voice of loneliness ［オンライン］ https://www.alzheimers.org.uk/download/downloads/id/1677/dementia_2013_the_hidden_voice_of_loneliness.pdf

Anderlini, J (2014) China reveals blueprint to expand urbanisation, *Financial Times* ［オンライン］ https://www.ft.com/content/ea62ecc2-ad89-11e3-af3e-00144feab7de

BIS (2013a) Smart cities: background paper, *Department for Business Innovation and Skills* ［オンライン］ https://www.gov.uk/government/uploads/system/uploads/attachment_data/file/246019/bis-13-1209-smart-cities-background-paper-digital.pdf

BIS (2013b) The smart city market: opportunities for the UK, *Department for Business Innovation and Skills* ［オンライン］ https://www.gov.uk/government/uploads/system/uploads/attachment_data/file/249423/bis-13-1217-smart-city-market-opportunties-uk.pdf

CABE (Commission for Architecture and the Built Environment) (2004) The role of hospital design in the recruitment, retention and performance of NHS nurses in England, National Archive ［オンライン］ http://webarchive.nationalarchives.gov.uk/20110118095356/http:/www.cabe.org.uk/files/the-role-of-hospital-design.pdf

Cai, J (2011) The evolution of design and design management in China, in *The Handbook of Design Management*, 1st edn, ed R Cooper, S Junginger and T Lockwood, Berg, Oxford, pp 420-38

Chen, D and Liang, W (2015) *Blue Book of Design Industry: Annual report on design industry development of China (2014-2015)*, Social Sciences Academic Press, Beijing, China

China Industry Development Research Institute (2016) Internet + and design industry: annual report of China industry development 2016 (blog) *China Industry Development Research Institute* ［オンライン］ http://blog.sina.com.cn/s/blog_12e37fe9d0102x5v6.html

China State Council (2015) Notification about print and distribute 'Created in China 2025', *State Council of the People's Republic of China* ［オンライン］ http://www.gov.cn/gongbao/content/2015/content_2873744.htm

Cooper, R (2017) Design research: past, present and future, *The Design Journal*, 20 (1), pp 5-11

Cooper, R, Hernandez, R J, Murphy, E and Tether, B (2016) *Design Value: the role of design in innovation*, Lancaster University, Lancaster

Cross, N (2006) *Designerly Ways of Knowing*, Springer, London

Crossick, G and Kaszynska, P (2016) Understanding the value of arts and culture: the AHRC Cultural Value Project, *Arts and Humanities Research Council* ［オンライン］ http://www.ahrc.ac.uk/documents/publications/cultural-value-project-final-report

Daykin, N and Byrne, E (2006) The impact of visual arts and design on the health and wellbeing of patients and staff in mental health care: a systematic review of the literature, Centre for Public Health Research, University of the West of England, retrieved from: http://eprints.uwe.ac.uk/4829

Design Council (2013) *Design for Public Good*, Design Council, London

Ehn, P (2008) Participation in design things, in *Proceedings of the 10th Anniversary Conference on Participatory Design,* pp 92-101, Indiana University, Indianapolis

Ekblom, P (1991) Talking to offenders: practical lessons for local crime prevention, in *Conference Proceedings of Urban Crime: Statistical Approaches and Analyses*, Institut d'Estudis Regionals i Metropolitans de Barcelona, p 1

Ekblom, P and Tilley, N (1998) What works database for community safety/crime reduction practitioners: towards a specification for an ideal template, Policing and Reducing Crime Unit, Home Office RDS and Nottingham Trent University

Jowitt, J (2013) Ageing population will have huge impact on social services, *Guardian*, 24 February 2013 [オンライン] https://www.theguardian.com/society/older-people

Keane, M (2013) Creative industries in China, Polity Press, Cambridge

Latour, B (2009) A cautious Prometheus? A few steps toward a philosophy of design (with special attention to Peter Sloterdijk), in *Proceedings of the 2008 Annual International Conference of the Design History Society*, ed F Hackne, J Glynne and V Minto, Universal Publishers, pp 2-10

Lee, T and Chan, K (2008) Integrated creative platform (ICP) TM: Strategic innovation for China's creative cultural industries, *9th International Conference on Computer-Aided Industrial Design and Conceptual Design, 22-25 November*, pp 1355-59

Ling, J and Zhang, X (2012) Present conditions and research of china's creative design industry, *Creative and Design*

Liu, L and O'Connor, J (2014) Shenzhen's OCT-LOFT: Creative space in the city of design, *City, Culture and Society* 5, pp 131-38

Manzini, E and Rizzo, F (2011) Small projects/large changes: participatory design as an open participated process, *CoDesign*, 7 (3-4), pp 199-215

McKay, T (1996) The right design for securing crime, *Security Management*, 40 (4), pp 30-37

Murphy, D (2011) Creativity unleashed: the design agenda in China, *See Bulletin*, January (5) pp 5-7

ONS (2008) *Benefits and Challenges of an Ageing Population*, ONS, London

ONS (2016) Crime in England and Wales: year ending Sept 2016, Office for National Statistics [オンライン] https://www.ons.gov.uk/peoplepopulationandcommunity/crimeandjustice/bulletins/crimeinenglandandwales/yearendingsept2016#main-points

Preti, C and Boyce-Tilman, J (2015) Elevate: using the arts to uplift people in hospitals, Arts & Health Southwest [オンライン] http://www.ahsw.org.uk/reports. aspx?x=1&id=1503

Prince, M et al (2015) World Alzheimer Report 2015 [オンライン] https://www.alz.co.uk/research/WorldAlzheimerReport2015.pdf

Rams, D et al (1991) The Munich Design Charter, *Design Issues*, 8, (1), pp 74-77

Rodgers, P A (2015) Designing with people living with dementia, *Proceedings of the 3rd*

European Conference on Design4Health 2015, Sheffield Hallam University, UK, 13-16 July, ISBN 978-1-84387-385-3

SDWG (2013) Core principles for involving people with dementia in research, *SDWG*［オンライン］http://dementiavoices.org.uk/wp-content/uploads/2014/06/Involving-people-with-dementia-in-research1.pdf

Shan, S (2014) Chinese cultural policy and the cultural industries, *City, Culture and Society*, 5, pp 115-21

Shen, G (2016) 2016 China digital creative industry development report, *People. cn*［オンライン］http://comic.people.com.cn/n1/2016/0927/c122366-28744111.html

Tunstall, E (2013) Decolonizing design innovation: design anthropology, critical anthropology, and indigenous knowledge, in *Design Anthropology: Theory and practice*, ed W Gunn, T Otto, and R C Smith, Bloomsbury Academic, London, pp 232-50

UN (2014) World Urbanization Prospects: 2014 revision［オンライン］https://esa.un.org/unpd/wup/Publications/Files/WUP2014-Highlights.pdf

UN Habitat (2013) State of the World's Cities 2012/13［オンライン］http://mirror.unhabitat.org/pmss/listItemDetails.aspx?publicationID=3387

Voices, V (2016) Mindsets for thinking about innovation in - and competition from - China, *Forbes*［オンライン］http://www.forbes.com/sites/valleyvoices/2016/02/05/four-ways-you-need-to-rethink-innovation-and-competition-from-china/#598283ba5b2b

Wang, D (2016) 2015: Era of China entrepreneurship, *Zhongguancun*［オンライン］http://www.evalley.com.cn/Item/Show.asp?m=1&d=4148

Williams, S J (2005) Parsons revisited: from the sick role to...? *Sage Journals*［オンライン］http://journals.sagepub.com/doi/abs/10.1177/1363459305050582

Yip, G (2016) 5 strategy lessons companies can learn from China, *Forbes*［オンライン］http://www.forbes.com/sites/ceibs/2016/06/06/5-strategy-lessons-companies-can-learn-from-china/#330e1f4e520b

Zhang, J (2011) China Creative Industry Development Report, China Economic Press, Beijing

ウェブリソース

World Future Society
　世界未来協会は，未来を思考する人たちの世界的なコミュニティである。起業家，企業幹部，予測者，エコノミスト，科学者，学生，親，意識ある一般人など，あらゆる未来思考家が参加していて，世界の主要な課題に取り組むことを目指している。
　http://www.wfs.org

Mindlab
　社会のための新しいソリューションを開発しようとする一般個人や企業が参加する国際的なイノベーションの試み。また，インスピレーション，クリエイティビティ，イノベーション，コラボレーションのための中立な物理空間も提供している。
　http://mind-lab.dk/en

Design against Crime Research Centre
　ロンドン芸術大学の一部門で，犯罪予防のデザインの方法論を開発し，実際の犯罪予防活

動に転移することを目指している。
　　http://www.designagainstcrime.com
The International Academy for Design and Health
　　学際的な知識コミュニティが集まるグローバルな非営利組織。デザイン，健康，科学，文化，経済の間の相互作用について研究し応用することを目指している。
　　http://www.designandhealth.com
DSDC - The Dementia Centre
　　スコットランドのスターリング大学にあるDSDCは，認知症患者の生活向上を目的とした国際的な研究機関である。
　　http://dementia.stir.ac.uk

まとめ

本書のまえがきで，デザインマネジメントの起源について説明した。その端緒は，Michael Farr が著した以下の一節にある（Farr, 1965）。

> デザインマネジメントとは，デザインの問題を定義し，最も適切なデザイナーを見つけ，そのデザイナーが納期内・予算内で問題を解決できるようにする機能である。これは意識的に管理される活動であり，デザイナーの仕事のあらゆる領域に応用することができる。

予知的ともいえたこの文章を今あらためて考察することは，まさに時宜にかなっている。デザインの価値がどこにあるか，デザインを未来へと率いるリーダーシップを誰が担うべきかについて，時として熱い議論が交わされているためだ。

1960年代から世の中は大きく変わり，結果としてデザインも変化した。今後10年間にまたも大きな変化を遂げることは，疑いの余地がない。専門領域としてのデザインマネジメントは，デザインプロジェクトを管理するという当初の領域を大きく飛び出して，加速度的に組織の境界線を越えるようになっている。デザイナーは今や，新しいスキルと語彙を習得し，実験的な方法論を取り入れて応用することで，時に圧倒されかねないほどのかつてないほどの規模のスケールで変化していく社会経済の要請に応えなければならない。

デザインマネジメントのストーリーは，徐々に進展して新しい領域にスポットライトを当て，組織とひいては社会全体に新しい機会をもたらしてきた。今では，貧困撲滅，環境保護，気候変動対策といった地球規模の大きな課題に取り組む際に，デザインが語られ活用されることも決して珍しくはない。これらの課題に対してデザインがどこでどのように貢献できるかを理解するには，まず様々な文脈でデザインの価値を考える必要がある。広範な領域の要因を検討して，賢明な応用方法を考えることだ。

第1章では，組織が長期的にサステナブルな商業的成功を手に入れるための主要ツールとしてのデザインについて説明した。デザインの価値を理解し十分に活用している企業（デザイン成熟度の高い企業）は，高い市場シェアを謳歌し，世界各地の競争市場で成功を収めている。これらの企業はしばしば，あらゆる意識的な活動でデザインを情熱的に実践する強力なリーダーを擁している。第2章では，デザインを通じて事業を抜本的に変革させた大小様々な企業の成功例を紹介した。デザインを戦略レベルで慎重に用いれば，大きな価値がもたらされる。その見返りは，金銭的な価値に留まらない。会社の評判が高まったり，イノベーション活動の推進力としてデザインを活用していく姿

勢が組織全体に浸透したりするなどの変化が見られた。

　ビジョンや組織の変化は，会社内の様々なレベルで慎重に調和を図っていく必要がある。この点をとらえ，第3章では，事業計画活動にデザインを浸透させる役職として最高デザイン責任者というポストが登場していることに触れた。戦略的計画策定，特にデザイン戦略の開発と実行に際しては，役員会のレベルで確定する会社のビジョンが確実に戦術活動に反映されるよう慎重に配慮しなければならない。組織の上から下へ向けて伝わるうちに，ビジョンが希釈されたりメッセージが失われたりしてはならない。また，この章では，組織内の活動を外の世界と結び付けていく重要性についても考察した。「組織と外部環境の境目はどこにあるのか」というテーマは，この章全体にわたる論点だった。Burns らは，次のように論じている（Burns et al, 2006）。

　　　組織はこれまで伝統的に，複合的というよりは複雑な世界のためにデザインを行ってきた。ヒエラルキーや縦割りの構造は，問題を対処可能なレベルに分解して細分化するのに適していた。しかし，きわめて複合的なものに対処するという点では，あまり有効でない。このため，長い歴史のある制度のほとんどが，より複合的な今の世の中に対応するのに苦心している。

　第5章と第6章では，デザインに対する国レベルの取り組みをとらえ，ますますグローバル化する世界にあってデザインが戦略的資産と見なされている様子を示した。企業や産業は，今では中国，ブラジル，インド，その他の新興国と低コストな製造力で競っている。このため，大手の組織や企業は，事業の成功要因としてのデザインの重要性に対する意識が比較的高い。技術主導のイノベーションは，国の経済が繁栄するうえで重要な要因となるが，デザイン主導のあまり技術的でないイノベーションが競争力をもたらす重要なルートであることも，より認識されるようになっている。国のデザインイノベーション政策の策定と実行を支えるデザイン関連の支援組織は，国レベルと地方レベルの両方に存在している。これらの組織は，経済成長にとって欠かせない役割を担い，経済や文化に携わる国の省庁から資金を得ていることも多い。その活動には，国や地方でデザインされた製品とサービスの国際的なプロモーション，地元産業でデザインが果たす役割の啓蒙教育，デザインやデザインマネジメントに関する全国的または国際的なアワードの運営，さらにパートナーシッププロジェクトの開発などが含まれる。

　第7章と第8章では，未来に目を向けて，社会，技術，人口構成の変化を探究した。これらの変化は，新しいアイデアを新しい製品やサービスとして実現する多大な機会をもたらす。同様に，新しい技術とデザインの方法論も，新しい物事のあり方を切り拓いている。結果として，デザイナーと生産者，消費者の間の関係が変化し，新しい形式のイノベーションを活性化している。デザインマネジメントは，これらの新しいアプローチや枠組みの価値をさらに引き出しながら，優れた製品やサービスを生み出してきた既存の基本的な実践方法の上に積み重ねていくことができる。

　第8章では，公共サービスのためのデザインも考察した。特に医療のサービスと環境

を改善することで患者体験（PX）を高めるためのデザインに焦点を当てた。教育，社会福祉，医療などの面で行政が優れたサービスを提供すれば，市民の健康と幸福を増進する。使い勝手が良く（目的に合っている），好ましく（体験が優れている），安価でアクセシブルな（効率が良い）公共サービスを実現するうえで，デザインは重要な役割を果たす。デザインという職業は，イノベーションの様々な段階で使える新しい方法論，ツール，テクニックに多数寄与して，新製品や公共サービスの効率と効果を高めている。公的な医療機関は，サービスのパーソナライゼーションを求める市民の声にさらされている。つまり，行政の担当者がユーザーのニーズをもっとよく理解し，柔軟で小回りの利くサービス，時には共同開発によるサービスを提供しなければならないことを意味する。

おわりに

　本書では，実業界の実践者と学術界の理論家の両方にとって重要な専門領域としてデザインマネジメントを位置付け，その現状に共通の理解を確立することを試みた。しかし，これが唯一絶対の説明というわけでは決してない。この領域はますます複雑化していて，それこそが，人々の認識や行動を変化させるチェンジエージェントとして組織の内外でデザインマネジメントが果たしている役割の性質を物語っているためだ。成熟へ向けたこの着実な歩みは，決して止むことがなく，業界の実情とも調和を図りながら理論と理解を生み出し，逆に理論と理解が業界の実情に影響するという循環を続けている。この結果，相互に関係する一連の問題を提起する。「変化を率いているのは誰で，変化から恩恵を受けているのは誰か」。「この変化を率いるうえで，デザインはどのような役割を果たせるのか」。次世代のデザイナーや未来のデザインマネジャーに対してこれらの問題を提起することは，非常に適切であり時宜を得ている。さぁ，次は読者の皆さんに，その役割を担ってもらおう。

参考文献

Burns, C, Cottam, H, Vanstone, C and Winhall, J (2006) Red Paper 02: Transformation Design, UK Design Council [オンライン] http://www.designcouncil.org.uk/sites/default/files/asset/document/red-paper-transformation-design.pdf

Farr, M (1965) Design management: why is it needed now? *Design Journal*, 200, pp 38-39

用語解説

4P：マーケティングミックスとも呼ばれるマーケティングの基本ツールで，製品（Product），価格（Price），場所（Place），販促（Promotion）を意味する。

EUの地域政策：地域政策は，EUのあらゆる部分，あらゆるレベルにわたる政策で，EU全域，国，地方，コミュニティの政策を包含する。EUの結束政策の一環であり，全加盟国にわたって調和の取れた開発を促進しサポートする戦略である。政策の導入は国と地方の機関が担い，欧州委員会と連携して推進する。結束政策の枠組みは7年ごとで，現在は2014年から2020年を対象としている。

アンゾフのマトリックス：全体的な戦略的方向性とマーケティング戦略の間の関係を考察するための枠組み。新製品か既存製品か，新市場か既存市場かの組み合わせによって4つのマス目に分類する。

イノベーション：新しい，もしくは大幅に改良された製品（物やサービス），プロセス，またはマーケティング，事業慣行，職場，組織，対外関係のメソッドを導入すること。イノベーションと呼ばれるには，最低でもその会社にとって新しい（もしくは大幅に改良された）製品，プロセス，マーケティングまたは組織的なメソッドでなければならない。

イノベーション活動：イノベーションに実際につながる，あるいはそれを意図した科学的，技術的，組織的，財務的，商業的なあらゆるステップ。イノベーション活動のなかには，それ自体が革新的なものもある。また，活動自体は必ずしも新しくなくても，イノベーションにとって必要な活動のこともある。さらに，具体的なイノベーションの開発には直接関係しない研究開発も，イノベーション活動に含まれる。

イノベーションマネジメント：イノベーションマネジメントという概念は，イノベーションのあらゆる次元を管理する統合的なアプローチを意味する。製品，サービス，ビジネスプロセス，組織モデル，事業モデルが含まれ，継続的なモニタリング，開発，改善を通じて行われる。

ウェブプラットフォーム：ユーザー主導の革新的なウェブプラットフォームが，ヨーロッパ全域を対象としてオンライン学習ツールや学習共有のためのリッチメディアコンテンツを配信している。

オープンイノベーション：提携やライセンシングを通じて，また社内外のアイデアや技術を組み合わせる事業モデルによってイノベーションを生み出す新しい模範。

オープンデザイン：デザインの情報を（通常はインターネットを介して）公に共有し使用する新しいアプローチ。

価値創造：生産の各段階を経るごとに追加されていく品物の価値。原材料や外部から調達した部品のコストは含まない。

企業の社会的責任（CSR）：企業が環境や社会に及ぼす影響を評価し，それに対して責任を取ること。
共創：あらゆる集団的活動と定義され，つまりは2人以上の人がクリエイティビティを共有することを意味する。共創は非常に広義の言葉で，検索エンジンの検索結果からも分かるように，物理的から抽象的まで，また物質的から精神的までの幅広い文脈に使われる。
競争：競争の盛んな経済とは，生産性の成長率が常に高い経済を意味する。競争が起きるには，中小企業の牽引する産業に活発な活動が見られなければならない。EUは，競争を刺激するため，研究開発，イノベーション，情報通信技術，起業家精神，競争，教育研修などの点で他を上回る必要がある。リスボン戦略は，ヨーロッパを世界で最も競争の盛んな躍動する経済にするために策定された。EUにとって競争は，最優先の政治課題のひとつである。
競争力：マーケティングミックスのうち潜在顧客から価値を置かれるひとつまたは複数の要素において，競合他社に対して明らかに有利な点を持つこと。
ケーススタディ：典型的にはひとつの事例を取り上げて，その性質に関する重要な特徴を示すために行う社会調査研究。
コアプロダクト（製品の核）：製品の主な存在目的。機能的または心理的なメリットの観点から表現される可能性がある。
公共セクター：経済や産業のなかで，国家の直接的な統制を受ける部分。
サービスデザイン：サービスを実現するための人的資源，物的資源，環境とコミュニケーションなどを計画し組織化する活動。サービス提供者とその顧客の間のインタラクションの品質改善を目的とする。サービスデザインの方法論では，顧客や参加者のニーズに合わせてデザインすることで，顧客にとって重要性が高く，使いやすく，かつ競争力のあるサービスを実現しようとする。
サンプリング：製品の試供品配布を行う販促活動。消費者が試して自分で判断できるようにする。また，市場調査においては，規準を設定して調査協力者を選ぶ標本抽出のプロセスを意味する。
受益者：欧州委員会では，政策の導入から様々な恩恵を受ける個人や組織（あらゆるレベルのユーザー，仲介者や流通業者，業界団体や地方当局をはじめとする代表者など）を受益者と定義している。
人口統計：人口とそれを構成する集団についての統計データ。
新製品開発：新たに創造する製品やサービス，もしくは新たなブランドを付けた製品やサービスのコンセプト構築，デザイン，開発，マーケティングなどを含む一連のステップ。製品開発の目的は，消費者の欲求を満たすことにより市場シェアを獲得，維持，拡大することにある。
政策策定：政府（および組織）が戦略的ビジョンを一連の規則，活動，プロセスに落とし込むプロセス。現状を望ましい状況に変えるために行う。
政策仲介者：仲介者という言葉には，2人以上の当事者の間に立つ者という意味が含まれる。仲介者は，プロセスの伝達や伝播に寄与するが，コンテンツや製品やサービスを伝達する意思決定を下す者ではない。
政策立案者：行政の具体的な問題に対応するための行動を決定し司令する役割を担う者。
製品ポートフォリオ：同じ組織が生産する様々な製品の一群。バランスが取れていて，成熟度の高

い製品と発展段階にある製品，さらには開発中の製品が含まれているのが望ましい。

戦略的事業部門：共通の戦略的特徴を持ち，大きな利益を計上している製品，市場，または業務部門のグループ。個別の製品，市場，業務も，場合によっては戦略的事業部門と定義されることがある。

多角化：新しい市場に向けて新しい製品やサービスを開発すること。

知識の転移：明示的または暗示的な知識（スキルやコンピタンスも含む）をとらえ，収集し，共有すること。商業的な活動と非商業的な活動の両方が含まれ，例えば共同研究，コンサルティング，ライセンシング，スピンオフ，研究者の転籍，論文発表などが挙げられる。科学技術の知識が中心だが，技術によって実現するビジネスプロセスなどの形式も対象となる。

中小企業：従業員250人未満で年間売上高5,000万ユーロ以下，または年間バランスシート総額が4,300万ユーロ以下の企業。中小企業はEUの経済を支える中枢であり，全企業の99%がこれに該当する。約2,300万社の中小企業が約7,500万件の雇用を創出している。

デザイン監査：組織内のデザイン活動の体系的な評価。目標がどこまで達成されているかを見極め，改善の余地がある部分を特定するために行われる。

デザイン主導のイノベーション：顧客に新しい意味をもたらすイノベーションをどのようにデザインすべきかを説明するアプローチ。

デザイン政策：政府が政治的なビジョンを具体的な制度や行動に落とし込むプロセス。国のデザインリソースを開発し，国内での有効活用を奨励するために行われる。

デザイン戦略：何を作るか，何をするか，なぜそれをするのか，短期・長期的にどのようにイノベーションを実現するかを組織が見極める際に役立つ専門領域。このプロセスでは，デザインと事業戦略が相互に影響し合う。

デザインの実行：(新しい技術の応用) デザインを実行するには，技法的なスキルを持った人材，デザインの技術とインフラストラクチャ，さらにデザインプロセス内での投資が必要になる。

デザインの能力：デザイン活動を行うために必要とされる能力。主にデザインのリーダーシップ，デザインマネジメント，デザインの実行という3つの領域で認識される。これらにはそれぞれ，ひとつまたは複数の具体的スキルがある。

デザインのリーダーシップ：(ホリスティックな視点，人が物にどのように意味をもたらすか) デザインが組織の戦略的な選択に関与すること。これによりデザイン主導のイノベーション戦略が，人間中心のアプローチを通じて中核的な活動となる。

デザインブリーフ：特定のデザイン作業の目的，文脈（ユーザーなど），主な成果物と要件などを説明した文書。

デザインマネジメント：(視覚化，物質化，プロセスの管理) 人材，デザインプロセス，クリエイティビティ，経済的資源などのリソースを管理する能力。

デザインリサーチ：デザインリサーチの全体的な狙いは，デザインのプロセス，使い方，メソッド，文脈に対する理解を高め，かつ誰にでも開かれた信頼性の高い知識体系を開発することにある。この知識はしばしば，デザイン関連の問題に取り組む際のベストプラクティスや実践的なメソッドを定義するのに役立つ。このため，デザインの使用方法と管理方法を大幅に向上さ

せる可能性がある。

ピア・トゥ・ピア（P2P）ラーニング：「ピアラーニング」という語は，現時点では抽象的な概念である。知識，アイデア，体験の共有を伴い，参加者にとって互恵的でなければならない。独立的な学習から相互的または相互依存的な学習へと移行する方法を指すこともある。

非技術的なイノベーション：多くのイノベーションは非技術的な性質だ。例えば，マーケティング，組織，経営，デザインのイノベーションなどがこれに当たる。技術介入や技術改良が主な要因となっていないため，非技術的なイノベーションと呼ばれる。しかし，この語には問題点もある。今日のほとんどのイノベーションは，たとえ技術が主な焦点ではないとしても，技術（情報通信技術など）によって支えられているためである。

部署横断的なチーム：様々な専門領域（財務，デザイン，エンジニアリング，マーケティングなど）の人々が形成するグループ。共通の目標，通常は新しい製品やサービスを開発するために協力する。このチームのメンバーは，組織の内外の様々な専門領域から来る可能性がある。

プッシュ戦略：エンドユーザーとなる消費者よりも流通チャネルの拡大を重視するコミュニケーションの戦略。メーカーは，消費者に対するコミュニケーションよりも，卸売会社や小売会社へのコミュニケーションに重点を置く可能性がある。

ブランディング：製品に対して固有の名前とイメージを創造し，顧客の認識に植え付けるプロセス。多くの場合，一定のテーマに沿った広告キャンペーンを通じて行われる。ブランディングの狙いは，市場で差別化し有意な存在感を確立することで，忠誠な顧客を引き付け，引き留めることにある。

ブランドへの忠誠：顧客が長期にわたって同じブランドのものを一貫して購入すること。

ベストプラクティス：他の方法と比べて常に優れた結果を出してきたメソッドやテクニック。ベンチマークとしても使われる。また，ベストプラクティスは，それよりもさらに良い方法が見つかれば，ベタープラクティスに変化する可能性がある。ベストプラクティスは，ビジネス界の流行語とも見なされていて，複数の組織が使うことのできる標準的な方法を開発し，それに従うプロセスを指すのに使われている。

マーケティング：製品やサービスを販売促進する行動や事業。市場調査や広告宣伝が含まれる。

マーケティング戦略：会社の全体的な事業目標に沿って正しい方向性の製品とマーケティングミックスを開発できるようにする幅広いマーケティングの思考。

民間セクター：経済や産業のなかで，国家の直接的な統制を受けない部分。

厄介な問題（Wicked Problem）：デザインの問題は，「不定」で「厄介」だ。デザインには，デザイナーが目指すものを除いて確たる主題が存在しないためである。デザインの主題は，基本的な範囲としては普遍である可能性がある。その理由は，人間の体験のどんな領域にもデザイン思考を応用できることにある。しかし，その応用のプロセスにおいて，デザイナーは，具体的な状況の問題点から特定の主題を発見または発明しなければならない。これは，既存の主題に必然的に見られる原理，法則，規則，構造などを理解しようとする科学の専門領域とは対照的である。

ヨーロッパ公共セクター・イノベーションスコアカード 2013：欧州委員会は，ヨーロッパ 2020 イ

ノベーション・ユニオンの目標に沿って，ヨーロッパ公共セクター・イノベーションスコアカードを試験的に導入した。ヨーロッパの公共セクターにおけるイノベーションの実績を正確に測定できるようにすることを目的としている。最終的な目標は，各国のイノベーションの実績を示すイノベーション・ユニオン・スコアカードに似た方式で公共セクターのイノベーションを測定し結果を示すことで，公共セクターのイノベーション活動を活性化することにある。

ヨーロッパ・デザイン・リーダーシップ理事会：産業界，中小企業，国および地方のイノベーション促進機関，学術界の代表者15人からなる理事会。欧州委員会は，「イノベーション・ユニオン」の目標に沿って，この理事会に対し，ヨーロッパの国・地域・地方レベルでイノベーション政策におけるデザインの役割を高めるための勧告を提案するよう要請した。さらに，ヨーロッパのイノベーション政策の一部としてデザインを統合するための共同ビジョン，優先課題，行動計画の策定を要請した。

監訳者あとがき

　本書は，David Hands による "DESIGN MANAGEMENT: The Essential Handbook" Kogen Page, 2017 の全邦訳です。

David Hands 博士のご紹介

　David Hands 博士は，現在，英国のランカスター現代芸術研究所の大学院研究責任者とランカスター大学のデザインマネジメントの修士学コースにおける責任者を務めています。また，欧州のデザインの活動団体である「Design for Europe」（http://designforeurope.eu/）の発起人の一人であると同時に，「Academy for DESIGN INNOVATION MANAGEMENT Conference（https://designinnovationmanagement.com/design-events/）」の委員や中国の山東工芸美術学院（Shandong University of Art & Design）での「デザイン政策ユニオン」のディレクターを歴任しています。まさに，「デザインマネジメント」にかかわる教育界から産業界にわたって影響力を持つ「デザインマネジメント領域の第一人者」ということができます。

　David Hands 博士には，これまでにも "Vision and Values in Design Management", AVA Publishing, 2009（未邦訳）といった，グローバルな視点からデザインの本質と価値とを著した書籍があります。その書籍は，「デザインマネジメント」に関する網羅的な解説に，現場のインタビューや具体的なケーススタディを交え，A4 判のキャンバス上でふんだんに図解と写真を用いることで，ビジュアルデザインと情報デザインの力を活用して分かりやすくまとめあげられた，当時におけるデザインマネジメントの最良の入門書となっています（図a.1）。

　そして，その出版から約10年近くの歳月を経て，あらたに本領域を志す初学者から実務者までもが学ぶことのできる最良の「教科書」であり，ワークショップなどを重ねながら活用できる「ハンドブック」として本書が誕生しました。「デザイン」と「マネジメント」とを統合的に扱う非常に難しいテーマであるにもかかわらず，明快で分かりやすい内容と構成からなる本書の成立の背景には，複雑な内容を理解しやすくまとめあげた前著のような活動が下敷きになっていることがよく分かります。

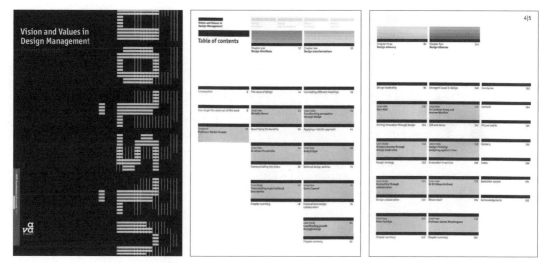

図 a.1 "Vision and Values in Design Management", AVA Publishing, 2009

本書の紹介

　本書は，David Hands 博士の出身地である英国や欧州が持つ背景を色濃く反映しながらも，世界全体の最新状況を視野に入れたもので，同氏の幅広い知見が盛り込まれていることに大きな特徴があります。

　英国特有の事情を反映した例としては，冒頭の「デザインのメリット」を説明する節（1.3 節「デザインのメリットの数量化」）で，デザインが英国経済にもたらした効用の紹介から始まっていることが挙げられます。そこでは，様々な英国の文化的な背景を考慮に入れる必要があります。例えば，ポンドと円の換算レート（1 ポンド = 約 140 円，2019 年 2 月現在）を頭に入れておくことをはじめとして，「グレーパウンド（Gray Pound：老人が使えるお金の総称で，英国では 50 歳以上の世代のこと）」や「カイトマーク（Kitemark：凧のような形態のマークで，英国規格協会の発行する英国規格の認証マークのこと）」（いずれも第 7 章「デザインの未来」参照）といった英国特有の専門用語もおさえておきたいところです。

　さらに，本書の特筆すべき点のひとつである数多くのケーススタディのうち，「デザイン戦略」の実践を紹介した章（第 4 章「デザイン戦略の実践」）では，英国地域（ウェールズやアイルランドを含む）における 5 つの事例が紹介されています。また，各国の政府や自治体のデザイン活動の事例に際しても，英スコットランドのダンディー市のケースが詳細に取り上げられています。

　一方で，各国の様子を幅広くとらえている観点としては，組織におけるデザイン評価のための方法として，デンマークのデンマーク・デザインカウンシル（DDC: Danish Design Council）による「デザインラダー（the Design Ladder）」や，米国を本拠にお

く DMI（Design Management Institute）の「DMI デザインバリュー・スコアカード（the DMI Design Value Scorecard）」，イギリス・デザインカウンシル（the UK Design Council）による「ダブルダイヤモンド（Double Diamond）」など，偏りのない知見の一端を垣間見ることができます。

同時に，デザインマネジメントを実践する企業事例（第2章「デザインマネジメントの実践」）では，ポルトガル，ギリシャ，イギリス，ノルウェー，ベルギー，デンマークといった国々での実践事例を網羅的に分析しています。また，各国の政府・自治体のデザイン施策を紹介する章では，ユネスコ（国際連合教育科学文化機関，United Nations Educational, Scientific and Cultural Organization〈U.N.E.S.C.O.〉）の「創造都市ネットワーク」の紹介を皮切りに，各国政府のデザイン施策が網羅されていきます。特に，メキシコのケーススタディ（第6章「成長とイノベーションのための道具としてのデザイン」）や中国のケーススタディ（第8章「今後の展望とデザインマネジメントの未来についての議論」のケーススタディ「中国におけるデザインとデザインマネジメントの現状および将来の方向性」）は，日本語で読むことのできるメキシコや中国に関する貴重な文献となるに違いありません。

世界から見た日本，世界をとらえる日本の現況

そのようななか，我が国におけるデザインマネジメントの実態や研究は，どのような状況にあるのでしょうか。本書で言及される「日本の実状」については，各国のデザイン状況を紹介する章（第5章「デザインのビジョン」）のなかで，「高齢化が進んでいることを背景に，ユニバーサルデザインを重視している」といった端的な紹介と，ユネスコの「創造都市」に認定された神戸市と名古屋市（ともに2008年）の名称，そして神戸市による「issue+design」（参考：https://issueplusdesign.jp/）の活動が，わずかにふれられるにとどまっています。

監訳者が日頃，身を置いているビジネスの領域では，スマートフォンの普及によるアプリケーションやウェブサービスの急成長を背景として，アプリケーション・デザイナーの急増に伴う「デザインマネジメント論」や「デザイン組織論」，「デザイン戦略論」が米国を発信元としてよく話題となっています。例えば，いわゆるGAFA（Google, Apple, Facebook, Amazon）とも称されるインターネット・プラットフォーマー企業群や「デジタルトランスフォーメーション」を標榜する各種企業群（IBM, Oracle, Microsoft, Salesforce, SAP）などでは，数百名から千名を超えるデザイナーの採用や全社員に向けたデザイン思考の教育などが当たり前の状態となっているのです。

そのような事情から，ソフトウェアにおけるデザインの構成要素を「デザイン言語」としてとらえる「デザインシステム」といった現場視点のデザインマネジメントから（参考："Design Systems: A practical guide to creating design languages for digital products", Alla Kholmatova, 2017〈邦訳：『Design Systems - デジタルプロダクトのためのデザインシステム実践ガイド』，2018〉），企業におけるデザインやデザイン

関連の人材の運用に関するDesignOps（デザイン運用）やResearchOps（リサーチ運用），デザインを中核とした組織づくりに関するDesignOrgs（デザイン組織）といった経営視点のデザインマネジメントが，非常に大きな注目を集めてきているといえるでしょう（参考："Org Design for Design orgs: Building and Managing In-House Design Teams", Peter Merholz & Kristin Skinner, 2016〈邦訳：『デザイン組織のつくりかた－ デザイン思考を駆動させるインハウスチームの構築＆運用ガイド』, 2017〉, "Sense and Respond: How Successful Organizations Listen to Customers and Create New Products Continuously", Jeff Gothelf & Josh Seiden, 2017〈未邦訳〉）。

　一方で，デザインマネジメントにかかわる学術分野の現況は，「デザインにおける意味の見直し」の論議を中心になされているかのような様相を呈しているといっても過言ではありません。

　これは，2006年に米国の情報学領域の教授であるクラウス・クリッペンドルフ（Klaus Krippendorff）が提唱した「The semantic turn」("The semantic turn － a new foundation for design", Klaus Krippendorff, 2006（邦訳：『意味論的転回 － デザインの新しい基礎理論』, 2009））に端を発し，イタリアのロベルト・ベルカンティ（Roberto Verganti）が2009年に著した「Design Driven Innovation」("Design Driven Innovation: Changing the Rules of Competition by Radically Innovating What Things Mean", Roberto Verganti, 2009〈邦訳：『デザイン・ドリブン・イノベーション』, 2012〉）や，米国のアンソニー・ダン（Anthony Dunne）とフィオーナ・レイビー（Fiona Raby）が著した「Speculative Everything」("Speculative Everything: Design, Fiction, and Social Dreaming", Anthony Dunne & Fiona Raby, 2013〈邦訳：『スペキュラティヴ・デザイン　問題解決から，問題提起へ。― 未来を思索するためにデザインができること』, 2015〉）に続く系譜へと広がっています。

　すなわち，この流れにおいては，「デザインとは，製品やサービスの形や機能を作ることではなく，モノに意味を与える行為である」，または「問題解決にとどまらず，新しい視点を生み出すことがデザインなのである」といった論調です。そして，この延長上で「アート思考」といった考え方が議論の俎上にあがっています。これは，外在化する課題の解決からではなく，個人に内在化して沸き上がる目的を形にしていくことを重視するといったものです（参考："Art Thinking: How to Carve Out Creative Space in a World of Schedules, Budgets, and Bosses", Amy Whitaker, 2016）。

デザインマネジメントに対する日本の課題

　国内でも産業界や学術領域で上記のような話題が出ることはあるものの，いまだデザインを組織のマネジメントに活かしている国々のようには浸透しておらず，ひいては本書が解説するような「デザインマネジメント」の進展には至っていないのが現況ではないでしょうか。すなわち，デザインのマネジメントというと，「人工物の意匠（スタイリング）を対象としたデザイン物の管理」や「デザインがもたらすブランド価値の管理」

を表すものであることや,「デザイナーが所属する組織を管理すること」と理解されていることなど，その解釈と認識は，いまだ黎明期にあるといわざるを得ないのが実状のようです。本書が強調するような「イノベーションを牽引する企業組織にとって必須要件であるデザイン」といった位置付けについても，「世界的なデザインマネジメントの進化」としてとらえるのではなく，まるで流行の新たな手法のひとつであるかのような解釈や，別次元の事象として位置付けるかのようなのです。

　例えば，そのことを如実に表す事例を2つほど挙げます。ひとつ目は，本書でも何度か取り上げられる米ハーバード・ビジネス・レビュー誌の2015年9月号の特集「デザイン思考の進化」から垣間見えた，国内外での文化差のような現象です（図a.2）。本特集の登場は，本書でも取り上げられているとおり，事実上，「デザイン思考」が経営革新に影響力を発揮するドライバーであることを決定づけた，デザインマネジメント領域における記念碑的な出来事でした。その英語版本誌（2015.9）に遅れること半年で出た日本語版の本誌（2016.4）を見比べた時，その表現の違いが強烈に印象として記憶に残っています（図a.3）。英語版本誌の表紙では，デザイン思考の進化を告げるメッセージがアップルの創業者であるスティーブ・ジョブズ氏を想い起こすように表現されていたのに対し，日本語版のそれは，壁面に貼られたポストイットで表現されていたのです。かたや，時価総額で世界一となるような企業体を創り上げた経営者のマインドとしてのデザイン思考に対し，日本語版では単に従来からの諸手法の一つとしてデザイン思考が表現されているかのように。この違いは，我が国のこの領域への受け止め方を象徴してい

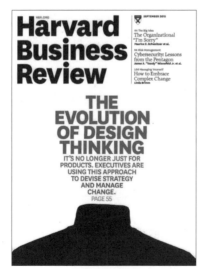

図a.2　"Harvard Business Review", September 2015, "The Evolution of Design Thinking", Harvard Business School Publishing, 2015.9

図a.3　『ダイヤモンド　ハーバード・ビジネス・レビュー 2016年4月号特集「デザイン思考の進化」』，ダイヤモンド社，2016

るのではないでしょうか。世界の潮流の現在が，マーケットプルともいわれるデザイン思考を，意味論的な転回を経て「進化」させ，デザイン駆動につなげることで再現性のある「イノベーション」を目指していることからすると，この数周回遅れの現状は危機的なものといわざるを得ません。

　2つ目の例は，2018年9月に経済産業省から発信された「デザイン経営宣言」にかかわる出来事です（図a.4）。この宣言自体は，日本におけるデザイン施策として，実に

図 a.4　産業競争力とデザインを考える研究会報告書『「デザイン経営」宣言』，経済産業省，2018年5月23日

15年ぶりのもので，非常に重要な内容となっています。この宣言が産業界から行政に至るあらゆる場面で話題性をもって受け入れられようとしていることは，大変に喜ばしいことであり，この内容そのものを海外に対しても積極的に発信していくべきでしょう。ただし，この「デザイン経営」といった用語の選択が気になるのです。その英語名を経済産業省の関係者に問い合わせたところ「Design-Driven Management」とのことでした。そして，その理由は，「本来は『デザインマネジメント』であるべきだが，従来の狭義の意味として間違ってとらえられることをおそれて，別の日本語名と英語名をあてた」というものだったのです。

この2つの出来事から，我が国と海外諸国との間には，「デザインマネジメント」と現況をとらえる見方や現状に明らかな開きがあることを痛感せざるを得ません。先の雑誌の内容自体は，オリジナルのコンテンツをしっかりと翻訳したものです。また，「デザイン経営宣言」にしても，本書でも解説のある世界的なデザイン評価指標であるDMIのDesign Value IndexやBritish Design Councilのレポートを参照していたり，デザイン思考のマネジメントにおける効用を強調していたりなど，内容面では遜色なく世界の現在をとらえています。日本においてデザインマネジメントの本質を伝えるためには，表現やとらえ方に関する「溝」を早急に埋める必要があり，ここに，同領域の起源や現在に至るまでの経緯，現況をまとめている本書が果たすべき役割があるのかもしれません。

本書を読むための補助線

最後に，本書をより深く理解しながら読み進めていくためのいくつかの補助線を引くことを試みます。

まず，本書のなかで触れられているビジネスにかかわるフレームワーク図をご紹介します。いずれも，すでにマネジメントにかかわる経験をお持ちの方であれば，いわば当たり前の「共通言語」となっているものです。これらは，「共感マッピング（本書P.18）」（図a.5），「ビジネスモデルキャンバス（本書P.19）」（図a.6），「SWOT分析（本書P.61）」（図a.7），「プロダクト・ポートフォリオ・マネジメント（本書P.62）」（図a.8），「アンゾフのマトリックス（本書P.62）」（図a.9）と呼ばれています。すべてビジネスにかかわる問題解決のための代表的なフレームワーク図ですので，これをきっかけに，様々なデザイン手法とともに活用していくことをお薦めします。特に，実際に製品やサービスを活用するユーザーをとらえる場面では，これらのフレームワークを併用することがよりリアルな解決策を導く近道となることでしょう。

共感マッピング

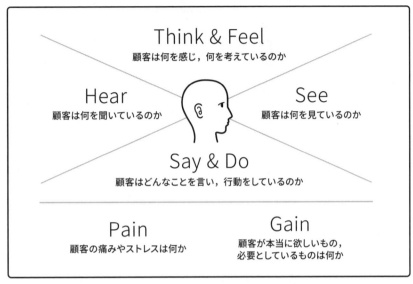

図 a.5　共感マッピング（参考：Gamestorming, Dave Gray）

ビジネスモデルキャンバス

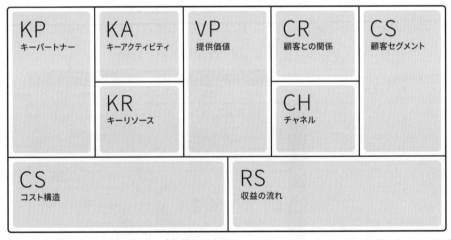

図 a.6　ビジネスモデルキャンバス（参考：The Business Model Ontology, Alexander Osterwalder）

図 a.7　SWOT 分析（参考：SWOT analysis, Albert S. Humphrey）

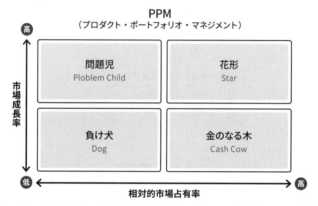

図 a.8　プロダクト・ポートフォリオ・マネジメント（参考：The growth-share matrix, Bruce Henderson）

アンゾフのマトリックス

		製品	
		既存	新規
市場	既存	市場浸透	製品開発
	新規	市場開拓	多様化

図 a.9　アンゾフのマトリックス（参考：Ansoff Matrix, Igor Ansoff）

　次に，監訳者が日頃のビジネス活動や教育活動で活用している図解をご紹介します。図 a.10 は，企業のなかに広がるデザイン関連用語を記したものです。様々な部署や組織全体において，どのような用語で語られるかを表しています。その組織全体をカバーする用語には「デザインマネジメント（Design Management）」と，前述の「宣言」で

用いられた「デザイン経営（Design-Driven Management）」を同義として並べています。そして，それらのすべてに共通しているコア価値を表しているのが図 a.11 です。すべてのデザイン活動のコアは，ユーザーの「問題・課題」を見つけ出す「CATCH」と，「問題・課題」を解決する「TRY」とによって成立しています。本書の第 1 章で紹介される「イノベーションのためのデザインツール」としてのツール群も，第 3 章で紹介される「デザインと新製品開発」としてのツール群も，この 2 つのいずれかの要素を含んでおり，それらを繰り返して使い続けることに，デザイン活動の要諦があるのです。

そして，第 1 章で紹介されるデンマーク・デザインカウンシル（DDC）の「デザイ

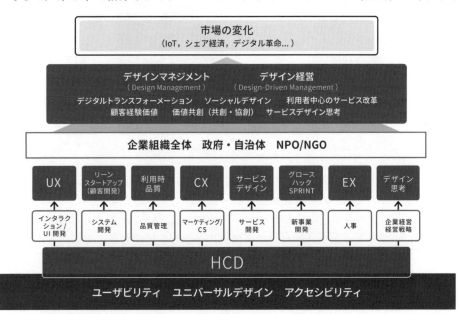

図 a.10　HCD 価値の拡がり（Human-Centered Organization & Sociomedia Inc.）

エクスペリエンス価値の中核概念

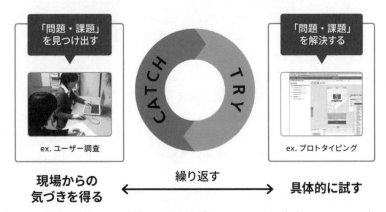

図 a.11　エクスペリエンス価値の中核概念「CATCH & TRY」（Sociomedia Inc.）

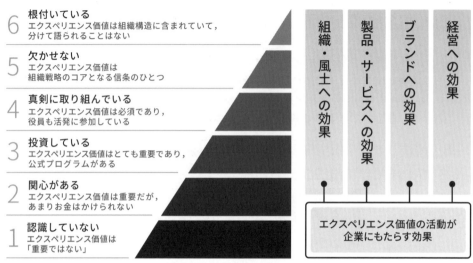

図 a.12　エクスペリエンス価値の組織成熟度フレームワーク（Sociomedia Inc.）

ンラダー」と同義のものとして監訳者が活用している図が「エクスペリエンス価値（デザイン活動）の組織成熟度フレームワーク」です（図 a.12）。これは，監訳者が5年以上の歳月をかけて欧米のパートナーとともに導出したフレームワークで，海外・国内の主要企業がエクスペリエンス価値にかかわる活動を行っていくうえでのKPI（重要達成度指標）を明らかにしてきたものです。今後，あらたに「デザインマネジメント」に取り組む企業が行うべき指針や目指すべき姿にヒントをもたらすに違いありません。また，こういったデザインにかかわる組織の成熟度の議論は，常に新たな議論や提言が続いていることにも注目すべきでしょう（参考：Design Maturity Model by InVision，https://www.invisionapp.com/design-better/design-maturity-model/，7 Lenses maturity matrix by GOV.UK，https://www.gov.uk/government/publications/7-lenses-maturity-matrix）。なお，同じく第1章で紹介される「DMI デザインバリュー・スコアカード」については，具体的な指標例を確認できる関連図についても確認をしておきたいところです（図 a.13）。

　なお，本書を学習していくうえでの最良の手引きとして，各章末にある「主なポイント」と「チェックリスト」の確認に加え，ぜひとも「復習の問い」と「プロジェクト用の課題」に挑戦してみてはいかがでしょうか。個人的に振り返るだけではなく，組織やグループの仲間たちとワークショップや読書会などを行いながら読み解いていくのもよいでしょう。この問いや課題に対する回答例を，著者の David Hands 博士のご協力によりソシオメディア株式会社のサイト（https://www.sociomedia.co.jp/designmanagement/）でご紹介していますので，ぜひ参考にしてください。

図 a.13　Design Value Scorecard（Design Management Institute）

謝　辞

　本書の出版を皮切りに，「デザインマネジメントの現在」を紹介するための出版プロジェクトを開始することになりました．本書は，そのプロジェクトのいわば第一弾にあたります．このプロジェクトでは，世界的な「デザインマネジメントの潮流」に遅れをとってしまっている日本において，企業や政府・自治体における実践と大学における教育とを加速度的に進めるための一助となることを目指すと同時に，日本の実状をしっかりと世界に発信していくことを企図しています．ぜひとも，我が国の企業経営や公共政策にかかわる経営者や行政職員，実務家から，研究者や学生に至るまでの皆さんに一人でも多く，本書をきっかけとしてデザインマネジメント領域への深い関心を寄せていただきたく切望しています．

　最後に，本書の出版に際しては，数多くのみなさんのご支援を頂戴しました．まず，デザインマネジメント・シリーズのプロジェクトに賛同したうえで本書の編集の労をとってくださった東京電機大学出版局の吉田拓歩さん，「Designs for Transformation」を掲げて活動をともにするソシオメディア株式会社のスタッフの皆さん，とりわけ上野学さん，土屋一樹さん，目黒翔太さん，高橋真理さんには大変にお世話になりました．そして，全体を通じて多大なご尽力をくださった鈴木智草さん，嵯峨園子さん，石田麻衣子さんに心から感謝いたします．

2019 年 3 月吉日

　　　　　　　　　　　　　　　ソシオメディア株式会社　代表取締役　篠原 稔和

索引

[数字]

100%Design 83
3PART 39
4P 193
4段階のデザイン成熟度 9
6つの帽子 18
7 for All Mankind 51
7 Lenses maturity matrix 208

[A]

Aaker, D 105
Academy for DESIGN INNOVATION MANAGEMENT
　Conference 198
Accenture 145
Actronic Technologies 154
Adobe 19
de Alba, Alvaro Rego García 136
Alessi 12
Alzheimer Scotland 167
Alzheimer's Disease International 167
Alzheimer's Society 167
Amazon 35
An Innovative and Sustainable Norway ... 97
Anderlini, J 174
Ansoff, Igor 62
Apple 4, 11, 50, 101
Arnal, Luis 135
Art Thinking 201
Ashoka 32
Asia's World City 108
Athens Impact Hub 32
Attract Ltd. 6

[B]

B2B 44
B2C 34, 44

Barclays 50
Bell, Simon 33
Bernstein, Levitt 164
Betterbydesign 92
Bianchi, C 52
Bivona, E 52
Blackberry 159
Blandford, Kate 33
Bobbi Brown 51
Boeing 4
Boohoo 4
Booths 4, 76, 79
Booz & Co 10
Bosch 4
Boyce-Tilman, J 168, 172
Branson, Richard 37
Britidh Telecom 12
British Design Council 204
Brown, T 51
Brussels Airlines 28, 37
Brynjolfsson, Erik 142
BT 147
Burns, C et al. 191
Byrne, E 168, 172

[C]

Cai, J 179
Case studies in design policy and programmes ... 25
CATCH 207
CDO 50, 70
Centro Promotor de Diseño 135
CEO 50, 152
CH 19
Chain Reaction Cycles 81
Charan, R 50
Chen, D 181

China Industry Development Research Institute............181
China State Council............177
Cimbria Herring............28, 39
Cimbria グループ............39
Clarke, J............5
Clay, K et al............103
Co&Co Design Communication Ltd.............6, 7
commonground............164
CONACYT............124
CONEVAL............122
Cooper, R.............49, 165, 166
Cooper, R et al............168
Co-operative Bank............50, 147
Corder, Paul............154
Corona, L............122
Covalin, Pineda............135
Cowden, Mark............153
Cox, S G............3
CR............19
Cross, N............165
Crossick, G............168, 172
CS............19
CSR............146, 148, 194
Cycling Active............81
CX（Customer eXperience）............30, 37, 50, 111, 162

[D]
Danish Design Centre............8, 91
Daykin, N............168, 172
DDC............8
DeEP: Design in European Policy............117
design............125
Design against Crime Research Centre............188
Design Business Association............45
Design Council............4, 5, 49, 166
Design Driven Innovation............201
Design in innovation strategy............25
Design Management Institute............26
Design Maturity Model............208
Design Policy Monitor 2015............117
Design Rally............149, 157
Design Research Society: DRS Proceedings............45
Design Sponge............140

Design Systems............200
Design Thinking: Thoughts by Tim Brown............92
Design Value Index............204
Design Wales............77
Design Week Mexico............140
Design for Europe............25, 198
Design for Europe - policy............117
Design-Driven Management............204
Designit............36, 37
DesignOps............201
DesignOrgs............201
DFM............6
Diseña Mexico............136
Disrupting Dementia............170
Disrupting Dementia タータン............171
DMI............1, 10, 200, 204
DMI デザインバリュー・スコアカード............1, 10, 12, 200
DNA............1, 41
Donatantonio............28, 33
Dost, K............2
DSDC - The Dementia Centre............189
DTI............102
Dyson............101

[E]
Easson, Gillian............110
Eat 17 Bacon Jam............70, 76, 78, 88
EDII............98
Edward Martyn Concrete Designs............82
Egan, Penny............3
Ehn, P............171
Ekblom, P............176
Elvins, Lynne............v, 81, 84, 149
Emirates............4
Epson のデジタル捺染印刷機............135
Escea............153
Estée Lauder............4
EU............95
European Commission............95, 101
European Innovation Scoreboard............117
EU の地域政策............193
EU 離脱の国民投票............108
Evolving Concrete............83

Eコマース ... 35

[F]
Farr, Michael ... iii, 190
Fear, Martyn ... 81
Feonic ... 70, 77, 86
Feonic Presenter ... 88
Fernández, Juan Carlos ... 134
Filisia ... iv, 27, 31, 42
Filson, A ... 53, 54
Ford ... 11
Forum for the Future ... 151
Foundation for Corporate Social Responsibility ... 157
Francis, D ... 57

[G]
GAFA ... 200
Gayle, P G ... 103
GDP ... 120
Geddes, Patrick ... 112
GMG ... 50
GNI ... 120
Gomez, Laura ... 134
GOV.UK ... 208
GQ ... 108
Grand Theft Auto ... 108
Grinyer, Clive ... 50
Guia de Diseño Mexicano ... 134

[H]
Harper Dennis Hobbs ... 144
Harvard Business Review: 'Design thinking comes of age' ... 92, 202
Hawes & Curtis ... 4
Hill, Mike ... 84
Holguín, Roberto ... 135
Hopkins, Brenda ... 86
Hotelympia ... 85
Huang, Yujia ... vi, 176
Huawei ... 182

[I]
I amsterdam ... 108

IBM ... 11
IDEO ... 49
Ideograma ... 134
iF 賞 ... 37
iF プロダクトデザイン賞 ... 88
IMD ... 120
Industrial Policy Communication Update ... 101
INSITUM ... 135
InVision ... 208
IoT ... 160
ISDX 証券取引所 ... 86
issue+design ... 200
「issue+design」プロジェクト ... 100
Ive, Jonathan ... 50

[J]
Janeiro, Pedro ... 28, 30
Jaruzelski, B ... 10
Jassawalla, A R ... 2
Jepsen, Frank ... 37
Joseph Rowntree Trust ... 109
Joziasse, F ... 55
Juicy Couture ... 4

[K]
KA ... 19
Kao, J ... 101
Kapferer, J N ... 104
Kaszynska, P ... 168, 172
Keane, M ... 183
Kell, Vicky ... 80
Ker, Jean ... 111
Kickstarter ... 81
Kotler, P ... 106
KP ... 19
KPMG ... 144
KR ... 19

[L]
Lafley, A G ... 50
Latour, B ... 165
LEGO ... 12
Lenovo ... 178

Lewis, A 53, 54
Liang, W 181
Liedtka, J 51, 70
Liu, L 179
Lockwood, T 4
L'Oréal 4
Lovemarks — the future beyond brands 45
Lucky Attitude: Generation Change 157
Lufthansa 4
Lupa 33
Lupetta 33

[M]

Manzini, E 171
Marks and Spencer 144
Marsden, Suzie 152
Masiosare Studio 134
McAfee, Andrew 142
McAleese, Irene 81
McAleese, Philip 80, 81
McCorquodale, David 144
McGill, Ali 111
McKay, T 176
McKinsey 143
McKinsey Global Institute 157
Megchun, Beatriz Itzel Cruz ....v, 118, 137
Melander, Christina 39
Mello, Jonathan De 144
Mencap 32
Microsoft 10
Miller, Sean 163
Mindlab 188
Missguided 4
Moccamaster 35
Moduflex 40
Moger, S 49
Monoma 32
Mountain, Rod 111
MUMEDI AC 136
Murphy, D 182
Myddfai 70, 77, 84, 88
Myddfai Trading Company 84

[N]

Nesta 74
New Designers 82
Newing, R 59
Newlands Technology 86
NHS 166
Nike 11
Nikon 4
Nørgaard, Lars 39, 40
Nosiboo 6, 7
Novabase 27, 28, 29
nowhere foundation 157

[O]

O'Connor, J 179
O'Shaughnessy, J 106
OBM 179
ODM 179
OECD 120
OEM 179
OFEX 証券取引所 86
Ofson, E M et al 51, 57
ONS 175
Open Change 108, 110, 111
Opportunities 61
OSM 179
Osterwalder, Alexander 19
Ove Arup and Partners 174

[P]

P&G 11
P2P ラーニング 196
Palau, Josep 134
Papadakis, Georgios 31
Part Two ....iv, 80
PDR 74
PDR - Design Consultancy and Research 117
Pebble 101
Pecha Kucha night 108
Perfect Day 169
Petersson, Monica Fossnes 35
Pfoertsch, W 106
Place 59

Place Brand Observer	107	SPP/Edward Martyn Concrete Designs	70, 76, 81, 88
Porter, M	59	SRI	146
Porter, M et al	122	Stage-Gate International	45
PPM	62	Strengths	61
Press, Mike	iv, 49, 94, 108, 113	Studio TILT	164
Preti, C	168, 172	Stylist	79
Price	59	Success by Design	152
Prince, M et al	167	Sustainability	151
Promotion	59	Svart Manuell	36
PX（Patient eXperience）	v, 163, 192	Svart Presisjon	36
		Sweaty Betty	51
		SWOT 分析	61, 204

[R]

Raulik, G et al	94
RD&D	101
Red Dot	92
REDI	98
ResearchOps	201
Rickards, T	49
Rizzo, F	171
Rodgers, P A	168, 172
Rodgers, Paul A	vi, 159, 165
ROI	79
RS	19

[T]

Taylor, Helen	163
Tencent	182
Tesco	79, 144
Teyher, B	102
The Bureau of European Design Associations	74
The Business Model Canvas	74
The Design Agenda: A guide to successful design management	113
The design economy: The value of design to the UK	25
The Design Experience	113
The DESMA Network	45
The DME Award	74
The International Academy for Design and Health	189
The Loft	39
The semantic turn	201
Thielen, Katja	78
Thomas, Katie	82
Threats	61
Tilley, N	176
Tofler, Alvin	49
Together Design	78
Trueman, M	3
TRY	207
Tunstall, E	171
Twitter	112

[S]

Saga Holidays	144
Salvado, Luís	29
Samsung	4
Sashittal, H C	2
SCAMPER 法	67
SDWG	169
Seafolly	51
SEE	96
See.Sense	iv, 70, 76, 80
Sentence, A	5
Shakespeare, Pauline	163
Shen, G	179
Six Thinking Hats	18
Skype	112
Smith, Brian	77, 86
Sony	12
Soundbug	86
Speculative Everything	201

[U]

Uber	61
UK National Commission	99

UN ... 174
UN Habitat ... 174
USP ... 44, 52, 56, 79
UVTC ... 124
UX（User eXperience） ... 30, 110, 181

[V]
V&A ダンディー ... 99, 108, 111
van Gelder, S ... 106
VFX ... 6
Virgin Express ... 37
Vogue ... 79
Voss, C A ... 103
VP ... 19

[W]
Waitrose ... 4, 76, 79
Walters, C ... 5
Wang, D ... 181
Weaknesses ... 61
WEF ... 120, 122
Whicher, A et al ... 96
Whispering Window ... 88
Whyte, J et al ... 103
Wicked Problem ... 196
Wilfa ... 28, 35
Williams, B C ... 103, 105
Williams, S J ... 169
win-win ... 49
World Design Capital - Mexico 2018 ... 140
World Future Society ... 188
WTO ... 178

[Y]
Yip, G ... 177

[Z]
Zhang, J ... 179
Zinkhan, G M ... 103, 105

[あ]
アート思考 ... 201
アイスランド ... 37

アイデア生成 ... 61
アイデアの明確化 ... 98
アイデンティティ ... 104
「青空」思考 ... 47
アクセシビリティ ... 143
アクティビティ ... 126, 127
アジャイルなデザインプロセス ... 9, 12
アテネの国立リハビリセンター ... 32
アフリカ ... 174
アフリカ市場 ... 29
アムステルダム ... 106, 107
粗付加価値 ... 5
アラブ首長国連邦 ... 118
アルゼンチン ... 100, 135
アルツハイマー・スコットランド ... 168
アンゴラ ... 29
安全性 ... 36
アンソニー・ダン ... 201
アンゾフのマトリックス ... 62, 204, 193
アンデス共同体 ... 119
イーストロンドン ... 78
イギリス ... 76, 94, 100, 135, 144
イギリス・エレクトロニクス・インダストリーズ ... 88
イギリス経済 ... 5, 6
イギリス・デザインカウンシル ... iii, 1, 12, 200
イギリスのカウンシル・オブ・インダストリアルデザイン ... 94
イギリスの貿易産業省 ... 149
イタリア ... 96, 100
位置付けの戦略 ... 57
イネーブラー ... 142
イノベーション ... 193
イノベーションイニシアティブ ... 29
イノベーション活動 ... 193
イノベーション・ノルウェー ... 97
イノベーション・バイ・デザイン ... 97
イノベーションマネジメント ... 193
イノベーション・ユニオン・スコアカード ... 117
イマジネーションランカスター ... 165
意味 ... 104
医療・社会福祉サービス ... 166
医療アクセスのイノベーション賞 ... 32
医療環境のデザイン ... 161

医療サービス	161
インヴァネス	171
イングランド東南部	6
インクルーシブ	147
インクルージョン	48, 127, 147, 148, 168, 172
インターフェースデザイン	181
インダストリアルデザイン	87, 94, 94, 96, 129, 137, 183
インタラクション	105, 106
インタラクションデザイン	31
インタラクティブ体験	31
インテグレーター	128
インテリアデザイン	129
インド	95, 191
インドネシア	100
インベスト北アイルランド	76, 80
ヴァーダント・ワークス	172
ウィッティントン病院	v, 162
ウィンウィン	49
ウェブプラットフォーム	193
ウォルサムストウ	78
ウォンツ	52
エクスペリエンス開発	134
エクスペリエンス価値の組織成熟度フレームワーク	208
エクスペリエンス業界	127
エクスペリエンスマッピング	19
エコデザイン	151
エストニア	95
エンジニアリングデザイン	102
エンターテインメント	136
エンターテインメント業界	127
エンタープライズ・フランダース	98
エンドユーザー	42
エンドユーザーの体験	162
オーガニックな成長	102
オーストラリア	94, 127
オーストリア	100
オーディエンス	56, 141
オープンイノベーション	193
オープンデザイン	166, 193
オックスフォード	108
オルセー美術館	183

[か]

回転率	5
カイトマーク	149, 199
開発途上国	119
カウナス	100
カウンシル・オブ・インダストリアルデザイン	166
価格	59
科学技術協議会	124
科学業界	127
学士号	130
カスタマーエクスペリエンス・トランスフォーメーション・センター	182
カスタマーサービス	38, 64
カスタマージャーニー	15
カスタマーリサーチ＆ユーザーエクスペリエンスデザイン・センター	182
価値観	148
価値創造	193
寡頭制	119
カナダ	94, 100, 127
金の生る木	62
カラブリア風ンドゥイア	35
カリブ海地方	119
カリブ共同体	119
カルチャー	136
カルチャー業界	127
環境デザイン	176
環境保護	190
韓国	95, 100
韓国政府	94
患者体験（PX）	v, 163, 192
管理プロセスの応用	124
キーアクティビティ	19
キーパートナー	19
キーリソース	19
機会	61
聞き取り調査	31
起業家とデザイナーのイノベーションをサポートする地域	98
起業家のための戦略的クリエイティビティ	134
企業の社会的責任	146, 194
企業文化	152
気候変動対策	190

技術主導型	44, 64
技術進歩	142
北アイルランド	76
キャッチコピー	106
脅威	61
共感マッピング	18, 204
行政学	vii
共創	181, 194
競争	194
競争力	194
共通言語	204
共同デザイン	164
共有経済	181
ギリシャ	31, 135
近視眼的な文化のビジョン	53
クエルナバカ	134
クラーケンウェル	33
グラーツ	100
クラウス・クリッペンドルフ	201
クラウドコンピューティング	179
クラウドサービス	142
クラウドソーシング	111
クラウドファンディング	80, 81
グラスゴー	109
グラフィックデザイン	129, 183
グリーン市場	147
クリエイティビティ	1, 49, 102
クリエイティブ階級	108
クリエイティブ業界	127, 136
クリエイティブデザイン産業パーク	179
クリエイティブなリーダーシップ	49
クリエイティブハブ	83
クリエイテッド・イン・チャイナ	177
クリチバ	100
グレーパウンド	v, 141, 144, 199
グローバル化する世界	158
グローバル・サービス・ジャム	112
軍事独裁体制	119
経済開発国際機構	120
経済産業省	203
ケーススタディ	194
ゲーミフィケーション	21
ゲームデザイン	181

ケッジ・ビジネススクール	183
ケニア	29
研究開発の集約度	122
コアコンピタンス	160
コアバリュー	41, 126
コアプロダクト	194
公共サービスデザイン	96
公共サービスのためのデジタル	191
公共セクター	4, 159, 194
広告デザイン	181
広州	179
高度熟練労働者	142
高度ロボティクス	142
購買行動	61
神戸	100, 200
コートジボワール	136
コーポレーションコミュニケーション	61
コーポレートコミュニケーション	87
顧客インサイト	15
顧客セグメント	19
顧客体験（CX）	30, 37, 50, 111, 162
顧客忠誠心	75
顧客忠誠度	50
顧客との関係	19
顧客との共創	29
顧客の聞き取り調査	69
顧客の知覚価値	51
顧客満足度調査	15
顧客ロイヤリティ	75, 152
国際経営開発研究所	120
国民総所得	120
国民保健サービス	166
国立高等装飾美術学校	183
国立ジュート族博物館	172
個人的な「壮大」なビジョン	53
コスト構造	19
国家新型都市計画	174
湖南大学デザイン学部	183
コピーライト業界	127
コミットメント	148
コミュニケーションツール	29
コミュニケーションデザイン	129
雇用サービスデザイン・デー	110

雇用創出 5
コラボレーション 98
コロンビア 135
コンテンポラリーデザイン 7

[さ]
サービス経済 150
サービス体験 19
サービスデザイン
　 .... iv, 29, 93, 96, 108, 110, 135, 150, 166, 169, 194
サービスデザイン・ネットワーク・イギリス全国会議 ... 108
サービスデザインに対するスコットランド・アプローチ
　 110
サービスデザインの考え方 150
最高デザイン責任者 50, 70, 143
サイバースペース 160
サイレントデザイン 9
サステナビリティ 82, 127, 147, 173
サステナブル 1, 106, 142
サステナブルな経済開発 174
サステナブルなデザイン 96, 150
サプライチェーン 50
サルフォード大学 137
産業における技術の活用 122
サンダーランド 109
サン＝テティエンヌ 100
山東工芸美術学院 198
サンプリング 194
シェアリング・エクスペリエンス・ヨーロッパ 96
シェフィールド 109
視覚効果 6
シカゴ 174
事業機会の明確化 98
事業レベルのイノベーション 124
市場開拓 63
市場主導型 44, 64
市場浸透 63
シチリア風チェリートマト 35
シドニー 107
資本家 142
社会起業セクター 111
社会参加のメリット 168
社会主義体制 119

社会責任投資 146
社会的イノベーション 166
社会的インクルージョン 109, 111
社会的企業 85
社会的責任 127, 151
シャドウイング 16
ジャムセッション 112
上海 100, 112, 179
収益の流れ 19
修士号 130
受益者 194
主体的な戦略 64
状況的犯罪予防 175
情報通信セクター 6
シンガポール 95, 100, 112
人権 127
新興国 122
人口統計 194
人工物 106, 126, 201
新製品開発 63, 194
深セン 100, 179
迅速なプロトタイピング 29
人的あるいは技術的な仲介役の介入 122
人民主義体制 119
推進力の戦略 58
スウェーデン 37, 127
スクールズ・デザイン・チャレンジ 111
スケーラビリティ 96
スケーラブルなデザイン 88
スケーリング計画 21
スコットランド .... v, 94
スタートアップ企業 181
スターリング・スミス・アートギャラリー＆
　ミュージアム 172
スタッフォードシャー大学 137
スタンフォード大学デザインスクール 28
ステークホルダー 104
ストーク 109
ストーリーボード 15
ストックホルム 174
スペイン 100, 135
スマートウォッチ 101
スマートシティ 159, 174

スルー・アザー・アイズ	20
政策策定	194
政策仲介者	194
政策立案者	194
生産性	5
生産性の向上	162
生産メソッドの実践方法の変更	122
製品開発	63
製品体験	19
製品の核	194
製品の知覚価値	3
製品パッケージ	34
製品ポートフォリオ	194
世界カカオ財団	135
世界経済フォーラム	120
世界デザイン首都	v
世界の工場	177
責任の再生	148
セクシャルハラスメント	175
選挙民主主義体制	119
潜在ニーズ	52
センター・フォー・シティーズ	108
戦略的計画策定	190
戦略的事業部門	195
戦略的資産	11, 191
戦略的デザイン思考	54
ソウル	100
ソーシャルインパクト賞	32
ソーシャル・デザイン・アカデミー	110
ソチミルコ自治都市大学	137

[た]

タータンデザイン	171
多角化	63, 195
ダブルダイヤモンド	1, 12, 66, 200
多面性	103
段階	56
「段階的」なイノベーション	155
探究者	57
ダンディー	99, 100, 109
ダンディー大学	94, 108
チェンジエージェント	49, 192
チェンジマネジメント	142

知識移転	124
知識経済	181
知識の具体化	124
知識の組み合わせ	124
知識の合成	124
知識の転移	195
知識の源	126
知的財産管理能力	184
知的財産権	87
チャネル	19
中央美術学院	183
中関村	181
中国	95, 96, 100, 159, 178, 191
中国共産党	177, 184
中国芸術・フランス芸術・デザインマネジメント学校協力合意書	183
中国製造2025	177
中国政府	174
中小企業	195
中小企業ウォレット	98
中米共同市場	119
強味	61
提供価値	19
テクノロジー業界	127
テクノロジープッシュ	44, 56, 64
デザイナーの街	100
デザイン360	97
デザイン意識	22, 51
デザインカウンシル	33, 66, 164
デザインカウンシルの報告書	94
デザイン監査	71, 195
デザイン教育課程認可協議会	129
デザイン業界団体	iv
デザイン経営宣言	203
デザイン経済	6
デザイン言語	200
デザイン原則	179
デザイン効果賞	79
デザイン行動計画	95
デザインコミュニケーション	7
デザイン支援制度	iv, 93
デザイン思考	27, 28, 29, 42, 51, 70, 77, 87, 150, 151, 162, 163, 166, 181, 183, 183, 196

デザイン思考の進化 202
デザイン思考の体験 153
デザインシステム 200
デザインシナリオ 20
デザイン習熟度 190
デザイン主導イノベーション 95
デザイン主導イノベーションのための行動計画 95
デザイン主導イノベーション・プログラム 97
デザイン主導のイネーブラー 143
デザイン主導のイノベーション 93, 101, 103, 143, 195
デザイン振興活動 95
デザインスタジオ 49
デザインストラテジスト 81
デザイン政策 .... iv, vii, 93, 195
デザイン政策ユニオン 198
デザイン成熟度 21
デザイン戦略 .... vii, 47, 75, 151, 190, 195, 199
デザインド・イン・チャイナ 159
デザイン統合プログラム 152
デザイントーク 29
デザインの「アンテナ」 48
デザインの「拡散」 48
デザインの価値のモデル 128
デザインの実行 195
デザインの能力 126, 195
デザインの「分裂」 48
デザインの「民主主義」 48
デザインのメリット 199
デザインの「欲求」 48
デザインのリーダーシップ 22, 195
デザインの枠組み 133
デザインハブ 76, 83, 95
デザインビジネス協会 79
デザイン評価 199
デザイン・フォー・マニュファクチュア 6
デザイン・フォー・ヨーロッパ 117
デザイン・フランダース 98
デザインブースト 97
デザインフェスティバル 110
デザインブリーフ 10, 14, 34, 38, 44, 48, 56, 85, 97, 163, 195
デザインプロジェクト 190
デザインマネジメント 195
デザインマネジメント・インスティテュート 1, 10, 12
デザインマネジメントのモジュール vii
デザインマネジャー 56
デザイン・マルタ行動委員会 95
デザインメソッド 181
デザインラダー 1, 8, 12, 97, 177, 199
デザインリーダーシップ vii
デザイン・リーダーシップ・プログラム・フォー・
　ビジネス 97
デザインリサーチ 195
デザインワークショップ 98
デジタル学習曲線 145
デジタルカメラ 89
デジタルデザイン 183
デジタルトランスフォーメーション 200
デジタルな行政サービス 175
デジタルプロトタイプ 171
デトロイト 100, 112
デンマーク 37, 95
デンマーク・デザインカウンシル 8, 12, 199
デンマーク・デザインセンター 39, 97
ドイツ 94, 96, 100
ドイツ・デザインカウンシル 94
投資収益率 79
東南アジア 159
都市の未来 173
都市ブランディング戦略 107
トランスフォーメーション .... iv, 22, 173
トリノ 100

[な]

ナイジェリア 135
ナインウェルズ病院 111
名古屋 100, 200
ナビゲーションマップ 20
西ウェールズ 84
二百年祭 2010 134
日本 96, 100, 127
ニュージーランド 141, 152
ニュージーランド貿易経済促進庁 152
ニューポート 109
ニューヨーク 107
人間工学 151
人間中心のアプローチ 29

項目	ページ
認知症	167
認知症患者	167
能力開発	61
ノースロンドン	163
デザイン活動の組織成熟度フレームワーク	208
ノルウェー	28
ノルウェー・デザイン＆建築センター	35
ノルウェー・デザイン＆建築センターの賞	37
ノルウェー・デザインカウンシル	36, 94, 97, 98
ノルウェー・リサーチカウンシル	97

[は]

項目	ページ
パーソナライゼーション	192
バーチャルな組織	160
パートナーシッププロジェクト	191
ハーバード・ビジネス・レビュー誌	92, 202
バーミンガム大学	32
「破壊的」なイノベーション	155
「破壊的」なデザイン	159
博士号	130
場所	59
「抜本的」なイノベーション	155
花形	62
鼻水吸引機	6
パラダイムシフト	175
ハリスプロフィール	67
パリ・ソルボンヌ大学	183
バリューチェーン	63
ハル	109
ハル大学	86
バルセロナ	174
「バレーボール」のアプローチ	65
ハンガリー	6, 100
犯罪予防のデザイン	175
販促	59
バンドン	100
反応的な戦略	64
ピア・トゥ・ピアラーニング	196
非技術的なイノベーション	196
ビジネス研究	vii
ビジネスの文脈	27
ビジネスの文脈におけるデザイン	52
ビジネスモデルキャンバス	19, 204
非熟練労働者	142
ビッグデータ	179
1人のための製品	161
評価	56
ビルバオ	100
貧困撲滅	190
敏捷性	76
敏捷性の戦略	58
ファシリテーテッド・ネットワークビジネス	61
ファッション	136
ファッションデザイン	96
フィールドリサーチ	30
フィオーナ・レイビー	201
フィッシュボーン図	68
フィリス・ランバート記念デザインモントリオール補助金	100
フィンランド	95, 100
フェアトレード	146
フェーズ	56
ブエノスアイレス	100
プエブラ	100
フォーカスグループ	17, 31, 69
フォントデザイナー	151
不均等なイノベーションのビジョン	53
部署横断的なチーム	61, 196
ブダペスト	100
プッシュ戦略	196
物品とサービスの輸出高	5
ブラジル	100, 135, 191
フランス	94, 96, 100, 127
ブランディング	104, 106, 196
ブランド	103
ブランドアイデンティティ	104, 105
ブランドエクイティ	104, 105
ブランド開発	134
ブランド価値の管理	201
ブランドデザイン	34
ブランドのDNA	105
ブランドの戦略策定	106
ブランドのパーソナリティ	105
ブランドのマネージャー	106
ブランドへの忠誠	196
ブリストル	108, 149

ブリュッセル空港 ... 39
ブレーンストーミング ... 17
プロジェクトレビュー ... 61
プロセスデザイン ... 103
プロダクトデザイナー ... 151
プロダクトデザイン ... 5, 7, 32, 47, 52, 87, 102, 117, 127, 129, 135, 153, 170, 181, 183
プロダクト・ポートフォリオ・マネジメント ... 62, 204
プロトタイピング ... 18
米国 ... 100, 127, 135, 135
米国マーケティング協会 ... 103, 105
ペーパープロトタイピング ... 68
北京 ... 100, 178, 179
北京デザインウィーク ... 95
北京デザインセンター ... 95
ベスト・ユース・オブ・ニュー・テクノロジー賞 ... 88
ベストプラクティス ... 196
ベター・バイ・デザイン ... 152
ペチャクチャナイト ... 108, 110, 112
ベッド・アンド・ブレックファスト市場 ... 84
ペルー ... 135
ベルギー ... 37
ベルギー・フランダース政府 ... 98
ヘルシンキ ... 100, 112
ヘルス＆ソーシャル・ケア：デザインド・イン・ダンディー ... 111
ペルソナ ... 150
ベルリン ... 100, 112
ベン図 ... 18
貿易産業省 ... 102
防御的 ... 64
防犯環境設計 ... 175
ポーランド ... 94
北欧諸国 ... 35
ボストン ... 174
ボストンマトリックス ... 62
ポップアップカフェ ... 99
ホリスティック ... 2, 147
ポルトガル ... 27, 28, 29
香港 ... 108, 127

[ま]

マーケットインテリジェンス ... 20
マーケットプル ... 44, 64, 88
マーケットプル戦略 ... 88
マーケティング ... 196
マーケティングコミュニケーション ... 61
マーケティング戦略 ... 196
マーケティングミックスの4P ... 59, 68
マイルストーン ... 56
マクロニッチ ... 161
負け犬 ... 62
マサチューセッツ工科大学 ... 142
マスカスタマイゼーション ... 161
マネジメント研究 ... vii
マルタ ... 95
マルチメディアデザイン ... 183
「右へ倣え」の戦略 ... 58
ミスユーザーアンフレンドリー ... 175
南アフリカ ... 135
ミノーリ ... 33
未来ワークショップ ... 17
ミレニアル ... v, 141
ミレニアル世代 ... 144
民間セクター ... 4, 196
ムードボード ... 16
無形の形式 ... 2
メイド・イン・チャイナ ... 159, 177
メキシコ ... v, 100, 127, 135
メディア ... 136
メディア業界 ... 127
メトリクス ... 12
メルコスール ... 119
メンタリング ... 96
モザンビーク ... 29
モデリングデザイン・センター ... 182
モノのインターネット ... 160
モバイルインターネット ... 142, 179
モビリティ ... 144
模倣的 ... 64
問題児 ... 62
モントリオール ... 100

[や]

厄介な問題 ... 196
ユーザーエクスペリエンス（UX） ... 30, 110, 181

ユーザーがデザイナー	32, 42
ユーザー観察	31
ユーザージャーニー	150
ユーザー主導イノベーション	10
ユーザー体験	v, 163
ユーザー中心主義	42
ユーザー中心のインタラクティブな体験	181
ユーザー日記	16
ユーザーのアンケート調査	163
ユーザーフレンドリー	77, 86, 175
ユーザーペルソナ	17
ユーザーリサーチ	98
ユニーク・セリング・プロポジション	44, 52
ユニバーサルデザイン	96, 200
ユニバーシティ・カレッジ・ダンディー	112
ユネスコ創造都市ネットワーク	iv, 93, 99, 112
ヨーク	108
ヨーロッパ公共セクター・イノベーションスコアカード 2013	196
ヨーロッパ・デザイン・リーダーシップ理事会	197
ヨーロピアン・イノベーション・スコアカード	117
ヨーロピアン・デザイン・イノベーション・イニシアティブ	98
予約エンジン	38
弱み	61

[ら]

ライフスタイル	159
「ラグビーチーム」のアプローチ	66
ラテンアメリカ	119
ラテンアメリカ地域	135
ランカスター大学	176
リオデジャネイロ	174
リスボン	29
リトアニア	100
リバプール	109
領地封建制	119
「リレー競争」のアプローチ	65
倫理的なデザイン	150
ルック＆フィール	38
レッド・ドット・デザイン賞	7, 37, 88
ロイヤル・ソサエティ・オブ・アーツ	3
ローテクとハイテクの活用	122

ロシア	135
ロッチデール	109
ロベルト・ベルカンティ	201
ロンドン	107
ロンドン・ビジネス・スクール	5
ロンドン芸術大学	82
ロンドン大学ゴールドスミス・カレッジ	32
ロンドンの王立英国建築家協会	108

[わ]

歪曲したデザインのビジョン	53

●著者略歴

デイビッド・ハンズ（David Hands）
　イギリスのランカスター現代芸術研究所の大学院研究責任者，およびランカスター大学でデザインマネジメント修士号課程主任を務めている。デザインマネジメントについての著述物は非常に多く，デザイン戦略，デザインとイノベーション，デザイン政策に関する学術論文を 60 件以上発表している。また，学界での活動に加え，ロイヤル・ソサエティ・オブ・アーツの栄誉称号であるフェローを授与されている。

●監訳者紹介

篠原 稔和（しのはら としかず）
　ソシオメディア株式会社の代表取締役，および NPO 法人 人間中心設計推進機構（HCD-Net）の理事長を務めている。これまでに「情報デザイン」や「ユーザーエクスペリエンス」に関わる数多くの著書や翻訳書を紹介しながら，大企業・中小企業から政府・自治体に至るまでの実務におけるソリューション活動に従事。現在，「デザインマネジメント」や「HCD のマネジメント」に関わる諸テーマを中心に，各種の調査・研究活動やコンサルティング活動，教育活動を展開している。本書に関するレクチャーについても，原著者と連携しながら展開していく予定。

●訳者紹介

ソシオメディア株式会社
　2001 年創業の「Designs for Transformation」を標榜するデザイン・コンサルティング会社。現在，「デザインマネジメント」を扱う「エクスペリエンス ストラテジー」を始め，「デザイン リサーチ」，「ヒューマン インターフェース」といった 3 つのテーマを柱にソリューション活動を行っている。また，海外文献の紹介から国内外の識者・実践者を招聘したイベント開催まで，幅広く活動を展開している。
https://www.sociomedia.co.jp

【デザインマネジメントシリーズ】
デザインマネジメント原論　デザイン経営のための実践ハンドブック

2019年5月25日　第1版1刷発行　　　　　　　　　　ISBN 978-4-501-63180-2 C3034

著　者　デイビッド・ハンズ
監訳者　篠原稔和
訳　者　ソシオメディア株式会社
　　　　©Shinohara Toshikazu, Sociomedia, Inc. 2019

発行所　学校法人 東京電機大学　　〒120-8551　東京都足立区千住旭町5番
　　　　東京電機大学出版局　　　　Tel. 03-5284-5386（営業）03-5284-5385（編集）
　　　　　　　　　　　　　　　　　Fax. 03-5284-5387　振替口座 00160-5-71715
　　　　　　　　　　　　　　　　　https://www.tdupress.jp/

JCOPY ＜(社)出版者著作権管理機構 委託出版物＞
本書の全部または一部を無断で複写複製（コピーおよび電子化を含む）することは，著作権法上での例外を除いて禁じられています。本書からの複製を希望される場合は，そのつど事前に，(社)出版者著作権管理機構の許諾を得てください。また，本書を代行業者等の第三者に依頼してスキャンやデジタル化をすることはたとえ個人や家庭内での利用であっても，いっさい認められておりません。
［連絡先］Tel. 03-5244-5088，Fax. 03-5244-5089，E-mail: info@jcopy.or.jp

制作：(株)チューリング　　印刷：(株)ルナテック　　製本：渡辺製本(株)
装丁：鎌田正志
落丁・乱丁本はお取り替えいたします。　　　　　　　　　　　　　　Printed in Japan